U0458558

颜氏家训译注

国学经典

刘开举 译注

上海三联书店

目录

前 言

《颜氏家训》被誉为中国家训之鼻祖，按照传统儒家文化的价值观，讲述了一位长者对后世子孙的殷殷期待，被奉为家训的经典。

《颜氏家训》的作者是南北朝时期的博学大家颜之推。颜之推生于士族官僚家族，世代以儒业立命。他自幼受家庭影响，勤奋好学，博览群书，深受皇家赏识，19 岁的时候就被任为梁湘东王左常侍。梁朝灭亡之后，在北齐任官，官至黄门侍郎；后北齐被北周所灭，又任北周御史上士。隋朝灭了北周，颜氏又被召为学士。他一生经历四朝，自叹“三为亡国之人”。

《颜氏家训》总共二十篇，四万余字。颜之推在开篇《序致》中说明了自己写这本家训的目的，不在于著书立说、显扬名声，也不为授业传道、教化世人，而是因为已到迟暮之年，自觉随时有可能驾鹤西去，所以留下二十篇家训，以教化子孙，希望门风不坠。可以看出，颜之推在写这本书的时候没有世俗功利的目的，完全是出自对子孙后人的拳拳之心。

此书篇幅虽短，但涉猎十分广泛，是一部百科全书式的著作。作者丰富而传奇的一生中所经历的林林总总，都能够在这本书里找到印证。从教导子孙后辈如何立身、养性、治家、为学，到如何为人处世、明哲保身，再到如何断字、识音、投壶、嬉戏……凡是作者觉得一个正常人生活中会遇到的事情，都有所提及。书中所记载的生活中的一些琐事，多是正史中不屑于记述的内容，却还原了当时社会的方方面面，对我们了解古代历史，特别是南北朝时期的社会生活状况有非同一般的参考价值。比如：书中大量记载了言谈、书信中的礼节称谓、南北地区的风俗习惯、社会各阶层的不同喜好等。再如：佛家如何兴盛、禅玄如何风行、少数民族的语言如何传到中土、俗文字如何兴起等都有翔实的描述。书中还有专门的篇章论述求学，对诸如《左传》《汉书》《文心雕龙》《说文解字》等诸多经典中的部分字句有翔实的解释，甚至还涉及当时对天文知识的理解。这些内容对正史进行了有益的补充，是珍贵的佐证资料。

颜之推丰富的经历，非凡的智慧，使本书被奉为家教典范。清朝人王钺在《读书丛残》中说："北齐黄门颜之推《家训》二十篇，篇篇药石，言言龟鉴，凡为人子弟者，当家置一册，奉为明训，不独颜氏。"

在《颜氏家训》中，颜之推对"竹林七贤"为代表的魏晋名士颇有微词，对屈原、司马迁等历史名人也持批判态度。

颜之推奉行的是明哲保身的中庸之道，大概也正是因为这样，其训诫可能具备了实际借鉴的价值，也是该书能够广泛流传的一个重要原因。

本书在译注过程中，以中华书局出版的檀作文先生译注的《颜氏家训》为底本，在此基础上，还加入了一些个人的理解，以供大家茶余饭后作一助兴。翻译和注释力求简明扼要，通俗易懂。不足之处在所难免，还请读者多多指正。

刘开举

2013 年 10 月

序致第一

夫圣贤之书[1]，教人诚孝[2]，慎言检迹[3]，立身扬名[4]，亦已备矣[5]。魏、晋已来，所著诸子[6]，理重事复，递相模效[7]，犹屋下架屋，床上施床耳[8]。吾今所以复为此者[9]，非敢轨物范世也[10]，业以整齐门内[11]，提撕子孙。夫同言而信[12]，信其所亲[13]；同命而行[14]，行其所服[15]。禁童子之暴谑[16]，则师友之诫，不如傅婢之指挥[17]；止凡人之斗阋[18]，则尧舜之道[19]，不如寡妻之诲谕[20]。吾望此书为汝曹之所信[21]，犹贤于傅婢、寡妻耳[22]。

注释

①夫：表示发起议论的助词。圣贤：圣人先贤。

②诚孝：忠诚孝道，指对统治者尽忠，对父母长辈尽孝。

③检迹：检点行为。检，检点。迹，轨迹，踪迹，这里指一个人的行为。

④立身：建立功勋事业。

⑤备：完备，周全。

⑥诸子：本来指先秦时期如孔子、孟子、老子、墨子、韩非子、庄子、荀子等诸家学派的代表人物以及他们的代表作。这里指魏晋以后其他人所著

的和诸子百家类似的著作。

⑦递相模效：争相模仿抄袭。递，相互，交替。效，效仿，模仿。

⑧犹屋下架屋，床上施床耳：指重复且毫无意义的事情。

⑨复为此：又来做这件事，指著书立说，即写《颜氏家训》这本书。

⑩轨物范世：给大家如何为人处世立下规矩或规范。轨，轨道，轨迹，这里指约束的意思。范，规范，示范。

⑪业以：只是用来。整齐："使之整齐"的意思，这里指教导家族子弟。门内：指家族子弟。

⑫同言：相同的话。

⑬所亲：所亲近的人。

⑭命：命令。

⑮所服：所敬服的人。

⑯禁：禁止。暴谑：过分地嬉笑打闹，指小孩子调皮捣蛋。

⑰傅婢：原指富贵人家所请的保姆，这里泛指带孩子的保姆。

⑱斗阋xì：打架争吵。阋，争吵。

⑲尧舜之道：尧、舜治理国家用的大道理。

⑳寡妻：这里指寻常人家的妻子。诲谕：教导，教诲，这里指劝阻的话。

㉑汝曹：你们，指本家族的子弟。汝，你们。曹，相当于现在的“们”。

㉒犹：尚且。贤于：比……强。贤，好，高明。

译文

那些圣人先贤的书籍，教导人对统治者要尽忠，对父母长辈要尽孝，言语要谨慎，行为要检点，要建立功勋、美名远扬，所有这些道理都已经讲得非常完备了。魏晋以后的人所著述的和诸子百家相类似的书籍，无论是说理，还是论事，都只不过是在重复前人说过的话，没有丝毫的创新。大家争相效仿，相互抄袭，就像在房屋下面再架房屋，在床上又放床，没有任何实质意义。我现在之所以也要著书立说（写下这篇《颜氏家训》），并不是要给人们为人处世做出规范，只是用来整顿家风，教导子弟罢了。相同的话，如果是自己所亲近的人说出来的就更容易相信；同样的命令，如果是自己所敬服的人发出的就更愿意去执行。禁止小孩子调皮打闹，保姆的话比老师或朋友的训诫更有效；制止人们打架争吵，妻子的话比尧舜治理国家的那些大道理更有效。我希望我所写的这本《家训》能够被你们所信服遵从，总比那些保姆对孩童、寻常人家的妻子对丈夫所说的话要高明一些。

吾家风教[1]，素为整密[2]。昔在龆龀[3]，便蒙诱诲；每从两兄，晓夕温凊[4]，规行矩步[5]，安辞定色[6]，锵锵翼翼[7]，若朝严君焉[8]。赐以优言[9]，问所好尚[10]，励短引长[11]，莫不恳笃。年始九岁，便丁荼蓼[12]，家涂离散[13]，百口索然[14]。慈兄鞠养，苦辛备至；有仁无威，导示不切[15]。虽读《礼传》，微爱属文[16]，颇为凡人之所陶染[17]。肆欲轻言，不修边幅。年十八九，少知砥砺[18]，习若自然，卒难洗荡[19]。二十已后，大过稀焉。每常心共口敌[20]，性与情竞，夜觉晓非，今悔昨失，自怜无教，以至于斯[21]。追思平昔之指，铭肌镂骨[22]，非徒古书之诫[23]，经目过耳也。故留此二十篇，以为汝曹后车耳[24]。

注释

①风教：这里指家风、家庭教育。风，风气，风化。教，教育，教导。

②素：历来。整密：这里指严肃而周详。

③昔：以往，从前。龆龀tiáo chèn：本义指小孩儿垂发和换牙，这里指童年时光。龆，通“髫”，古时候小孩儿前额垂下的头发为髫。龀，小孩儿换牙。

④晓夕温凊qìng：早晚侍奉父母。晓，早上。夕，下午，晚上。温，冬天暖被，使被子暖和。凊，夏天

扇凉席，使凉席冷却。

⑤规行矩步：品行端正，一言一行符合规矩。规，画圆用的圆规。矩，画方用的尺。规、矩，这里引申为规范。

⑥安辞定色：言辞稳重，神色镇定。

⑦锵锵翼翼：小心恭敬的样子。锵锵，通“跄跄”，步履有节奏地走动，形容小心的样子。翼翼，恭敬的样子。

⑧朝：朝见。严君：威严的君王。焉：像……的样子。

⑨优言：优渥的语言，这里指好的教诲。

⑩好尚：喜好崇尚的事物。

⑪励短引长：（敦促）改掉不好的地方，发扬好的地方。励，通“砺”，磨砺。

⑫丁：逢，碰上。荼蓼：本义为味道很苦的野菜，这里指家境困苦（颜之推幼年丧父）。

⑬家涂：家道。

⑭索然：萧条、冷清、衰败的样子。

⑮切：严切。

⑯微：稍微。属文：写文章。

⑰凡人：一般的人，这里指社会上的俗人、品性不端正的人。陶染：熏陶，感染。

⑱砥砺：磨砺，这里指克制自己的欲望。

⑲卒：通“猝”，突然间，短时间内。洗荡：清洗干净、彻底，这里指彻底改正恶习。

⑳心共口敌：嘴里说的和心里想的不一致，即口是心非。

㉑斯：此，这样子。

㉒铭肌镂骨：铭、镂，都是指在金属上刻字，这里形容印象深刻。

㉓徒：仅仅是。

㉔后车：后继之车，指供后人吸取经验教训。《汉书·贾谊传》："前车覆，后车诫。"

译文

我们家的家教，向来严厉完备。当初我还在童年的时候，就已经开始蒙受教导。常常和两位兄长一起，早晚侍奉父母，品行端正，行为符合规矩，言语稳重，神色镇定，小心恭敬，就像朝见威严的君王一样。父母用优渥的语言教导我们，询问我们喜好崇尚的事物，敦促改掉不好的地方，引导发扬好的地方，没有不恳切的。但是当我九岁的时候，父亲不幸去世，家境陷入困苦，家道衰败，人丁萧条。慈爱的兄长抚养我长大，非常辛苦而且无微不至，但是仁爱有余，而威严不足，对我的教导失之严切。虽然当时也读《左传》等书籍，也喜欢写文章，但是受社会上一些行为不端的人影响较大。言辞轻浮，肆意妄言，不注重仪表修饰和行为礼仪。到了十八九岁的时候，才知道稍稍有所节制，但是长时间形成的恶习，无法在短时间内彻底改变。到了二十岁以后，重大错误才慢慢减少。但也还是常常口是心非，理智与情感常处于矛盾状态。常常是到了晚上就会觉得早上的行为不当，到了今天又后悔昨天做得不对。自己常常感叹因为没有受到良好的家庭教育，才导致现在这样。回想我这一生的意愿志趣，刻骨铭心。和仅仅是从一些书籍上看到的训诫有本质区别，这都是切身经历，而不是像看书一样只是经过了耳目而已。所以我留下这二十篇家训，以便让你们从我的经历中吸取经验教训。

教子第二

上智不教而成[1]，下愚虽教无益[2]，中庸之人[3]，不教不知也。古者，圣王有“胎教”之法：怀子三月，出居别宫[4]，目不邪视[5]，耳不妄听[6]，音声滋味[7]，以礼节之[8]。书之玉版[9]，藏诸金匮[10]。生子咳提[11]，师保固明孝仁礼义[12]，导习之矣。凡庶纵不能尔[13]，当及婴稚，识人颜色[14]，知人喜怒，便加教诲，使为则为，使止则止。比及数岁[15]，可省笞罚[16]。父母威严而有慈，则子女畏慎而生孝矣。

注释

①上智：聪明过人的人。成：成人，成才。

②下愚：过分愚蠢的人。

③中庸之人：平常人，即介于“上智”与“下愚”之间的人。

④出居：搬出去，居住到别的地方。

⑤目不邪视：眼睛不看不好的事物，即遇见不符合礼法、不文明的事物时要回避，即“非礼勿视”的意思。

⑥耳不妄听：耳朵不随便乱听。即“非礼勿听”的意思。妄，胡乱，荒诞不合理。

⑦音声滋味：听音乐，吃美食。音声，音乐。滋

味，味道，这里指美食。

⑧节：节制，约束。

⑨书之玉版：写到玉板上。书，写。版，同“板”。

⑩诸：“之乎”的合音，介词。金匮：金属打造的柜子里。匮，同“柜”。

⑪咳提：幼儿啼哭的声音，这里指孩子幼小。

⑫师保：古代官职，专门负责教导贵族子弟。

⑬凡庶纵不能尔：一般的老百姓即使不能这样。凡庶，普通百姓。纵，纵然，即使。尔，这样。

⑭颜色：脸色。

⑮比及：等到。

⑯笞：鞭打人的棍棒，这里指打孩子。

译文

智力超凡的人不用教育就可以成才，愚昧过度的人即使教育也没有作用。一般的普通人，如果不教育很多道理就没法明白。在古时候帝王贵胄之家，有“胎教”的做法，怀孕三个月的时候，就要搬出去住到别的宫殿中去，一切不文明、不符合礼法的事物都不看、不听，听音乐、吃美食，也都要依据礼法来加以约束。并将这些行为要求写到玉板上，藏到金属打造的柜子里（表示其重要性）。孩子还非常小的时候，就有专门的人负责讲解孝、仁、礼、义，来教导他们。平常百姓人家即使做不到这样，但是当孩子稍微长大，能够识别他人脸色，察觉别人的喜怒情绪时，加以训导教诲，让做的事可以做好，不让做的事就不去做。等到长大到几岁的时候，也可以免于棍棒体罚。父母威严但是不缺乏慈爱，那么子女也就会规矩谨慎而有孝心。

吾见世间，无教而有爱，每不能然①；饮食运为②，恣其所欲③，宜诫翻奖④，应诃反笑⑤，至有识知⑥，谓法当尔。骄慢已习⑦，方复制之⑧，捶挞至死而无威⑨，忿怒日隆而增怨⑩，逮于成长⑪，终为败德。孔子云“少成若天性，习惯如自然”是也⑫。俗谚曰：“教妇初来⑬，教儿婴孩。”诚哉斯语！

注释

①每：常常，总是。然：这样。

②运为：行为。

③恣：放纵，没有拘束。

④宜：应该。翻：同“凡”。

⑤诃：呵斥。

⑥识知：即懂事。

⑦习：成为习惯。

⑧方复制之：才来制止他。

⑨捶挞：用鞭子或棍棒打。

⑩忿怒：即愤怒，这里指对孩子进行严厉责骂。

⑪逮：等到。

⑫少成若天性，习惯如自然：从小养成的秉性就像天生的一样，常年养成的习惯就会成为自然。

⑬初来：指妻子刚刚嫁进门。

译文

我看到世间很多父母对孩子溺爱过度而不去教育他们，总是觉得不应该这样。吃喝玩乐，都不加以节制，任其为所欲为，本来应该训诫的反而夸奖，本来应该呵斥的反而欢笑，等到孩子长大到可以辨别是非的年龄，就会以为道理本来就应该如此。傲慢无礼的习惯已经养成才来制止，即使将孩子鞭打致死也无法建立父母的威严，常常严厉责骂也只会增加彼此间的怨恨，等到孩子长大成人，终将是品德败坏。孔子说："从小养成的秉性就像天生的一样，常年养成的习惯就会成为自然。"说的就是这个道理。俗话说："教育媳妇要趁她刚刚嫁进门的时候开始，教育孩子要从婴儿开始。"这话实在是太对了！

凡人不能教子女者①，亦非欲陷其罪恶，但重于诃怒②，伤其颜色，不忍楚挞惨其肌肤耳③。当以疾病为谕④，安得不用汤药针艾救之哉⑤？又宜思勤督训者，可愿苛虐于骨肉乎[6]？诚不得已也[7]。

王大司马母魏夫人[8]，性甚严正。王在湓城时[9]，为三千人将，年逾四十，少不如意[10]，犹捶挞之，故能成其勋业。梁元帝时，有一学士，聪敏有才，为父所宠，失于教义。一言之是，遍于行路[11]，终年誉之[12]；一行之非，揜藏文饰[13]，冀其自改[14]。年登婚宦[15]，暴慢日滋[16]，竟以言语不择[17]，为周逖抽肠衅鼓云[18]。

注释

①凡：发起议论的语气词。

②但：只是。重：难，不愿意。

③楚：古代的刑杖，或学校扑责学生的小杖。这里引申为用杖打人。

④谕：比喻，说明道理。

⑤安：疑问助词，哪。汤药：中草药。针艾：针灸。古时候针灸前要用艾草熏针具。

⑥可：难道。苛虐：苛责，虐待。骨肉：子女。

⑦诚：确实，的确。

⑧王大司马：王僧辩，字君才，南朝梁著名将领，智勇兼备，所经战阵，多获胜利。

⑨湓城：地名。

⑩少：稍微。

⑪行路：过路的人。

⑫誉：夸奖。

⑬揜yǎn藏文饰：遮掩粉饰。揜，同“掩”。

⑭冀：期望。

⑮婚宦：结婚做官，指长大成人。

⑯暴慢日滋：暴躁傲慢的性格日益滋长。

⑰竟：最终，最后。

⑱周逖：人名，据记载此人为人暴躁无礼。衅：古代祭祀时用牲畜的血涂在器物的缝隙进行祭祀。云：句末语气助词。

译文

有些人不教育子女，并不是想要让自己的子女道德败坏以至于作恶犯罪，只是不愿意责骂子女，看到他们神情沮丧的样子；不忍心鞭打子女，让他们受皮肉之苦。这个道理应当用得病吃药来比喻说明，人得了病哪能因为怕苦、怕疼就不服用中药或是通过针灸救治呢？再想想那些勤于训导子女的父母们，难道他们就愿意苛责自己子女？确实是不得已罢了。

大司马王僧辩的母亲魏夫人，性格非常严厉正直。王僧辩在湓城的时候，身为三千大军的统帅，而且已年过四十岁，但是只要稍微有点过错，魏夫人依然用棍棒教训他，这才成就了他一生的功业。梁元帝的时候，有一个读书人聪明有才，被他的父亲百般宠爱，没有受到良好的管教；说了一句有道理的话，（他父亲）就要让过路的人都知道，一年到头都赞不绝口；做了一件错事，（他父亲）就拼命掩藏粉饰，期望他自己能够悄悄改正。等到他长大成人，到了可以成婚做官的年纪，暴躁傲慢的性格日益滋长，最终因为口不择言得罪了周逖，被周逖所杀，把肠子抽了出来，把鲜血涂到了战鼓上。

父子之严，不可以狎[①]；骨肉之爱，不可以简[②]。简则慈孝不接，狎则怠慢生焉。由命士以上[③]，父子异宫[④]，此不狎之道也；抑搔痒痛，悬衾箧枕[⑤]，此不简之教也。或问曰："陈亢喜闻君子之远其子[⑥]，何谓也？"对曰："有是也。盖君子之不亲教其子也[⑦]，《诗》有讽刺之辞，《礼》有嫌疑之诫，《书》有悖乱之事，《春秋》有邪僻之讥，《易》有备物之象：皆非父子之可通言，故不亲授耳。"

注释

①狎：亲昵而不庄重。

②简：简慢而没有礼数。

③命士：古时候受过封爵的人，这里指有身份的人。

④异宫：分开居住。

⑤悬衾箧枕：铺床叠被，打理卧具。悬，挂起来，这里指晾晒。衾，被子。箧，古时候用竹篾编织的一种收纳器具，这里指整理。

⑥陈亢：孔子的弟子。君子：才德出众的人。

⑦盖：表示发起议论。

译文

父亲在子女面前应该保持威严，不可以过于亲昵而有失庄重；父母对子女的爱，不可以简慢而不顾礼数。简慢而没有礼数就谈不上仁慈和孝道，过于亲昵而有失庄重，怠慢情绪就会产生。有地位和身份的家庭，父亲和儿子都是分开居住的，这就是不过分亲昵而有失庄重的做法；子女为父母捶腿捏背，减轻疼痛，铺床叠被，打点起居，这就是不简慢、有礼数的做法。有人问："陈亢听说凡才德出众的人都和自己的子女保持一定的距离，他很高兴。这怎么讲？"我就回答说："是啊。才德出众的人是不会亲自教育自己的子女的。《诗经》里面有讽刺别人的诗句；《礼》里面有对不道德行为的告诫；《尚书》里有对忤逆作乱行为的叙述；《春秋》里有对奸邪行为的揭露；《易经》里有备物致用卦象的解说。这些都是不适宜父亲直接讲给子女听的，因此君子不亲自教授自己的子女。"

齐武成帝子琅邪王[①]，太子母弟也[②]，生而聪慧，帝及后并笃爱之[③]，衣服饮食，与东宫相准[④]。帝每面称之曰："此黠儿也[⑤]，当有所成。"及太子即位，王居别宫，礼数优僭[6]，不与诸王等。太后犹谓不足，常以为言。年十许岁，骄恣无节，器服玩好，必拟乘舆[7]；尝朝南殿[8]，见典御进新冰[9]，钩盾献早李[10]，还索不得[11]，遂大怒，询曰[12]：“至尊已有[13]，我何意无？”不知分齐[14]，率皆如此。识者多有叔段、州吁之讥[15]。后嫌宰相[16]，遂矫诏斩之[17]，又惧有救，乃勒麾下军士[18]，防守殿门；既无反心，受劳而罢[19]，后竟坐此幽薨[20]。

注释

①齐武成帝：北齐的第四位皇帝，名叫高湛。琅邪王：高湛的第三个儿子，名叫高俨。

②母弟：一母同胞的弟弟。

③并：一起。

④东宫：太子居住的地方，这里代指太子。相准：一样。准，比照，以此为标准。

⑤黠：聪明，狡猾。

⑥僭：超越了自己身份应该受到的待遇。

⑦拟：仿照。乘舆：乘舆的人，指皇帝。舆，皇帝乘坐的车子。

⑧尝：曾经。

⑨典御：古代官职，负责皇帝的饮食。

⑩钩盾：古代官职，负责皇家园林等事物。

⑪还：返回。

⑫诟：谩骂。

⑬至尊：指皇上。

⑭分齐：界限，差别，这里指安守本分，做和自己身份相符合的事情。

⑮叔段：春秋时期郑国公子，郑武公之子，郑庄公之弟。从小被母亲溺爱，后起兵谋反，被镇压。州吁：春秋时期卫国人，卫庄公的儿子，卫桓公的弟弟，后因作乱被杀。

⑯嫌：嫌隙，发生不合。

⑰矫诏：假传圣旨。矫，假托。

⑱勒：勒令。

⑲劳：慰劳，安抚。

⑳竟：最终。坐：获罪。幽：秘密地，偷偷地。薨hōng：古代侯王的死叫"薨"。

译文

齐武成帝的儿子琅邪王，是太子的同胞弟弟，他从小就聪明，皇帝和皇后都十分喜欢他，饮食起居，都和太子的待遇一样。皇帝常常当面夸奖他说："这是一个非常聪明的孩子，将来一定会有成就的。"等到太子即位的时候，琅邪王搬到别宫居住，但还是受到特殊优待，和其他侯王待遇不同。但是太后还是觉得不够，多次在皇帝面前说这件事（琅邪王受到的优待不够）。琅邪王十来岁的时候，骄横无礼，恣意妄为，没有节制，吃穿用度也总是和皇帝相提并论。他曾经到南殿去朝拜，看到典御官向皇帝进献刚取出的冰块，钩盾官向皇帝进献早熟的李子，他回到寝宫后也派人去索要，没有得到，于是就大发脾气，谩骂道："皇帝已经有了，我为什么没有？"不知道分寸，做和自己身份不相符的事情，在其他事情上也多是如此。认识他的人都说他就像叔段、州吁一样。后来因为和宰相发生不合，他就假传圣旨，把宰相给杀了。但是又担心会有人来救，就勒令麾下士兵守在皇帝殿门前。他本来没有要谋反的意思，后来受到安抚也撤兵了，但是最终还是因为这件事被皇帝秘密处死了。

人之爱子，罕亦能均①；自古及今，此弊多矣。贤俊者自可赏爱，顽鲁者亦当矜怜②。有偏宠者，虽欲以厚之，更所以祸之。共叔之死③，母实为之；赵王之戮④，父实使之。刘表之倾宗覆族，袁绍之地裂兵亡，可为灵龟明鉴也⑤。

注释

①罕：少。均：平均，这里指一视同仁。

②顽鲁者：顽皮迟钝的人。

③共叔：前文说到的叔段，因反叛被击败后逃亡到共地，所以又称共叔段。

④赵王：汉高祖和戚夫人的儿子赵隐王如意。汉高祖宠爱他，曾经想立他为太子。汉高祖死后，遭吕后毒害。

⑤灵龟明鉴：古人用龟壳占卜，用铜镜照形。这里比喻可借鉴的事物。

译文

所有的人都喜爱自己的子女，但是很少有人能够做到一视同仁的。自古以来，对待自己的子女无法一视同仁带来的弊端很多。漂亮聪明的孩子当然值得欣赏疼爱，顽皮迟钝的孩子也应当爱怜疼惜。那些过分溺爱孩子的人，本来是想给予孩子更多的好处，但其实是害了他们。共叔段的遭遇，其实是他的母亲从小过于骄纵他造成的；赵隐王被吕后毒害，其实是他的父亲汉高祖过分宠爱造成的。刘表宗族倾覆（长子与次子不合，次子刘崇投靠曹操），袁绍地盘被夺，军队惨败（几个儿子之间互相争斗造成兵败），这些都是后人应该借鉴的。

齐朝有一士大夫，尝谓吾曰[①]："我有一儿，年已十七，颇晓书疏[②]，教其鲜卑语及弹琵琶，稍欲通解，以此伏事公卿[③]，无不宠爱，亦要事也。"吾时俛而不答[④]。异哉，此人之教子也！若由此业，自致卿相，亦不愿汝曹为之。

注释

①尝：曾经。

②书疏：指来往信函、公文之类的写作。疏，古时指分条说明的文字。

③伏事：躬身低头做事情，即服侍。伏，躬身低着头，表示谦恭的样子。事，动词，做事情。

④俛：同“俯”，低着头。

译文

齐朝有一位士大夫曾经对我说：“我有一个儿子，已经十七岁了，对公文信函的写作非常精通，教他说鲜卑语、弹琵琶，也马上就掌握了。他凭借这些技能去服侍达官贵族，没有人不喜爱他。这也是一件非常重要的事情啊！”我当时低头不语，没有答话。这个人教育子女的方法真是让人诧异啊！即使靠这样的方法能够当上公卿将相，我也不愿意让你们去做。

兄弟第三

夫有人民而后有夫妇[①]，有夫妇而后有父子，有父子而后有兄弟：一家之亲，此三而已矣。自兹以往，至于九族[②]，皆本于三亲焉，故于人伦为重者也，不可不笃[③]。兄弟者，分形连气之人也。方其幼也，父母左提右挈，前襟后裾，食则同案，衣则传服[④]，学则连业[⑤]，游则共方，虽有悖乱之人，不能不相爱也。及其壮也，各妻其妻[⑥]，各子其子，虽有笃厚之人，不能不少衰也[⑦]。娣姒之比兄弟[⑧]，则疏薄矣；今使疏薄之人，而节量亲厚之恩，犹方底而圆盖，必不合矣。惟友悌深至[⑨]，不为旁人之所移者[⑩]，免夫！

注释

①夫：表示发起议论的助词，无实际意义。人民：即人、人类。

②九族：这里泛指所有的亲族关系。

③笃：认真对待。

④传服：指兄长穿过的衣服弟弟接着穿。

⑤连业：指兄长用过的课本弟弟接着用。

⑥各妻其妻：各自娶了妻子。第一个“妻”是名词作动词，指娶妻。

⑦少衰：稍微减弱。少，稍微。

⑧娣姒：表示兄弟妻子之间的关系，即妯娌。

⑨友：兄弟友爱。悌：对兄长敬爱。

⑩移：改变。

译文

先有了人类才有夫妇，先有夫妇才有父子，先有父子才有兄弟：一个家庭里至亲的关系，就只有这三种。所有的亲族关系的本源都是夫妻、父子、兄弟这三种，所以说这三种关系是人伦关系中至关重要的，不能不认真对待。兄弟，乃是一母同胞、形体分离但气息相连的人。年幼的时候，父母左手抱着哥哥，右手抱着弟弟；哥哥抓着父母衣服的前襟，弟弟拽着父母衣服的后摆；吃饭则在同一张桌子上；哥哥穿过的衣服给弟弟接着穿，哥哥用过的课本弟弟接着用，出去游玩也是兄弟去往同一个地方。兄弟之间即使有违逆混乱的人，也不能不相互关爱。等到长大成人，各自娶妻生子，成家立业，兄弟间即使有忠厚老实之人，但是彼此的关系也无法避免会稍有生疏。妯娌之间的关系和兄弟相比，就更加疏远淡薄了。如今让感情疏远淡薄的妯娌关系来节制亲密深厚的兄弟关系，就像给一个方形底配上一个圆形的盖子一样，必然是不合适的。只有兄弟之间相亲相爱，感情深厚，才能免于彼此的感情因为别人的影响而变得疏远。

二亲既殁[①]，兄弟相顾，当如形之与影，声之与响；爱先人之遗体[②]，惜己身之分气[③]，非兄弟何念哉？兄弟之际，异于他人，望深则易怨，地亲则易弭[④]。譬犹居室[⑤]，一穴则塞之，一隙则涂之[⑥]，则无颓毁之虑；如雀鼠之不恤[⑦]，风雨之不防，壁陷楹沦[⑧]，无可救矣。仆妾之为雀鼠，妻子之为风雨，甚哉[⑨]！

注释

①二亲：指父母双亲。殁：死亡，去世。

②先人：指已经过世的父母。遗体：即自己的身体，古人认为自己的身体源自父母，父母死后，其身体在子女身上延续，所以说“遗体”。遗，遗留。

③己身之分气：指兄弟，即上文“兄弟者，分形连气之人也”。

④弭：消除，止息。

⑤居室：居住的房子。

⑥涂：涂抹，这里指把房子的缝隙封住。

⑦恤：放在心上。

⑧楹：支撑房屋的大柱子。

⑨甚哉：厉害，严重。

译文

父母双亲过世之后，兄弟之间互相照顾，应该像形体与影子、响声与回声一样不离不弃。相互关爱，相互疼惜，除了兄弟，谁还会如此呢？兄弟之间的关系，和其他人之间的关系是不一样的，彼此期望过高则容易产生怒气，但是如果彼此情谊深厚，怒气又容易得到消除。这就像居住的房子，有了洞穴就要立马堵上，有了缝隙就要立马封住，那房子就没有垮塌的忧虑。如果对老鼠、鸟雀的破坏不放在心上，对风雨的侵蚀不加防范，到了墙壁坍塌、柱子摧折的时候，就无法补救了。仆人、婢妾、妻子、儿女对兄弟情分的干扰，比鸟雀、老鼠、风雨对房屋的损害还要厉害。

兄弟不睦，则子侄不爱；子侄不爱，则群从疏薄[①]；群从疏薄，则僮仆为仇敌矣。如此，则行路皆踖其面而蹈其心[②]，谁救之哉？人或交天下之士[③]，皆有欢爱[④]，而失敬于兄者，何其能多而不能少也[⑤]！人或将数万之师，得其死力，而失恩于弟者，何其能疏而不能亲也！

注释

①群从：家族中的所有子弟。

②行路：路过的人，指任何人。踖其面而蹈其心：指任意欺侮。

③或：也许。

④皆有欢爱：都能相处融洽。

⑤何其：为什么，表示反问，加强语气。多：指“天下之士”。少：指自己的兄长。

译文

兄弟彼此不和睦，则子侄之间就不会相互关爱；子侄不相互关爱，则整个家族子弟之间就会疏远淡薄；家族子弟之间疏远淡薄，则僮仆之间简直就像仇人一样了。如果这样的话，连一个过路的人都可以任意欺侮他们，有谁会救他们呢？有的人可以结交天下朋友，并且相处融洽，但是却不敬爱自己的兄长，为什么能够和那么多人结交却不能善待自己的一两个兄长呢？有的人可以统率上万人的军队，并且让他们愿意以死效命，却对自己的弟弟薄情寡恩，为什么能够善待和自己没有血缘关系的人却不能给自己的弟弟施予恩惠呢？

娣姒者，多争之地也，使骨肉居之[①]，亦不若各归四海[②]，感霜露而相思，伫日月之相望也[③]。况以行路之人[④]，处多争之地，能无间者，鲜矣[⑤]。所以然者[⑥]，以其当公务而执私情，处重责而怀薄义也；

若能恕己而行，换子而抚[7]，则此患不生矣。

注释

①骨肉：指亲生姐妹。

②归：指古时女子出嫁。

③伫：久立的样子。

④行路之人：行走在路上的人，即陌生人。这里指妯娌之间原来相互不认识。

⑤鲜：稀少。

⑥然：这样。

⑦换子而抚：交换孩子护养。指像对待自己的孩子一样对待子侄。

译文

妯娌之间，是特别容易发生争执的是非之地。一母同胞的亲生姐妹，如果让她们成为妯娌，也难免会相互争执，还不如让她们各自嫁到远方，彼此长时间分离，才会感叹霜露降临而彼此思念，感叹日月轮转而期待相聚。何况一般的妯娌之间原来是彼此不认识的陌路人，再让她们在是非之地相处，能够相安无事，这是很少见的。之所以会这样，是因为她们总是在处理大家庭的公家事务时怀有私心，在面对重大事情时心怀私怨；如果能像宽恕自己一样宽恕他人，能够像对待自己的孩子一样对待子侄，那妯娌之间不和睦的忧患就不存在了。

人之事兄，不可同于事父，何怨爱弟不及爱子乎？是反照而不明也。沛国刘琎，尝与兄瓛连栋隔壁[①]。瓛呼之数声不应，良久方答；瓛怪问之，乃曰："向来未着衣帽故也[②]。"以此事兄，可以免矣。

注释

①连栋隔壁：指房子紧挨着。

②向来：刚刚，刚才。

译文

如果弟弟对待兄长不能像对待父亲那样敬重，那又凭什么抱怨兄长对弟弟不如对自家孩子那样疼爱呢？这是缺乏对自身的反省。沛国人刘琎的房子，与兄长刘瓛的房子连在一起。一次刘瓛呼喊刘琎，叫了好几声都没有反应，过了好久刘琎才回答。刘瓛感到很奇怪询问原因，刘琎回答说："因为刚刚没穿戴衣帽，所以没有回答。"以这样的态度侍奉兄长，就不用担心兄长不会疼爱自己了。

江陵王玄绍，弟孝英、子敏，兄弟三人，特相友爱，所得甘旨新异[①]，非共聚食，必不先尝，孜孜色貌[②]，相见如不足者。及西台陷没[③]，玄绍以形体魁梧[④]，为兵所围；二弟争共抱持，各求代死，终不得解，遂并命尔[⑤]。

注释

①甘旨：美味。

②孜孜色貌：热诚殷勤的态度溢于言表。孜孜，勤勉的样子。色貌，脸色容貌。

③西台：即江陵。

④以：因为。

⑤并命：一同赴死。

译文

江陵人王玄绍有两个弟弟王孝英和王子敏，兄弟三人，友爱有加。凡是有人得到新奇的美食，如果不是三人一起享用，绝对不会独自先尝。热诚殷勤的态度溢于言表，相见的时候总觉得时间不够长。到江陵陷落的时候，王玄绍因为身材魁梧，被敌兵围困，两个弟弟争着抱住他，都请求让自己代替哥哥去死，最终无法逃脱，兄弟三人一起赴死。

后娶第四

吉甫[1]，贤父也，伯奇[2]，孝子也。以贤父御孝子[3]，合得终于天性[4]，而后妻间之，伯奇遂放。曾参妇死[5]，谓其子曰："吾不及吉甫，汝不及伯奇。"王骏丧妻[6]，亦谓人曰："我不及曾参，子不如华、元[7]。"并终身不娶[8]，此等足以为诫。其后，假继惨虐孤遗[9]，离间骨肉，伤心断肠者，何可胜数。慎之哉！慎之哉！

注释

①吉甫：尹吉甫，周宣王时候的大臣。

②伯奇：尹吉甫的长子。伯奇的生母早死，继母希望立自己的儿子为继承人，污蔑伯奇对自己非礼。尹吉甫盛怒之下将伯奇放逐，后知道真相，射杀后妻，召回伯奇。

③御：驾驭，管制，这里指教育、管教。

④天性：这里指父慈子孝、父子之间共享天伦的本性。

⑤曾参：孔子的弟子，以孝著称。

⑥王骏：西汉的大臣。

⑦华、元：曾参的儿子，曾华、曾元。

⑧并：一起，一并。

⑨假继：后妻。孤遗：前妻死后留下的孩子。

译文

尹吉甫，是贤明的父亲；伯奇，是孝顺的儿子。贤明的父亲管教孝顺的儿子，结果应该是父慈子孝、安享天伦的。但是后来因为后妻离间，尹吉甫竟然将伯奇放逐。曾参的妻子死后，他对孩子们说："我比不上尹吉甫那么贤明，你们也不及伯奇那样孝顺。"王骏的妻子死后，他也对别人说："我不如曾参，我的儿子们也不如曾华、曾元。"曾参和王骏都终身未再娶，他们的做法足以让我们引以为戒了。后妻虐待前妻的孩子，离间父子之间的感情，导致伤心断肠的事情发生，这样的例子实在是数不胜数。所以对待续娶这件事一定要慎重，一定要慎重啊！

江左不讳庶孽[①]，丧室之后[②]，多以妾媵终家事[③]；疥癣蚊虻[④]，或未能免，限以大分，故稀斗阋之耻[⑤]。河北鄙于侧出[⑥]，不预人流[⑦]，是以必须重娶，至于三四，母年有少于子者[⑧]。后母之弟，与前妇之兄，衣服饮食，爰及婚宦，至于士庶贵贱之隔[⑨]，俗以为常。身没之后，辞讼盈公门[⑩]，谤辱彰道路，子诬母为妾，弟黜兄为佣[⑪]，播扬先人之辞迹[⑫]，暴露祖考之长短[⑬]，以求直己者，往往而有。悲夫！自古奸臣佞妾，以一言陷人者众矣！况夫妇之义，晓夕移之[14]，婢仆求容[15]，助相说引，积年累月，安有孝子乎？此不可不畏。

注释

①江左：即江东，长江下游今江浙一带。庶孽：古时称妾所生的孩子。

②丧室：正妻死亡之后。室，正室，正妻。

③妾媵：泛指侍妾。媵，本义指女子出嫁时陪嫁的妹妹、侍女等。

④疥癣蚊虻：皮肤小病，这里指家庭里小的矛盾纠纷。

⑤稀：少。斗阋：兄弟间争斗。

⑥河北：黄河以北地区。

⑦人流：有身份地位的行列。

⑧少：年轻。

⑨士庶：士族和庶族，两者之间有等级区别、贵贱之分。

⑩辞讼：诉状，这里指打官司。盈：充斥。

⑪黜：废黜，贬低。

⑫先人：已经去世的长辈。

⑬祖考：亡故的祖先。考，去世的父亲。

⑭移：改变，这里指妻子在丈夫面前说人坏话，挑拨离间。

⑮求容：讨好主人欢心。

译文

江东一带不忌讳婢妾所生的孩子，在正妻死亡之后，往往让侍妾来主持家事，虽然小的矛盾纠纷可能无法避免，但是碍于自己婢妾的地位名分，因此兄弟间争斗这种有辱家门的事情就很少发生。黄河以北地区看不起婢妾所生的孩子，把他们当下等人看待，所以在正妻死亡之后就必须重新再娶，以至于有的会续娶三四次，后妻的年龄比前妻儿子的年龄还要小。后妻所生的孩子和前妻所生的孩子之间，在穿着饮食、嫁娶做官等方面，存在着士族和庶族、贵族和下等人一样的区别，而当地人对这种情况习以为常。父亲死亡之后，家庭成员之间争斗不休，到官府打官司，相互毁谤辱骂,闹得路人皆知。前妻的孩子污蔑继母为婢妾，后妻的孩子将前妻的孩子贬低为佣仆，到处宣扬亡父生前的言行，论说先人的长短是非，以此来证明自己是有道理的，这样的事情时有发生。可悲啊！自古以来奸佞的臣子、不贤惠的侍妾，凭借一句话陷害他人的事情太多了！何况后妻借助夫妇感情，从早到晚在丈夫面前说三道四，挑拨离间，加上奴婢为了讨主子欢心，也在一旁煽风点火，这样长年累月，哪里还会有孝子啊？这些不能不让人感到害怕。

凡庸之性[①]，后夫多宠前夫之孤，后妻必虐前妻之子；非唯妇人怀嫉妒之情，丈夫有沉惑之僻[②]，亦事势使之然也。前夫之孤，不敢与我子争家，提携鞠养，积习生爱，故宠之；前妻之子，每居己生之上，宦学婚嫁，莫不为防焉，故虐之。异姓宠则父母被怨[③]，继亲虐则兄弟为仇，家有此者，皆门户之祸也。

注释

①凡庸：平常人。

②沉惑：沉迷，迷惑。

③异姓：不同姓的人，即前夫的孩子。

译文

按照平常人的秉性，后夫往往会宠爱前夫留下的孩子，后妻则会虐待前妻留下的子女。并不是仅仅因为女人天生嫉妒心强，男人容易迷惑，这也是客观事态造成的。前夫的孩子是不敢与自己的孩子争夺家产的，从小照顾抚养，时间长了就会产生感情，所以宠爱他们；前妻的孩子，却在年龄、地位、名分各方面都在自己孩子之上，从官、求学、婚配……每个方面都需严加防范，所以后妻往往会虐待他们。后夫宠爱前夫的孩子则会招致自己孩子的怨恨，后妻虐待前妻的子女则会导致兄弟之间反目成仇，家里存在这种情况的，往往都会招致灾祸。

思鲁等从舅殷外臣[①],博达之士也[②]。有子基、谌，皆已成立[③]，而再娶王氏。基每拜见后母，感慕呜咽[④]，不能自持，家人莫忍仰视。王亦凄怆，不知所容，旬月求退[⑤]，便以礼遣，此亦悔事也。

注释

①思鲁：《颜氏家训》作者颜之推的长子。从舅：堂舅。

②博达：博学通达。

③成立：长大成人。

④感慕：这里指心有所感，思慕母亲。

⑤旬月：大约十天。

译文

思鲁等兄弟的堂舅叫殷外臣，是个博学通达的人。他有两个儿子殷基和殷谌，都已经长大成人。殷外臣在妻子过世之后又续娶了王氏。殷基每次去拜见后母，都会因为想到自己的亲生母亲而感念思慕不已，失声痛哭，无法自我控制，家里的人也都不忍心抬头看他。王氏也感到非常伤心，不知道该如何面对他，以至于结婚大约才十天就提出退婚的要求，殷外臣也只好根据礼节将她送回娘家，这也是一件让人懊悔的事情。

《后汉书》曰："安帝时，汝南薛包孟尝，好学笃行，丧母，以至孝闻[①]。及父娶后妻而憎包，分出之。包日夜号泣，不能去，至被殴杖。不得已，庐于舍外[②]，旦入而洒扫[③]。父怒，又逐之，乃庐于里门[④]，昏晨不废。积岁余，父母惭而还之。后行六年服，丧过乎哀[⑤]。既而弟子求分财异居，包不能止，乃中分其财[⑥]；奴婢引其老者，曰：'与我共事久，若不能使也[⑦]。'田庐取其荒顿者[⑧]，曰：'吾少时所理，意所恋也。'器物取其朽败者，曰：'我素所服食，身口所安也。'弟子数破其产[⑨]，还复赈给[⑩]。建光中，公车特征[⑪]，至拜侍中。包性恬虚[⑫]，称疾不起，以死自乞。有诏赐告归也[⑬]。"

注释

①至孝：特别孝顺。至，极致。

②庐：名词作动词，指搭建茅庐。

③旦：早晨。

④里门：乡里之门，大致相当于现在的村口。

⑤丧过乎哀：守丧超过一般的礼节要求。古时父母去世，子女需服丧三年，薛包服丧六年，超过一

般的礼节。

⑥中分：平分。

⑦若：你们。

⑧荒顿：荒芜，废弃。

⑨数：多次。

⑩还复：反复，多次。

⑪公车：古代官署名，设公车令，臣民上书和应召由公车负责接待。

⑫恬虚：恬静淡泊。

⑬告归：告老或是告病回乡。

译文

《后汉书》记载："安帝时，汝南有个叫薛包的人，字孟尝，勤奋好学，忠厚老实，母亲早逝，因为特别孝顺而闻名。后来等他父亲再娶之后开始憎厌薛包，把他赶了出去。薛包日夜痛哭，不愿意离开，以至于被父亲用棍棒殴打。万不得已，薛包在房子外面搭了个草棚居住，每天早上进到家里打扫卫生。他父亲非常生气，又赶他走，薛包又在村口搭草棚居住，早晚给父母请安，从不间断。这样过了一年多，薛包的父母感到惭愧，就把他接回家居住。父母去世后，薛包服丧六年，超过了父母死后服丧三年的礼节要求。后来弟弟要求分家产独自生活，薛包无法制止，只好和弟弟平分家产。挑选奴婢的时候，薛包自动挑选那些体弱多病的人，并且说：'这些人和我相处太久了，你们使唤不动。’田地房屋，他把荒芜废弃的分给自己，并且说：‘这些都是我从年少的时候就开始打理的，已经有感情了。’又把腐朽破败的用具分给自己，并且说：‘这些都是我日常用的，已经习惯了。’薛包的弟弟几次将自己的家产败光，他就反复多次给予救济。建光年间，朝廷特别征召薛包入朝，赐官侍中。但是薛包性情恬静淡泊，称病不入朝，祈求回乡养老。后朝廷颁下诏令，让他回乡养病。”

治家第五

夫风化者[1]，自上而行于下者也，自先而施于后者也。是以父不慈则子不孝[2]，兄不友则弟不恭，夫不义则妇不顺矣。父慈而子逆，兄友而弟傲，夫义而妇陵[3]，则天之凶民[4]，乃刑戮之所摄[5]，非训导之所移也。

注释

①风化：风俗，教化。

②是以：所以，因此。

③陵：欺侮，盛气凌人。

④天之凶民：天生凶恶之人。

⑤摄：威慑，使人感到畏惧。

译文

风俗教化，是由上而下推行的，是由前人施加给后人的。因此如果父亲不慈爱，则子女就会不孝顺；兄长不友爱，弟弟就会不恭敬；丈夫不恩义，妻子就会不温顺。父亲慈爱有加，但是子女忤逆不孝；兄长关爱备至，弟弟则倨傲不恭；丈夫有情有义，妻子则盛气凌人；这些都是天生的凶恶之人，只能用刑罚杀戮对他们造成威慑，而不是可以靠教导感化的。

笞怒废于家[1]，则竖子之过立见[2]；刑罚不中[3]，则民无所措手足[4]。治家之宽猛，亦犹国焉。

注释

①笞：打人的鞭子。怒：严厉叱喝。

②竖子：未成年不懂事的小孩子。见：出现。

③中：适度，得当。

④无所措手足：即手足无措，不知如何是好。

译文

如果家里没有必要的体罚和叱喝，则孩子们就会为所欲为，过错就会立马显现；如果刑罚实施不恰当，则百姓就会不知道如何是好。治理家庭要宽严恰当，和治理国家是一个道理。

孔子曰："奢则不孙[1]，俭则固[2]；与其不孙也，宁固。"又云："如有周公之才之美[3]，使骄且吝，其余不足观也已。"然则可俭而不可吝已。俭者，省约为礼之谓也；吝者，穷急不恤之谓也[4]。今有施则奢，俭则吝；如能施而不奢，俭而不吝，可矣。

注释

①孙：同“逊”，谦逊。

②固：鄙陋。

③周公：即周公旦，周文王之子，周武王的弟弟，西周时期著名的政治家。

④恤：体恤，同情。

译文

孔子说：“奢侈浪费的人往往骄横不谦逊，勤俭的人往往显得鄙陋不堪；与其骄横不谦逊，宁愿鄙陋不堪。”又说：“如果具有周公旦那样的才气和美德，但是却骄横而且吝啬，那也是不值一提的。”由此看来，人应该节俭但是不应该吝啬。节俭，说的是符合礼仪的节省；吝啬，说的是对穷困急难的人不体恤、不同情。现在乐于施舍的人则奢侈无度，勤俭的人又吝啬小气。如果能够做到乐于施舍但是不奢侈浪费，勤俭节约但是不吝啬小气，那就好了。

生民之本[①]，要当稼穑而食[②]，桑麻以衣。蔬果之畜[③]，园场之所产；鸡豚之善[④]，埘圈之所生[⑤]。爰及栋宇器械，樵苏脂烛[⑥]，莫非种殖之物也。至能守其业者，闭门而为生之具以足，但家无盐井耳[⑦]。今北土风俗，率能躬俭节用[8]，以赡衣食；江南奢侈，多不逮焉[9]。

注释

①本：根本。

②稼穑：泛指农业种植。

③畜：同“蓄”，储存。

④豚：猪。善：美味。

⑤埘：鸡窝，鸡舍。

⑥樵苏：做燃料用的柴草。

⑦但：只是，仅仅是。

⑧率：大多数。

⑨逮：比得上。

译文

百姓生存的根本，最主要的是要种植庄稼生产粮食，种植桑麻纺布织衣。丰盛的蔬菜瓜果，源于菜园果园里的生产；美味的鸡肉猪肉，源于鸡舍猪圈的生养。至于房舍器械用具，柴草灯烛等，没有哪一种不是由耕种或是养殖生产出来的。那些擅长持家经营的人，闭门不出就能安排好生产，满足日常生活所需，只是家里没有盐井而已。现今北方地区的风俗，大多数人能够勤俭节约，衣食无忧；江南地区较为奢侈，大多比不上北方人会持家。

梁孝元世，有中书舍人[1]，治家失度，而过严刻。妻妾遂共货刺客[2]，伺醉而杀之[3]。

注释

①中书舍人：古代官职名。

②货：买通。

③伺：等候。

译文

梁孝元帝年间，有一个中书舍人治理家庭有失法度，过于严厉苛刻。他的妻妾一起合谋，买通了刺客，趁他醉酒的时候把他给杀了。

世间名士，但务宽仁，至于饮食饷馈[1]，僮仆减损[2]；施惠然诺[3]，妻子节量[4]；狎侮宾客[5]，侵耗乡党[6]：此亦为家之巨蠹矣[7]。

注释

①饷馈：馈赠他人的物品钱财。

②减损：这里指暗自从中克扣。

③施惠然诺：答应给别人的财物。诺，诺言。

④妻子：妻子和儿子。节量：从中克扣分量。

⑤狎侮：怠慢侮辱。

⑥乡党：同乡居住的人。

⑦蠹：蛀虫。这里指为害家族的人和事。

译文

世间有一些名人世家，治理家庭一味讲求宽厚仁慈，以至于馈赠给别人的物品钱财，僮仆竟然暗自从中克扣；答应给别人的财物，妻子儿女也敢从中擅自减少分量；甚至会轻慢侮辱宾客，鱼肉乡里：这些都是危害家族的大祸害。

齐吏部侍郎房文烈，未尝嗔怒，经霖雨绝粮[①]，遣婢籴米[②]，因尔逃窜，三四许日，方复擒之。房徐曰[③]："举家无食[④]，汝何处来？"竟无捶挞。尝寄人宅[⑤]，奴婢彻屋为薪略尽，闻之颦蹙[⑥]，卒无一言[⑦]。

注释

①霖雨：连绵不断的阴雨。

②籴dí：买。

③徐：慢慢地。

④举：全。

⑤寄人宅：把房子借给别人居住。

⑥颦蹙：皱着眉头，不高兴的样子。

⑦卒：最终。

译文

齐朝有个吏部侍郎叫房文烈，从来没有对人发过怒。有一次经过长时间的连绵阴雨，家里断粮了，于是派一个奴婢去买米，那个奴婢却趁机逃跑了，过了三四天之后才被抓住。房文烈只是慢慢地说："全家人都没有粮食吃，你跑到哪儿去了？"竟然没有责打她。他还曾经把房子借给别人居住，那家的奴婢将房子拆了当柴烧，几乎给烧完了。房文烈听说了也只是紧皱着眉头不高兴的样子，始终一句话都没有说。

裴子野有疏亲故属饥寒不能自济者①，皆收养之。家素清贫②，时逢水旱，二石米为薄粥，仅得遍焉，躬自同之，常无厌色。邺下有一领军③，贪积已甚，家僮八百，誓满一千；朝夕每人肴膳，以十五钱为率④，遇有客旅，更无以兼。后坐事伏法，籍其家产⑤，麻鞋一屋，弊衣数库⑥，其余财宝，不可胜言。南阳有人，为生奥博⑦，性殊俭吝，冬至后女婿谒之⑧，乃设一铜瓯酒，数脔獐肉⑨。婿恨其单率⑩，一举尽之⑪。主人愕然，俛仰命益⑫，如此者再⑬。退而责其女曰："某郎好酒，故汝常贫。"及其死后，诸子争财，兄遂杀弟。

注释

①疏亲故属：远亲和故旧相识。

②素：向来。

③领军：官名。

④率：标准。

⑤籍：统计登记。

⑥弊：破烂的。

⑦奥博：富裕，积蓄丰厚。

⑧谒：拜谒，拜访。

⑨脔：切成小块的肉。

⑩恨：责怪，嫌弃。单率：简单，草率。

⑪举：全部。

⑫俛仰：俯仰，应付的样子。益：增加。

⑬再：两次。

译文

裴子野每当有远亲和故旧相识饥寒交迫、无法自救时，他总是尽力收养。他家向来清贫，曾经遇到水旱灾害，用两石米煮成稀粥，也仅能给每人分得一点点而已。他自己同别人一起喝粥，脸上从没有厌烦的表情。邺下有一个领军，非常贪婪，积蓄丰厚，已经有家仆八百人，还信誓旦旦地要增加到一千人。早晚每人的伙食，以十五钱为标准，遇到有宾客来访，也没有增加。后因为犯罪伏法，抄没家产的时候，仅是麻鞋就收捡满满一屋子，破烂的衣服装满了几个仓库，其他财宝，数不胜数。南阳有个人非常富裕，但是为人性情吝啬之极，冬天到来之后他的女婿来拜访他，他就用一小铜瓯酒和几小块獐肉来招待。他女婿嫌过于简单草率，就把肉和酒一下全吃完了。主人非常惊讶，只好勉强应付着命人添酒加肉，这样反复做了两次。他女婿走后，就责骂自己的女儿说：“你丈夫太贪爱饮酒了，所以你经常受穷。”等到他死后，他的儿子相互争夺财产，哥哥竟然把弟弟给杀了。

妇主中馈①，惟事酒食衣服之礼耳。国不可使预政，家不可使干蛊②。如有聪明才智，识达古今，正当辅佐君子，助其不足，必无牝鸡晨鸣③，以致祸也。

注释

①中馈：家中的饮食事务。

②干蛊gǔ：这里指主持家事。

③牝pìn鸡晨鸣：母鸡在早晨啼叫，比喻妻子越权主持家事。牝，雌性的鸟兽。

译文

妇女主持家务，只不过是安排饮食衣服等礼仪方面的事情而已。国家不让女人干政，家里也不可以让女人主持重要家事。如果真的具有聪明才智，见识通古博今，也只应该辅助自己的丈夫，弥补丈夫的不足之处，一定不可以代替丈夫主持家事，这就像母鸡代替公鸡在早晨打鸣一样，是会招致灾祸的。

江东妇女，略无交游[①]，其婚姻之家，或十数年间，未相识者，惟以信命赠遗[②]，致殷勤焉。邺下风俗，专以妇持门户，争讼曲直，造请逢迎，车乘填街衢，绮罗盈府寺，代子求官，为夫诉屈。此乃恒、代之遗风乎？南间贫素，皆事外饰，车乘衣服，必贵整齐；家人妻子，不免饥寒。河北人事[③]，多由内政[④]，绮罗金翠，不可废阙，羸马悴奴[⑤]，仅充而已；倡和之礼[⑥]，或尔汝之[⑦]。

注释

①交游：指亲友间串门交往。

②信命赠遗：派遣信使传达信件，赠送礼品。

③人事：指和外界的交际应酬。

④内政：家庭内部事务。这里代指主持家务的妻子。

⑤羸：瘦弱。悴：憔悴疲乏的样子。

⑥倡和：指夫妻间夫唱妇随的和谐情景。

⑦尔汝："尔"和"汝"都是"你"的意思。古人认

为夫妻之间应该举案齐眉，相敬如宾，不可直接以“尔”“汝”相称，认为那是不礼貌的。

译文

江东地区的妇女，亲友之间很少走动交往，有的都联姻十几年了，但是彼此之间却还没有见过面，仅仅是派遣信使传达信件，赠送礼品，来表达彼此间的情谊。邺下的风俗习惯，专门让妇女当家做主，她们和别人争辩是非、交际应酬，所乘坐的车充斥整个街道，穿着绫罗绸缎在官府衙门来往，或者替儿子求一官半职，或者替丈夫诉讼冤屈。这难道是恒州、代郡地区遗留下来的风俗吗？南方地区的习惯，即使是非常贫寒，也会把外表修饰好。在外乘坐的车辆、穿的衣服，都必须是昂贵而且整齐的；但是家中的妻子儿女就难免会挨饿受冻。黄河以北地区的交际应酬也多由妻子操持，所以绫罗绸缎、金银珠宝是少不了的，家里瘦弱的马匹和憔悴不堪的奴仆，只不过是装装样子充数罢了。夫妻间一唱一和的礼节，也许早就被“你”“我”之类随便的称谓所代替了。

河北妇人，织纴组紃之事[①]，黼黻锦绣罗绮之工[②]，大优于江东也。

注释

①织纴rèn组紃xún：纴、组、紃，都是指织布用的丝缕、丝带等物，这里指纺织工作。

②黼黻fǔfú：古时候衣服上黑与青相间的花纹，这里指刺绣工艺。

译文

黄河以北的女人，无论是纺线织布，还是缝织刺绣，手艺都比江东地区的妇女好得多。

太公曰[①]："养女太多，一费也。"陈蕃曰[②]："盗不过五女之门[③]。"女之为累，亦以深矣。然天生蒸民[④]，先人传体，其如之何？世人多不举女[⑤]，贼行骨肉[⑥]，岂当如此，而望福于天乎？吾有疏亲，家饶妓媵，诞育将及，便遣阍竖守之[⑦]。体有不安，窥窗倚户，若生女者，辄持将去[⑧]；母随号泣，使人不忍闻也。

注释

①太公：姜太公，即姜子牙，西周开国名臣。

②陈蕃：东汉名臣，认为养女太多会给家里带来沉重负担，容易造成家贫。

③盗不过五女之门：指如果一个家庭养了五个女儿，则会导致家庭非常贫穷，连盗贼都不会光顾。

④蒸民：众人。

⑤举女：抚养女儿。

⑥贼行：轻贱对待。

⑦阍：守门的人，这里指僮仆。

⑧辄：就。

译文

姜太公说："养的女儿太多了，是一种耗费。"陈蕃说："如果一家养了五个女儿，那么连盗贼都不会光顾了。"女儿给家庭带来的拖累，也实在是很深了。然而天生万民，父母传下来骨肉发肤，又能怎么样呢？世间很多人不愿意抚养女儿，非常轻贱地对待她们。难道这样做，还可以奢望上天会降下福祉吗？我有一个远亲，家里妻妾成群，每当有人产期将近时，他就派僮仆严密监视。等到分娩的时候，就让人偷偷在外面窥视，如果生的是女儿，就立马抱走。母亲随即号啕大哭，让人不忍心听下去。

妇人之性，率宠子婿而虐儿妇。宠婿，则兄弟之怨生焉；虐妇，则姊妹之谗行焉。然则女之行留[①]，皆得罪于其家者，母实为之。至有谚云："落索阿姑餐[2]。”此其相报也。家之常弊，可不诫哉！

注释

①行：出嫁到婆家。留：待嫁在家。

②落索阿姑餐：婆婆吃饭的时候很冷清，意思是婆婆吃饭无人相陪。

译文

妇女的天性，大多宠爱女婿但是虐待儿媳。宠爱女婿，子女就会产生怨恨之情；虐待儿媳，女儿就会趁机进谗言。这样的话，女儿无论是出嫁到婆家还是在家待嫁，都会得罪家里的人，这其实是做母亲的过错。以至于有民谚说：“婆婆吃饭很冷清。”这是对她虐待儿媳的报应。这是很多家里都会存在的弊端，怎么可以不引以为戒呢！

婚姻素对[1]，靖侯成规[2]。近世嫁娶，遂有卖女纳财，买妇输绢，比量父祖[3]，计较锱铢，责多还少，市井无异。或猥婿在门，或傲妇擅室，贪荣求利，反招羞耻，可不慎欤！

注释

①素：清白，这里指家世清白。

②靖侯：颜之推的九世祖颜含，谥号靖侯。

③比量父祖：比较父亲、祖父的地位权势。

译文

男女婚嫁要选择家世清白的人家，这是我们的先祖靖侯定下的规矩。现在有人利用婚嫁出卖女儿、招揽钱财，也有人用钱财买妻妾，比较彼此家世的权势地位，计较聘礼的多少，讨价还价，和市井商贩无异。结果，有的人招来了猥琐鄙贱的女婿，有的娶进了凶悍霸道的悍妇，本来是贪求荣耀利益，反而招来了耻辱，怎么可以不慎重呢！

借人典籍，皆须爱护，先有缺坏，就为补治，此亦士大夫百行之一也[①]。济阳江禄，读书未竟[②]，虽有急速[③]，必待卷束整齐，然后得起，故无损败，人不厌其求假焉[④]。或有狼籍几案，分散部帙[⑤]，多为童幼婢妾之所点污，风雨虫鼠之所毁伤，实为累德。吾每读圣人之书，未尝不肃敬对之；其故纸有《五经》词义[⑥]，及贤达姓名，不敢秽用也[⑦]。

注释

①百行：古代士大夫列举了一百件事，作为自己必须要做到的行为。

②竟：完，结束。

③急速：急需处理的事情。

④厌：厌烦。假：借。

⑤帙zhì：古时候用来装书或画的布套。

⑥故纸：已经用过的废纸。

⑦秽用：用在不干净的地方。

译文

借阅别人的书籍，必须要加倍爱护，借来的时候就已经有损坏的，要为别人修好，这也是士大夫应该做的事情之一。济阳有个叫江禄的人，在一本书没有读完的时候，即使忽然有急事需要处理，也一定会先把书整理好，然后才会离开，所以他的书从来没有损坏过，别人也不厌烦他来借书。有的人的书桌狼藉不堪，书籍七零八落，四处堆放，很多要么被孩子或是侍妾婢女弄脏了，要么被风雨虫鼠毁坏了，这实在是败德的事情。我每次读圣贤的书，没有哪一次不是很严肃恭敬地对待的。用完的废纸上有《五经》的词句，或是上面有贤达的姓名，我都不敢把它们用在不干净的地方。

吾家巫觋祷请[①]，绝于言议；符书章醮[②]，亦无祈焉，并汝曹所见也。勿为妖妄之费。

注释

①巫觋xí：巫师。女巫师叫巫，男巫师叫觋。祷请：向鬼神祷告祈求。

②符书章醮jiào：道士用来驱邪招神的符咒。醮，道士设坛做法事。

译文

我们家从来不请巫师向鬼神祷告祈求，也不请道士设坛做法事，做驱邪招神之类的事情，这是你们都看到的。切莫把钱财花费在这些虚妄的事情上。

风操第六

吾观《礼经》，圣人之教：箕帚匕箸[①]，咳唾唯诺，执烛沃盥[②]，皆有节文，亦为至矣。但既残缺，非复全书；其有所不载，及世事变改者，学达君子，自为节度，相承行之，故世号士大夫风操。而家门颇有不同，所见互称长短；然其阡陌[③]，亦自可知。昔在江南，目能视而见之，耳能听而闻之；蓬生麻中，不劳翰墨[④]。汝曹生于戎马之间，视听之所不晓，故聊记录，以传示子孙。

注释

①匕：汤匙。箸：筷子。

②沃盥guàn：指打水洗漱。

③阡陌：本义指纵横交错的小路，这里指脉络。

④不劳翰墨：指不需要看书习文来专门教化，就已经受到自然而然的熏染。翰墨，笔墨，指书籍、文章。

译文

我看《礼经》，上面有圣人先贤的教诲：使用簸箕、扫帚打扫时需要注意什么，使用汤匙、筷子进餐时需要注意什么，咳嗽、吐痰时需要注意什么，应答长辈问话时需要注意什么，掌灯照明时需要注意什么，打水洗漱需要注意什么等，这些都有详细的论述，说得已经十分详尽了。但是此书已经残缺，不再是完整的了；也有些礼仪规范在书中没有记载，还有些礼节规范随着世事发展有所改变，博学通达的人，根据实际情况自己酌情制定了一些行为规范，世代传承下来，世人把这些称为士大夫风度节操的标准。不过不同的家庭情况有所不同，对礼仪的理解也有所差别，但是大致脉络还是可以知道的。我以前在江南，耳闻目睹，不用专门去看圣人先贤的书籍、文章，也已经受到了自然而然的熏染，这就像蓬蒿生在丛麻中间，不用修饰也会自然而然生长得很直一样。你们生长在战乱年代，对于一些礼仪规范看不到，也听不到，所以我把这些记录下来，用来传示给子孙看。

《礼》曰："见似目瞿[①]，闻名心瞿。"有所感触，恻怆心眼；若在从容平常之地，幸须申其情耳[②]。必不可避，亦当忍之。犹如伯叔兄弟，酷类先人，可得终身肠断，与之绝耶？又："临文不讳，庙中不讳[③]，君所无私讳。"益知闻名，须有消息[④]，不必期于颠沛而走也[⑤]。梁世谢举，甚有声誉，闻讳必哭，为世所讥。又有臧逢世，臧严之子也，笃学修行，不坠门风。孝元经牧江州[⑥]，遣往建昌督事，郡县民庶，竞修笺书，朝夕辐辏[7]，几案盈积，书有称“严寒”者，必对之流涕，不省取记，多废公事，物情怨骇[8]，竟以不办而还[9]。此并过事也。

注释

①瞿jù：受到惊吓，惊恐环视四周的样子，这里指恭谨的样子。

②申：同“伸”，表现出来。

③庙中：宗庙，祭祀的地方。

④消息：打消，平息，这里指克制自己的感情。

⑤颠沛而走：狼狈地跑开。颠沛，狼狈窘迫的样子。走，快速离开。

⑥牧：担任一个地方的长官。

⑦辐辏：形容事物的聚集，就像车辐集中到车轴一样。辐，车辐，车轮中围绕车轴的细条。辏，车轴。

⑧物情怨骇：人们怨声载道。

⑨不办：办事不力。

译文

《礼》书上说：“看到和过世的父母长得相像的人就要表现恭谨，听到父母的名字心里就会惊惧不安。”这是因为心有所感，引发了对父母的思念之情。若是在平常一般的情况下，这种感情可以表现出来。如果是实在无法回避的情况下，这种感情就要忍一忍。就如有一位伯伯或是叔叔和自己去世的父亲长得很像，难道每次见到他都要伤心欲绝，以至于和他绝交吗？《礼》书上还说："写文章的时候不用避讳，在宗庙祭祀的时候不用避讳，面见国君的时候不用避讳。"从这里也可以看出，听到亡故父母的名字时，要让自己的感情平息一下，未必一定要窘迫地跑开。梁朝的时候有个人叫谢举，声誉很好，但是只要一听到父母的名讳就一定会痛哭不止，被世人所讥笑。又有一个叫臧逢世的人，是臧严的儿子，认真好学，注重修养，不失名门子弟的风范。梁元帝的时候任江州刺史，派遣他到建昌督理政事，郡县的百姓纷纷写信函给他，信函从早到晚寄到官署，案几上都堆满了。臧逢世在处理这些信函的时候，看到有人在信中写"严寒"的字样，必定会对着它痛哭流涕，以至于忘了去处理正事，很多公务被耽误了，造成民怨沸腾，最终因为办事不力而被召回去了。这些都是避讳过当的事例。

近在扬都[①]，有一士人讳审[②]，而与沈氏交结周厚，沈与其书，名而不姓，此非人情也。

注释

①扬都：扬州。

②士人：读书人。

译文

近来在扬州有一个读书人，忌讳“审”字，但是他和一位姓沈的人关系非常亲密。这位姓沈的朋友给他写信，署名的时候只写名而不写姓，这是不符合情理的。

凡避讳者，皆须得其同训以代换之[①]：桓公名白[②]，博有五皓之称[③]；厉王名长[④]，琴有修短之目。不闻谓布帛为布皓，呼肾肠为肾修也。梁武小名阿练[⑤]，子孙皆呼练为绢；乃谓销炼物为销绢物[⑥]，恐乖其义[⑦]。或有讳云者，呼纷纭为纷烟；有讳桐者，呼梧桐树为白铁树，便似戏笑耳。

注释

①同训：同义词。

②桓公：齐桓公，字小白。

③博：博戏，古代的一种赌输赢、角胜负的游戏。

④厉王：西汉淮南厉王刘长。

⑤梁武：梁武帝。

⑥销炼：销熔冶炼。

⑦乖：违背，违反。

译文

凡是需要避讳的字，都需要用一个同义词来代替：齐桓公名叫小白，所以博戏中的“五白”就有了“五皓”的说法；淮南王名叫刘长，所以“琴有长短”就被改称“琴有修短”。但是从没听说谁把“布帛”称为“布皓”，把“肾肠”称为“肾修”的。梁武帝的小名叫阿练，所以子孙们都叫“练”为“绢”，但是把“熔炼东西”说成“熔绢东西”，那恐怕就和本来的意义相违背了。有的人避讳“云”字，就称“纷纭”为“纷烟”，有的人避讳“桐”字，就叫梧桐树为白铁树，这简直就是开玩笑了。

周公名子曰禽[①]，孔子名儿曰鲤，止在其身，自可无禁。至若卫侯、魏公子、楚太子，皆名虮虱[②]；长卿名犬子，王修名狗子，上有连及[③]，理未为通。古之所行，今之所笑也。北土多有名儿为驴驹、豚子者，使其自称及兄弟所名，亦何忍哉？前汉有尹翁归，后汉有郑翁归，梁家亦有孔翁归，又有顾翁宠；晋代有许思妣、孟少孤，如此名字，幸当避之。

注释

①名：名词作动词，取名。

②虮虱：虱子所产的卵。

③上有连及：涉及父母。上，指父母。

译文

周公旦给自己的儿子取名为禽，孔子给自己的儿子取名为鲤，这些名字和本人有关联，自然无可厚非。但是卫侯、魏公子、楚太子等人都叫虮虱；司马长卿叫犬子，王修名叫狗子，这些都牵涉到他们的父母，于理就说不过去了。古人的这些行为，沦为了今天的笑料。北方人喜欢给自己的儿女取名叫驴驹、豚子，假使让他们自称或是兄弟这样称呼他们，又该如何忍受呢？前汉有人叫尹翁归，后汉有人叫郑翁归，梁朝也有人叫孔翁归，又有人叫顾翁宠；晋代有人名叫许思妣、孟少孤的，像这样的名字，最好是避免，不要取的好。

今人避讳，更急于古。凡名子者，当为孙地[①]。吾亲识中有讳襄、讳友、讳同、讳清、讳和、讳禹，交疏造次[②]，一座百犯，闻者辛苦，无憀赖焉[③]。

注释

①当为孙地：为子孙留有余地。

②交疏：交往不太密切的人。造次：说话不谨慎，唐突。

③无憀赖：不知如何是好。

译文

如今的人避讳比古人更加严格。那些给儿子取名字的人，应该给孙子辈留有余地。我的亲戚中有人避讳“襄”字，有人避讳“友”字，有人避讳“同”字，有人避讳“清”字，有人避讳“和”字，有人避讳“禹”字，与交往不太密切的人在一起的时候，一时不小心就会说错话，触犯了在座很多人的忌讳，听到的人感到很伤心，往往不知道该如何是好。

昔司马长卿慕蔺相如，故名相如，顾元叹慕蔡邕，故名雍，而后汉有朱伥字孙卿，许暹字颜回，梁世有庾晏婴、祖孙登，连古人姓为名字，亦鄙事也。

译文

从前有司马长卿仰慕蔺相如，就给自己改名叫相如，顾元叹钦慕蔡邕，就给自己取名为雍，而后汉有朱伥字孙卿，许暹字颜回，梁朝有庾晏婴、祖孙登，这些人直接将古人的名字取为己用，也是卑贱的做法。

昔刘文饶不忍骂奴为畜产[①]，今世愚人遂以相戏，或有指名为豚犊者[②]。有识傍观[③]，犹欲掩耳，况当之者乎？

注释

①畜产：畜生，骂人的话。

②豚：小猪。犊：小牛。

③有识：有见识、有修养的人。傍观：旁观者。

译文

从前刘文饶不忍心骂奴仆为畜生，但现在竟然有愚蠢的人称彼此为畜生来开玩笑，有的人甚至指名道姓称别人为小猪，或者小牛。有见识、有修养的旁观者都想捂住耳朵不去听，何况当事人呢？

近在议曹[①]，共平章百官秩禄[②]，有一显贵，当世名臣，意嫌所议过厚。齐朝有一两士族文学之人，谓此贵曰："今日天下大同，须为百代典式，岂得尚作关中旧意？明公定是陶朱公大儿耳[③]！"彼此欢笑，不以为嫌。

注释

①议曹：官署名，汉代所设。

②平章：商量处理。秩禄：俸禄。

③陶朱公：春秋战国时越国大夫范蠡的别称。辞官

后经商，成为一代巨贾，是后世商人的典范。相传他的次子在楚国杀人被捕，他的长子带着千金前去营救，后因舍不得花钱，次子最终被杀。

译文

最近我到议曹和大家一起商议官员们的俸禄问题，有一显贵之人，是当今的名臣，他嫌大家所商定的标准过于优厚了。当时有一两个属于原来齐朝士族的文学侍从对这位显贵名臣说："如今天下大一统，应该为后世树立典范，怎么还能够依照关中的旧规呢？您如此吝啬，一定是陶朱公的大儿子吧。"相互之间这样开玩笑，竟然也不感到厌恶。

昔侯霸之子孙[①]，称其祖父曰家公；陈思王称其父为家父，母为家母；潘尼称其祖曰家祖：古人之所行，今人之所笑也。今南北风俗，言其祖及二亲，无云家者；田里猥人[②]，方有此言耳。凡与人言，言己世父[③]，以次第称之，不云家者，以尊于父，不敢家也。凡言姑姊妹女子子[④]：已嫁，则以夫氏称之；在室[⑤]，则以次第称之。言礼成他族，不得云家也。子孙不得称家者，轻略之也。蔡邕书集，呼其姑姊为家姑家姊；班固书集，亦云家孙，今并不行也。

注释

①侯霸：东汉人，官至大司徒。

②田里猥人：农村粗鄙的人。

③世父：即伯父。比父亲年长的叫世父，比父亲年轻的叫叔父。

④女子子：女儿。

⑤在室：在家未嫁。

译文

从前，侯霸的子孙称他们的祖父为家公；陈思王称他的父亲为家父，母亲为家母；潘尼称他的祖父为家祖：古人的这些行为，在今天看来是可笑的。现今南北的风俗，谈到祖辈及父母的时候，没有以“家”相称的，只有农村粗鄙的人才会这样说。凡是和别人谈话，说到自己的伯父，只按照排行次第来称呼，不说“家”，这是因为伯父比父亲年长，辈分尊于父亲，不敢以“家”相称。凡是谈到姑表姐妹之类的女子：如果已经出嫁，则按照丈夫的姓氏来称呼；如果还没出嫁，则按照排行次第来称呼。意思是一旦出嫁了就是婆家的人了，不能以“家”相称。对于子孙不以“家”相称，是表示他们是晚辈，辈分轻。蔡邕在他的书里，称他姑表姐为家姑家姊；班固也在书里称他的孙子为家孙，如今都不这样称呼了。

凡与人言，称彼祖父母、世父母、父母及长姑，皆加尊字，自叔父母已下，则加贤字，尊卑之差也。王羲之书，称彼之母与自称己母同，不云尊字，今所非也。

译文

凡是和别人谈论，谈到对方的祖父母、伯父伯母、父母以及比父亲年长的姑姑时，都在称谓前加“尊”字，自叔父母以下，则在称谓前加“贤”字，这是为了显示辈分尊卑的差别。王羲之在信中称呼对方父母和称呼自己的父母一样，都不以“尊”相称，今天是不会这样的。

南人冬至岁首[①]，不诣丧家[②]；若不修书，则过节束带以申慰[③]。北人至岁之日，重行吊礼；礼无明文，则吾不取。南人宾至不迎，相见捧手而不揖，送客下席而已；北人迎送并至门，相见则揖，皆古之道也，吾善其迎揖。

注释

①岁首：一年的开始，正月初一。

②诣：拜访。

③束带：指穿戴整齐。

译文

南方人在冬至、岁首这两天是不会到办丧事的人家里去的；如果不写信致哀，则会在过完节后穿戴整齐，亲自上门表示慰问。北方人则会在冬至、岁首这两天，举行隆重的吊唁活动，这种礼节没有看到哪里有明文记载，所以我是不赞许的。南方有客人来时，主人不远迎，见面拱手但不作揖；宾客离开时，主人也不远送，只是起身离席而已。北方人迎送宾客都要到门口的位置，见面作揖，这都是古人留传下来的待客之道，我赞同他们这种迎送宾客的做法。

昔者，王侯自称孤、寡、不穀，自兹以降，虽孔子圣师，与门人言皆称名也。后虽有臣、仆之称，行者盖亦寡焉。江南轻重[①]，各有谓号[②]，具诸《书仪》；北人多称名者，乃古之遗风，吾善其称名焉。

注释

①轻：辈分、地位高的人。重：辈分、地位低的人。

②谓号：称号、称谓。

译文

从前，王侯自称孤、寡、不穀，自此往下，即使是像孔子这样的圣贤之师，与弟子谈话的时候也以名字自称。后来虽然也有自称臣、仆之类的，但是这样做的人并不多。在江南地区，无论地位、辈分高低，各自都有特有的称谓，都详细记载在《书仪》这本书里。北方人多以名字自称，这是古人的遗风，我赞许他们以名字自称的做法。

言及先人，理当感慕，古者之所易，今人之所难。江南人事不获已[①]，须言阀阅[②]，必以文翰，罕有面论者。北人无何便尔话说[③]，及相访问。如此之事，不可加于人也。人加诸己，则当避之。名位未高，如为勋贵所逼，隐忍方便，速报取了；勿使烦重，感辱祖父。若没[④]，言须及者，则敛容肃坐，称大门中，世父、叔父则称从兄弟门中，兄弟则称亡者子某门中，各以其尊卑轻重为容色之节，皆变于常[⑤]。若与君言，虽变于色，犹云亡祖亡伯亡叔也。吾见名士，亦有呼其亡兄弟为兄子弟子门中者，亦未为安贴也。北土风俗，都不行此。太山羊侃，梁初入南；吾近至邺，其兄子肃访侃委曲[⑥]，吾答之云："卿从门中在梁，如此如此。"肃曰："是我亲第七亡叔[7]，非从也。”祖孝徵在坐，先知江南风俗，乃谓之云：“贤从弟门中，何故不解？”

注释

①不获已：不得已。

②阀阅：门第、家世，这里泛指先人的功勋、经历。

③无何：没有缘故。

④没：这里指先人过世。

⑤变于常：和平常不一样。

⑥委曲：事情的原委。

⑦亲：古时习俗，在称谓前加“亲”，表示其为直系亲属。

译文

谈论到先人的时候，理所当然应该产生悲戚之情，这在古人是很容易做到的，但是如今的人却很难做到了。江南人除非不得已，否则在和别人谈到自己家世的时候一定会通过书信交流，很少有当面谈论的。北方人没事的时候喜欢找人聊天，相互串门拜访。谈论家世这样的事情，是不能强加于人的。如果有人强制要和自己谈论家世，也应该设法回避。如果自己的名位不高，被有权有势的人逼迫谈论自己的家世，则可以勉强敷衍应付一下，但也应该尽快结束谈论，不要没完没了地谈论，以免辱没了先辈的名声。如果自己的先辈已经过世，又不得不谈论他们的时候，则应该表情严肃，坐姿端正，祖父、父亲以“大门中”相称，伯父、叔父以“从兄弟门中”相称，对于已经亡故的兄弟，则以他的儿子“某某门中”相称。分别根据本分尊卑的区别，来把握自己脸上表情的变化，无论谈到谁，表情都应该和平时不一样。如果是和国君谈及自己过世的前辈，表情也需要改变，但是可以以“亡祖、亡伯、亡叔”相称。我曾经遇到一些名士，在国君面前也称他们过世的兄弟为兄长儿子“某某门中”或弟弟儿子“某某门中”的，这是不妥当的。北方的风俗，是完全不会这样的。泰山人羊侃，在梁朝初年到了南方。我近段时间到邺城，他的兄长的儿子羊肃来拜访我，询问羊侃的具体情况，我回答说：“您的从门中在梁朝初年的时候，如此故此。”羊肃说：“他是我已经亡故了的第七个叔父，不是我的堂叔。”当时祖孝徵也在场，他很早就已经知道了南方的风俗，于是对羊肃说：“说的就是你的叔父，怎么听不懂呢？”

古人皆呼伯父叔父，而今世多单呼伯叔。从父兄弟姊妹已孤[①]，而对其前，呼其母为伯叔母，此不可避者也。兄弟之子已孤，与他人言，对孤者前，呼为兄子弟子，颇为不忍[②]；北土人多呼为侄。按：《尔雅》《丧服经》《左传》，侄虽名通男女，并是对姑之称。晋世已来，始呼叔侄；今呼为侄，于理为胜也。

注释

①从父：伯父、叔父的统称。孤：幼年丧父为孤。

②颇为不忍：这里指当面提起他们已经亡故的父母，于心不忍。

译文

古时候的人都称伯父、叔父，如今人们多单称伯、叔。伯父、叔父去世以后，和堂兄弟姐妹交谈时，称他们的母亲为伯母、叔母，这是无法避免的。兄弟亡故之后，当着他们孩子的面和别人交谈，称呼孩子为“兄长的儿子”或是“弟弟的儿子”，颇有些于心不忍，北方人对他们多以“侄”相称。按：根据《尔雅》《丧服经》《左传》记载，“侄”这个称谓虽然对男女都适用，但都是针对姑姑来说的。晋朝以后，才有“叔侄”这个称谓。现在统一叫作“侄”，这在情理上是说得通的。

别易会难，古人所重；江南饯送，下泣言离[①]。有王子侯，梁武帝弟，出为东郡，与武帝别，帝曰：“我年已老，与汝分张，甚以恻怆[②]。”数行泪下。侯遂密云[③]，赧然而出[④]。坐此被责[⑤]，飘飖舟渚[⑥]，一百许日，卒不得去。北间风俗，不屑此事，歧路言离，欢笑分首。然人性自有少涕泪者，肠虽欲绝，目犹烂然⑦；如此之人，不可强责。

注释

①下泣：流下眼泪。

②恻怆：伤心、悲伤。

③密云：做出悲伤的样子，但是没有眼泪。

④赧然：害羞的样子。

⑤坐：因为。

⑥飖yáo：漂荡。

⑦烂然：灿烂的样子，这里指双眼有神。

译文

别时容易见时难，古人非常看重离别之情。江南人在给别人饯行的时候，一谈到离别在即就会伤心落泪。有个王子侯，是梁武帝的弟弟，将要去东郡任职，前来和武帝告别，武帝说："我年纪已经大了，却要和你分别，心里真是万分悲伤啊。"说完泪流不止。王子侯虽然做出很悲伤的样子，却没有流眼泪，于是很不好意思地离开了。王子侯后来因为没有流泪这件事被大家责备，坐着船在江边漂荡徘徊了一百多天，最后还是没能离开。北方的风俗，人们不屑因为离别而伤心落泪，到岔路口各自话别，高高兴兴地离开。有天性眼泪就少的人，纵然内心悲痛万分，肝肠寸断，但是双眼就是没有眼泪，也没有悲伤的神情。对这样的人，我们是不能过分苛责的。

凡亲属名称，皆须粉墨[①]，不可滥也。无风教者，其父已孤[②]，呼外祖父母与祖父母同，使人为其不喜闻也。虽质于面，皆当加外以别之；父母之世叔父，皆当加其次第以别之；父母之世叔母，皆当加其姓以别之；父母之群从世叔父母及从祖父母，皆当加其爵位若姓以别之。河北士人，皆呼外祖父母为家公家母；江南田里间亦言之[③]。以家代外，非吾所识。

注释

①粉墨：白色和黑色。这里指像白色和黑色那样分明。

②父已孤：父亲成了孤儿，指祖父、祖母去世。

③间：间或，偶尔。

译文

凡是亲人的名号称谓，都必须黑白分明，不可以胡乱混淆。没有风化教养的人，在祖父、祖母去世之后，就称外祖父、外祖母为祖父、祖母了，这让人听了不高兴。即使当着外祖父、外祖母的面，也应该加“外”字以便区别开来。对父母亲的伯父、叔父，都应该在称谓前面用辈分排行来区分开；对父母亲的伯母、叔母，都应该在称谓前加上姓氏来区别开；对父母亲的堂伯父、堂伯母、堂叔父、堂叔母，以及堂祖父、堂祖母，都应该在称谓前面加上他们的爵位或姓氏区别开来。黄河以北的人，都叫外祖父、外祖母为家公、家母；江南地区农村里偶尔也有这么叫的。用“家”字代替“外”字，我是无法理解的。

凡宗亲世数，有从父[①]，有从祖[②]，有族祖[③]。江南风俗，自兹已往，高秩者[④]，通呼为尊，同昭穆者[⑤]，虽百世犹称兄弟；若对他人称之，皆云族人。河北士人，虽三二十世，犹呼为从伯从叔。梁武帝尝问一中土人曰：“卿北人，何故不知有族？”答云：“骨肉易疏，不忍言族耳。”当时虽为敏对，于礼未通。

注释

①从父：堂伯、堂叔。

②从祖：父亲的堂伯、堂叔。

③族祖：祖父的堂伯、堂叔。

④高秩：这里指辈分地位高。

⑤昭穆：宗法制度，用来区分家族内部的长幼尊卑、关系亲疏远近。这里指同宗。

译文

凡是宗族亲属的世系辈分，有从父，有从祖，有族祖。江南的风俗习惯，从自己这一辈人开始算，凡是辈分高的人都称“尊”，同宗的人，即使已经相隔了一百代仍然以“兄弟”相称；若对外人谈起，则以“族人”相称。黄河以北地区的士人，即使相隔了二三十代，仍然称堂伯、堂叔。梁武帝曾经问一个中原的人：“你是北方人，为什么不知道有‘族’这个称谓呢？”这个中原人回答说：“骨肉关系容易疏远，所以不忍心说‘族’这个称谓。”这在当时虽然是一种很巧妙的回答，但于礼节上却说不通。

吾尝问周弘让曰：“父母中外姊妹[①]，何以称之？”周曰：“亦呼为丈人[②]。”自古未见丈人之称施于妇人也。吾亲表所行，若父属者，为某姓姑；母属者，为某姓姨。中外丈人之妇，猥俗呼为丈母[③]，士大夫谓之王母、谢母云。而《陆机集》有《与长沙顾母书》[④]，乃其从叔母也，今所不行。

注释

①中外姊妹：姑表姐妹。中，这里指舅舅的子女。外，这里指姑母的子女。

②丈人：对老人的统称。

③丈母：对老年妇女的统称。

④陆机：西晋文学家。

译文

我曾经问周弘让说："父母的表姐妹，该怎么称呼她们？"周弘让回答说："也叫作丈人。"自古以来没有听过叫女人为"丈人"的。我的表亲们是这样称呼的：如果是父亲的表姐妹，则叫"姑"，在前面加上姓氏；如果是母亲的表姐妹，就叫"姨"，前面加上姓氏。父母表兄弟的妻子，俚俗称她们为"丈母"，士大夫则在前面加上姓氏，如王母、谢母等。而《陆机集》中收有《与长沙顾母书》，顾母就是陆机的堂叔母，如今不这样称呼了。

齐朝士子，皆呼祖仆射为祖公[1]，全不嫌有所涉也，乃有对面以相戏者。

注释

①仆射yè：古代官名，这里专指北齐仆射祖珽。

译文

齐朝的士大夫们都称仆射祖珽为祖公，完全不顾及这和对自己祖父的称呼相同，甚至有的人当着祖珽的面拿这件事开玩笑。

古者，名以正体，字以表德，名终则讳之，字乃可以为孙氏[①]。孔子弟子记事者，皆称仲尼；吕后微时，尝字高祖为季；至汉爰种，字其叔父曰丝；王丹与侯霸子语，字霸为君房；江南至今不讳字也。河北士人全不辨之，名亦呼为字，字固呼为字。尚书王元景兄弟，皆号名人，其父名云，字罗汉，一皆讳之，其余不足怪也。

注释

①氏：古代人既有姓，也有氏。姓是家族的标志，氏是姓的分支。到了汉代，姓和氏合为一体。

译文

古代的人，名用来表明本身，字用来表明德行，名始终是要避讳的，字则可以作为孙子辈的氏。孔子的弟子在记录孔子的言行时，都称孔子的字“仲尼”；吕后当年还是老百姓的时候，称呼汉高祖的时候就叫他的字“季”；到了汉朝，爰种在称呼他的叔叔时也叫他的字“丝”；王丹和侯霸的儿子谈话，就称侯霸的字“君房”。江南地区到现在也不避讳人的字。河北地区的士大夫根本分不清楚名和字之间的关系，把名叫作字，字当然也叫字。尚书王元景兄弟，都号称是当代名人，他们的父亲名叫云，字叫罗汉，他们对父亲的名和字一概都避讳。他们尚且如此，其他的人分不清名与字，就不足为怪了。

《礼·间传》云："斩缞之哭，若往而不反；齐缞之哭，若往而反；大功之哭，三曲而偯[1]；小功缌麻[2]，哀容可也，此哀之发于声音也。"《孝经》云："哭不偯。"皆论哭有轻重质文之声也。礼以哭有言者为号；然则哭亦有辞也。江南丧哭，时有哀诉之言耳；山东重丧[3]，则唯呼苍天，期功以下[4]，则唯呼痛深，便是号而不哭。

注释

①偯yǐ：哭的时候后面曲折委婉的余音。

②斩缞cuī、齐缞、大功、小功、缌麻：古代五种丧服，即"五服"，其中斩缞最重，齐缞次之，缌麻最轻。根据死者不同的辈分，服不同的丧服。

③山东：崤山以东，泛指北方地区。

④期功：服一年以下的轻丧。期，服丧一年。功，大功和小功。

译文

《礼记·间传》上说："穿斩缞这种重丧服的时候，哭泣要哭得醒不过来的样子；穿齐缞的时候，哭泣要哭得死去活来的样子；穿大功这种丧服的时候，要哭得一波三折，还带有曲折委婉的余音；穿小功、缌麻这种较轻的丧服的时候，只需要脸上露出哀伤的表情就可以了。这是哀痛之情在声音上的表现。"《孝经》说："孝子在哭丧的时候，不能带余音。"这都是在论述哭有轻、重、委婉、直接等方面的区别。礼制上把一边哭一边哀诉有词的叫作"号"；这样的话，哭也是有言辞的。江南人在哭丧的时候，时不时会夹杂哀诉的话在里面；北方人在服重丧的时候，则只是呼天抢地而已；服一年以下的轻丧时，则只是哀诉自己深重的悲痛，这就是只哀诉而不哭泣。

江南凡遭重丧，若相知者，同在城邑，三日不吊则绝之；除丧[①]，虽相遇则避之，怨其不己悯也。有故及道遥者，致书可也；无书亦如之[②]。北俗则不尔。江南凡吊者，主人之外，不识者不执手；识轻服而不识主人[③]，则不于会所而吊[④]，他日修名诣其家。

注释

①除丧：除去丧服。

②亦如之：也如此对待，指像对待“三日不吊”的人一样，绝交。

③轻服：穿较轻丧服的人，指和死者关系较疏远的人。

④会所：聚会的场所，这里指灵堂。

译文

江南地区凡是有遭遇重丧的人家，如果有人和他们熟识，又同住在一个城邑里，三天之内不去吊唁，丧家就会和他断绝交往。除去丧服之后，即使在路上碰上也会有意避开，因为怨恨他不悲悯自己的遭遇。有特殊原因或是路途遥远的人，可以写书信表示哀悼慰问，如果不写信，丧家也会和他断绝交往。北方的习俗则不会这样。在江南，凡是吊丧的人，除了主人之外，和其他不认识的人不会握手；如果只认识和死者关系较疏远的人而不认识主人，则不会到灵堂去吊唁，等其他日子备好名帖，到家里拜访表示慰问就可以了。

阴阳家云：“辰为水墓，又为土墓，故不得哭。”王充《论衡》云：“辰日不哭，哭则重丧①。”今无教者，辰日有丧，不问轻重，举家清谧，不敢发声，以辞吊客。道书又曰："晦歌朔哭[2]，皆当有罪，天夺其算[3]。"丧家朔望[4]，哀感弥深，宁当惜寿，又不哭也？亦不谕。

注释

①重丧：再死人。重，重复。

②晦：农历每月最后一天。朔：农历每月第一天。

③算：寿命。

④望：农历每月十五。

译文

阴阳家说："辰日既是水墓，又是土墓，因此不可以哭丧。"王充也在《论衡》里说："辰日不可以哭丧，否则就会再死人。"如今一些缺乏教化的人，在辰日遭遇丧事，无论是轻丧还是重丧，全家上下都轻悄悄的，用一些言辞谢绝前来吊丧的人。道家的书还说："农历每个月最后一天唱歌，每个月第一天哭泣，都是有罪的，上天会减少他的寿命。"如果有人在月初一或十五遇到丧事，悲痛万分，难道因为爱惜生命而不哭泣吗？真是不可理喻。

偏傍之书[1]，死有归杀[2]。子孙逃窜，莫肯在家；

画瓦书符[3]，作诸厌胜[4]；丧出之日，门前然火，户外列灰[5]，祓送家鬼[6]，章断注连。凡如此比，不近有情，乃儒雅之罪人，弹议所当加也。

注释

①偏傍之书：旁门左道的书。

②归杀：迷信说，人死后在一定时间内灵魂会回家。

③画瓦：在瓦片上画符咒驱邪。

④厌胜：古时候一种巫术。

⑤户外列灰：在房子外面撒上灰，据说可以看到死人灵魂的足迹。

⑥祓fú：用斋戒沐浴等方法除灾求福，这里指举行除灾祈福的仪式。

译文

旁门左道的书上说人死后灵魂会在某一天回家来。这一天，子孙们都纷纷出逃，不肯待在家里；又说可以画符咒、请巫师做法事来驱鬼；还说出丧的那天要在门前燃烧火堆，在房子外面铺洒炭灰，这样可以看到死人灵魂的踪迹，还要举行仪式遣送家鬼，向上天祈求死者不要祸及家人。如此种种，都是不近人情的做法，是儒学雅道的罪人，应该加以指责批评。

己孤，而履岁及长至之节[①]，无父，拜母、祖父母、世叔父母、姑、兄、姊，则皆泣；无母，拜父、外祖父母、舅、姨、兄、姊，亦如之。此人情也。

注释

①履岁：一年的第一天，指春节。长至：这里指冬至，因为冬至以后白天逐渐变长，所以又称长至。

译文

父亲或是母亲去世后，在春节或是冬至这两个节日里，如果是没有了父亲，拜见母亲、祖父母、伯父伯母、叔父叔母、姑母、兄长、姐姐时应该哭泣；如果没有了母亲，则拜见父亲、外祖父母、舅舅、姨母、兄长、姐姐时也应该哭泣。这是人之常情。

江左朝臣[①]，子孙初释服[②]，朝见二宫[③]，皆当泣涕；二宫为之改容。颇有肤色充泽，无哀感者，梁武薄其为人，多被抑退。裴政出服，问讯武帝，贬瘦枯槁，涕泗滂沱，武帝目送之曰："裴政之父裴之礼不死也。"

注释

①江左：即江东地区，这里指南朝统治范围，代指南朝。

②释服：即除去丧服。

③二宫：指皇帝和太子。

译文

南朝的大臣亡故之后，子孙在刚刚除去丧服之后，要去拜见皇帝和太子。拜见的时候都应当痛哭流涕，皇帝和太子也应该表现出哀容。也有的人在拜见时容光焕发，脸上没有哀伤的表情，梁武帝看不起他们的为人，因而多数被贬谪。裴政服丧期满进宫朝见时，拜见梁武帝，面若枯槁，憔悴消瘦，泪如雨下，梁武帝目送他离开，说："裴政的父亲裴之礼死而无憾了。"

二亲既没，所居斋寝[①]，子与妇弗忍入焉。北朝顿丘李构，母刘氏，夫人亡后，所住之堂，终身锁闭，弗忍开入也。夫人，宋广州刺史纂之孙女，故构犹染江南风教。其父奖，为扬州刺史，镇寿春，遇害。构尝与王松年、祖孝徵数人同集谈宴[②]。孝徵善画，遇有纸笔，图写为人[③]。顷之，因割鹿尾，戏截画人以示构，而无他意。构怆然动色，便起就马而去。

举坐惊骇，莫测其情。祖君寻悟[4]，方深反侧[5]，当时罕有能感此者。吴郡陆襄，父闲被刑，襄终身布衣蔬饭，虽姜菜有切割，皆不忍食；居家惟以掐摘供厨。江宁姚子笃，母以烧死，终身不忍啖炙[6]。豫章熊康，父以醉而为奴所杀，终身不复尝酒。然礼缘人情，恩由义断，亲以噎死，亦当不可绝食也。

注释

①斋寝：斋戒的房子。

②同集谈宴：聚在一起聊天吃饭。

③图写为人：画了一幅人的肖像。

④寻悟：过了一会儿明白了。寻，短时间内，一会儿。

⑤反侧：惊恐不安。

⑥啖：吃。炙：烤肉。

译文

父母已经亡故，他们生前斋戒住过的房间，儿子和儿媳都不忍心进入。北朝时候顿丘人李构，母亲刘氏去世之后，李构把她生前所住的房子锁闭了，终身没有再打开进去过。刘夫人是宋广州刺史刘纂的孙女，所以李构尚有受到江南风俗教化的熏陶。李构的父亲李奖，生前是扬州刺史，镇守寿春的时候被人杀害了。李构曾经与王松年、祖孝徵等数人在一起聊天吃饭。祖孝徵擅长画画，刚好旁边有纸笔，就画了一幅人的肖像图。过了一会儿，祖孝徵因为割鹿尾吃，就用刀戳所画的肖像玩，并给李构看，并没有其他的意思。李构却显现出十分悲痛的神色，随即起身骑马而去。在座的人都惊诧不已，不明白其中的原因。祖孝徵过了一会儿明白了，是因为他用刀戳画像让李构想起了自己的父亲被杀的事情，这让祖孝征深感不安。当时在座的人很少有人能够明白其中的缘由。吴郡地区的陆襄，他的父亲陆闲是被刑杀的，陆襄终身穿布衣，吃斋饭，即使是生姜蔬菜被刀切割过的，都不忍心食用。平时厨房里菜都不用刀切，而是用手掐。江宁有个叫姚子笃的人，因为母亲是被火烧死的，所以他终身不吃烤肉。豫章地区的熊康，他的父亲喝醉后被奴仆杀死了，于是他终身不再喝酒。礼节也是根据人情需要而定的，感念父母的恩德也应该根据实际情况适可而止。如果父母是被噎死的，总不能因此就绝食不吃东西吧。

《礼经》：父之遗书[①]，母之杯圈[②]，感其手口之泽，不忍读用。政为常所讲习，雠校缮写[③]，及偏加服用[④]，有迹可思者耳。若寻常坟典[⑤]，为生什物[⑥]，安可悉废之乎[⑦]？既不读用，无容散逸，惟当缄保，以留后世耳。

注释

①遗书：遗留下的书籍。

②杯圈：一种木制的杯子。

③雠chóu校：校对文字。缮shàn：抄写。

④偏加：特别偏好。

⑤坟典：这里指书籍。

⑥为生什物：普通的日常用品。

⑦悉：悉数，全部。

译文

《礼经》上说：父亲遗留下的书籍，母亲生前用过的水杯，能够感受到父母遗留在上面的气息，所以不忍心阅读或使用。那些书是父亲生前经常讲习，亲自校对批注过的，或者是母亲生前经常使用的，看到上面点点滴滴的遗迹，子女就会特别思念父母。如果是寻常一般的书籍，普通的日常用品，怎么可能全部废弃不用呢？父母的遗物既然不忍心使用，就不要让它们散失了，应当封存好，留给后人。

思鲁等第四舅母，亲吴郡张建女也，有第五妹，三岁丧母。灵床上屏风，平生旧物，屋漏沾湿，出曝晒之，女子一见，伏床流涕。家人怪其不起，乃往抱持；荐席淹渍[①]，精神伤怛[②]，不能饮食。将以问医[③]，医诊脉云："肠断矣！"因尔便吐血，数日而亡。中外怜之[④]，莫不悲叹。

注释

①荐席：垫席。

②伤怛dá：伤心，悲苦。

③将：带领。

④中外：这里泛指亲朋。

译文

思鲁等人的四舅母，是吴郡张建的女儿，她有个五妹，三岁的时候母亲去世了。灵床上摆放的屏风是她母亲生前用过的，因为房屋漏水被淋湿了，所以拿出去放在太阳下面晾晒。那女孩一见到屏风就想起了去世的母亲，于是趴在床上伤心流泪。家人见她长时间不起来感到很奇怪，就去抱她，发现垫席已经被泪水浸湿了。这个女孩非常伤心、悲苦，不吃不喝。家人带她去看医生，医生替她把过脉之后说："她已经伤心断肠了！"然后她开始吐血，过了几天就去世了。亲朋怜惜她，没有不为她悲伤叹息的。

《礼》云："忌日不乐[①]。"正以感慕罔极[②]，恻怆无聊，故不接外宾，不理众务耳。必能悲惨自居[③]，何限于深藏也[④]？世人或端坐奥室[⑤]，不妨言笑，盛营甘美，厚供斋食；迫有急卒[⑥]，密戚至交，尽无相见之理：盖不知礼意乎！

注释

①忌日：父母去世的日子。

②罔极：没有极限。罔，没有，无。

③悲惨：悲伤惨痛。

④深藏：深居内室。

⑤奥室：内室。

⑥卒：同“猝”，这里指突发紧急的事情。

译文

《礼记》上说：“在父母的忌日不可以从事娱乐活动。”因为对父母无限的感慕怀念，悲痛伤心，所以不接待来访宾客，也不处理日常事务。即使内心真的对父母非常怀念、悲痛不已，为什么一定要深居内室，闭门不出呢？有些人虽然端正地坐在内室之中，但是照样谈笑风生，享受美食，对亡者也供奉着丰美的斋食。遇到紧迫急需解决的事情，或者有亲朋好友来访，却借口不予接待：这些人不知道礼仪的本质内涵啊！

魏世王修，母以社日亡[①]。来岁社日，修感念哀甚，邻里闻之，为之罢社。今二亲丧亡，偶值伏腊分至之节[②]，及月小晦后[③]，忌之外，所经此日，犹应感慕，异于余辰，不预饮宴、闻声乐及行游也。

注释

①社日：祭祀土地神的日子，古时候人们在这一天要进行祭祀庆祝活动。社，古时候指土地神。

②伏：伏祭。古时候在夏季进行的祭祀活动。腊：腊祭，古时候在农历十二月进行的祭祀活动。分：春分、秋分。至：夏至、冬至。古时候在春秋分、冬夏至等节气都会进行庆祝活动。

③晦后：晦后一天，即农历月初一。晦，农历每月最后一天。古时候农历每月初一为“朔”，每月十五为“望”，每月最后一天为“晦”。古人觉得这些日子比较特殊，会从事一些特殊的活动。

译文

魏朝人王修的母亲是在社日这一天去世的。到了第二年的社日，王修怀念母亲，非常哀痛，邻里乡亲听说了这件事之后，特意停止了庆祝活动。如果父母亲去世的时候恰巧遇到了伏祭、腊祭、春秋分、冬夏至，以及月初一这些特殊的日子，除了在专门的忌日之外，在这些特殊的日子里，也应该对父母感怀思念，而和其他的日子不同，不宴饮宾客，不听音乐作乐，不外出游玩。

刘绍、缓、绥，兄弟并为名器[①]，其父名昭，一生不为照字，惟依《尔雅》火旁作召耳。然凡文与正讳相犯[②]，当自可避；其有同音异字，不可悉然。刘字之下，即有昭音[③]。吕尚之儿，如不为上；赵壹之子，傥不作一：便是下笔即妨，是书皆触也[④]。

注释

①名器：有名望的人。

②正：人的正名。

③刘字之下，即有昭音：古时候“刘”的繁体为“劉”，上从“卯”，下从“釗（钊）”。“釗”和“昭”读音相同，所以这么说。

④书：写。

译文

刘绍、刘缓、刘绥三兄弟都是有名望的人，他们的父亲叫刘昭，所以他们一生都不写“照”字，只是依照《尔雅》在火字旁加“召”来代替。凡是文字和长辈正名中的字相同，当然是要避讳的。其他同音但是不同字的，就不必要统统避讳了。“刘（劉）”下面就是“釗（钊）”，和“昭”的读音相同。如果吕尚的儿子都不写“上”，赵壹的儿子都不写“一”，那就只要下笔就会遇到妨碍，只要写字都会触犯忌讳了。

尝有甲设宴席，请乙为宾；而旦于公庭见乙之子①，问之曰：“尊侯早晚顾宅？”乙子称其父已往。时以为笑。如此比例，触类慎之②，不可陷于轻脱③。

注释

①公庭：朝堂。

②触类：接触到此类事情。

③轻脱：轻佻，不稳重。

译文

曾经有甲宴请宾客，请了乙前来做客。早上甲在朝堂上遇到了乙的儿子，就问他：“令尊什么时候来我家？”乙的儿子回答说他父亲已经去了。当时大家都把这件事传为笑话。遇到这样的事情要谨慎对待，不可以过于轻佻。

江南风俗，儿生一期[1]，为制新衣，盥浴装饰，男则用弓矢纸笔，女则刀尺针缕，并加饮食之物，及珍宝服玩，置之儿前，观其发意所取，以验贪廉愚智，名之为试儿。亲表聚集，致宴享焉。自兹已后，二亲若在，每至此日，尝有酒食之事耳。无教之徒，虽已孤露[2]，其日皆为供顿[3]，酣畅声乐，不知有所感伤。梁孝元年少之时，每八月六日载诞之辰[4]，常设斋讲；自阮修容薨殁之后[5]，此事亦绝。

注释

①一期：指满周岁。

②孤露：指丧父。

③供顿：设宴款待宾客。

④载诞之辰：生日。

⑤修容：女官名，九嫔之一。这里指梁孝元帝的母亲。

译文

江南地区的风俗习惯，孩子满周岁的时候，就要为他缝制新衣服，梳洗打扮，如果是男孩就用弓、箭、纸、笔，如果是女孩就用剪刀、尺子、针、线，再加上食物和其他珍宝玩具之类的东西，放在孩子面前任他抓去，通过这个来预见孩子长大后是贪婪还是廉洁，是聪明还是愚笨，这叫作试儿。到了这一天，亲朋好友聚集到一起，吃喝玩乐。从此以后，如果父母健在，每当到了这一天，都会宴请宾客庆祝一番。但是一些缺乏教化的人，在父亲去世之后，到了这一天依然宴请宾客，纵情欢乐，全然不知道应该对父亲有所感伤怀念。梁孝元帝年轻的时候，每逢八月初六他生日的时候，都会设斋堂讲习经文，但是自从他母亲阮修容亡故之后，这件事再也没有持续了。

人有忧疾，则呼天地父母，自古而然。今世讳避，触途急切[①]。而江东士庶，痛则称“祢”[②]。“祢”是父之庙号，父在无容称庙，父殁何容辄呼？《苍颉篇》有“倄”字[③]，《训诂》云[④]：“痛而謼也[⑤]，音羽罪反。”今北人痛则呼之。《声类》音于耒反[⑥]，今南人痛或呼之。此二音随其乡俗，并可行也。

注释

①触途：方方面面。

②祢nǐ：古代对已在宗庙中立牌位的亡父的称谓。

③《苍颉篇》：秦朝丞相李斯所编写，是当时教育学童识字的字书。倄yáo：象声词，痛呼声。

④《训诂》：书名，专门解释《苍颉篇》的书。训诂，解释古汉语中字词的意义。

⑤谑：呼喊。

⑥《声类》：古代音韵学书籍，三国时魏人李登所作。反：反切，古代注音的术语。

译文

人在忧郁或是患有疾病的时候，就会呼喊天地或者父母，自古以来都是这样的。现如今的人都讲求避讳，随处都比古时候更严格。江东的人在痛苦的时候习惯呼喊"祢"。"祢"是古代对已在宗庙中立牌位的亡父的称谓。父亲在世的时候不允许这样呼喊，父亲过世了又怎么可以这样呼喊呢？《苍颉篇》里有"倄"字，《训诂》解释说它的意思是"痛苦并呼喊，读音是羽罪的反切"。如今北方人痛苦的时候就这样呼喊。《声类》又说这个字的读音是于耒的反切，如今南方人痛苦的时候这样呼喊。这两种读音因为地方的不同而读音不同，都是行得通的。

梁世被系劾者，子孙弟侄，皆诣阙三日[①]，露跣陈谢[②]；子孙有官，自陈解职。子则草屩粗衣[③]，蓬头垢面，周章道路[④]，要候执事[⑤]，叩头流血，申诉冤情。若配徒隶[⑥]，诸子并立草庵于所署门，不敢宁宅，动经旬日，官司驱遣，然后始退。江南诸宪司弹人事，事虽不重，而以教义见辱者[⑦]，或被轻系而身死狱户者，皆为怨仇，子孙三世不交通矣[⑧]。到洽为御史中丞，初欲弹刘孝绰，其兄溉先与刘善，苦谏不得，乃诣刘涕泣告别而去。

注释

①阙：皇帝的居处，这里指朝廷。

②露：这里指不戴帽子露出发鬓。跣：赤脚。谢：认罪，认错。

③草屩：草鞋。

④周章：仓皇惊恐的样子。

⑤要候：半路等候，拦截。执事：主管官员。

⑥配徒隶：发配做苦力。

⑦见：被。

⑧交通：交往。

译文

在梁朝，如果有官员被弹劾入狱，那么他的子侄、弟子，都要连续三天到朝堂之上，不戴帽子，不穿鞋子，陈词认罪。如果他的子孙身有官职，他们就要自己主动请求解除官职。他的儿子则要穿着草鞋、粗布衣服，蓬头垢面，在道路上拦截主讼官员，替父亲申诉冤情。如果被发配做苦力，他所有的儿子则要在官署的门口搭建草庵居住，不敢在家安居，一住就是十多天，直到官差来驱逐他们，他们才回家。江南地区的御史在弹劾人的时候，即使事情并不严重，但是如果有人因为教义方面的原因被弹劾受辱，或者被草率拘捕并身死狱中的，那他的子孙就会和御史结下冤仇，子孙三代都不会有交往。到洽在做御史中丞的时候，想要弹劾刘孝绰，但是他的哥哥到溉与刘孝绰交往密切，感情深厚，所以他苦苦哀求到洽不要弹劾刘孝绰，到洽最终没有答应，到溉只好跑到刘孝绰家中痛哭流涕与之断交。

兵凶战危[①]，非安全之道。古者，天子丧服以临师[②]，将军凿凶门而出[③]。父祖伯叔，若在军阵，贬损自居，不宜奏乐宴会及婚冠吉庆事也。若居围城之中，憔悴容色，除去饰玩，常为临深履薄之状焉[④]。父母疾笃，医虽贱虽少[⑤]，则涕泣而拜之，以求哀也[⑥]。梁孝元在江州，尝有不豫[⑦]；世子方等亲拜中兵参军李猷焉。

注释

①兵：兵器。

②临：亲临。师：军队。

③凿凶门而出：打开一扇凶门（向北的门，一般只有有丧事的时候才会打开），才率军出发。这样做是表示誓死一战的决心。

④临深：接近万丈深渊。履薄：走在很薄的冰上。

都表示小心翼翼、战战兢兢的样子。

⑤贱：地位低下。少：辈分低。

⑥哀：怜悯。

⑦不豫：身体不舒服。

译文

兵器、战争，都是凶险、不安全的事物。在古时候，国君总是穿着丧服检阅军队，将军总是先打开一扇凶门，然后才率军出征。如果有父亲、伯父、叔父等长辈在军队服役，就要自觉克制自己的生活，不应该演奏音乐，不应该宴请宾客，也不应该操办婚嫁等喜庆的事情。如果他们身陷被围困的城邑中，自己就应该面容憔悴，除去饰品器玩，穿戴朴素，时刻表现出战战兢兢、心神不宁的样子。如果父母亲病重，即使医生出身低微、年纪轻、辈分低，也要痛哭流涕地去拜会他们，以求得他们的怜悯。梁孝元帝在江州的时候，曾经身体不适，他的长子方等人就亲自去拜会了身为中兵参军的李猷。

四海之人，结为兄弟，亦何容易。必有志均义敌[①]，令终如始者，方可议之。一尔之后，命子拜伏，呼为丈人，申父友之敬；身事彼亲，亦宜加礼。比见北人，甚轻此节，行路相逢，便定昆季[②]，望年观貌，不择是非，至有结父为兄，托子为弟者。

注释

①志均义敌：志向相同，意气相投。敌，相当。

②昆季：兄弟。长为昆，幼为季。

译文

四海之内没有血亲的人要结为兄弟，也不是一件可以轻率做出的事情。必须是碰到志同道合、意气相投，而且始终如一的人，才可以考虑结拜的事情。一旦结为兄弟，就应该让自己的孩子叩拜对方并称其为“丈人”，表达对父辈朋友的尊敬。侍奉对方的父母长辈也应该以礼相待。北方的人对待结拜这件事非常轻率，在路上碰到一个陌生人，随随便便就结拜为兄弟，凭相貌看年龄决定长幼次序，以至于和本应该是自己的父辈或是晚辈的人结为兄弟。

昔者，周公一沐三握发[①]，一饭三吐餐[②]，以接白屋之士[③]，一日所见者七十余人。晋文公以沐辞竖头须[④]，致有图反之诮[⑤]。门不停宾，古所贵也。失教之家，阍寺无礼[⑥]，或以主君寝食嗔怒，拒客未通，江南深以为耻。黄门侍郎裴之礼[⑦]，号善为士大夫，有如此辈，对宾杖之。其门生僮仆，接于他人，折旋俯仰，辞色应对，莫不肃敬，与主无别也。

注释

①一沐三握发：洗一次头发中途停止了三次。沐，洗头发。握发，擦干头发。

②一饭三吐餐：吃一次饭中途停止了三次。

③白屋：平民百姓住的房子。

④竖头须：晋文公手下的小臣。在晋文公出逃期间，曾经偷窃财物用来助晋文公归国。

⑤图反：考虑问题本末倒置。图，思考，考虑。诮：讥笑，讽刺。

⑥阍寺：看门的家奴。

⑦黄门侍郎：官职名。

译文

从前，周公曾经中途停止洗头、吃饭，来接待来访的贫寒之士，曾经一天接见七十多人。晋文公以在洗头为由拒绝接待小臣竖头须，以至于自己被讥笑考虑问题本末倒置。门前没有人被怠慢滞留，这是古时候人们所看重的。有些人家缺乏教化，看门家奴对待来访宾客无礼，或者以主人在洗浴、吃饭或是发脾气为由，不给通报，江南地区深以这种情况感到耻辱。黄门侍郎裴之礼是士大夫的楷模，如果有家奴怠慢宾客，他就会当着宾客的面杖责无礼的家奴。所以他的门生僮仆，对待其他人都彬彬有礼，言行举止都恭敬严肃，就像对待自己的主人一样。

慕贤第七

古人云："千载一圣，犹旦暮也；五百年一贤，犹比髆也[①]。"言圣贤之难得，疏阔如此[②]。傥遭不世明达君子，安可不攀附景仰之乎？吾生于乱世，长于戎马，流离播越[③]，闻见已多。所值名贤，未尝不心醉魂迷向慕之也。人在年少，神情未定，所与款狎[④]，熏渍陶染，言笑举动，无心于学，潜移暗化，自然似之。何况操履艺能，较明易习者也？是以与善人居，如入芝兰之室[⑤]，久而自芳也。与恶人居，如入鲍鱼之肆[⑥]，久而自臭也。墨子悲于染丝[⑦]，是之谓矣。君子必慎交游焉。孔子曰："无友不如己者。"颜、闵之徒[⑧]，何可世得！但优于我，便足贵之。

注释

①比髆bó：肩挨着肩，形容离得紧密。髆，同"膊"。

②疏阔：这里指时间间隔久远。

③播越：流亡。

④款狎：相互之间开玩笑，形容关系亲密，交往密切。

⑤芝兰：芝和兰，古时候的两种香草，常用来比喻高尚的情操。

⑥肆：店铺。

⑦墨子悲于染丝：墨子看到有人在染丝的时候，丝

被不同的颜料染成了不同的颜色，因此有所感叹。悲，悲叹，感叹。

⑧颜：颜回，孔子的弟子。闵：闵损，孔子的弟子。

译文

古人说："一千年能够出现一个圣人，时间已经像从早上到晚上那么短了；五百年能够出现一个贤人，已经多得像是肩挨着肩了。"意思是说圣贤之人难得，稀少到这种地步了。如果能够遇到一个少有的贤明通达的君子，怎能不去攀附敬仰他呢？我出生在乱世，在战乱中成长，颠沛流离，所见所闻已经很多了。遇上名流贤士，没有不如痴如醉去倾慕人家的。人在年少的时候，秉性还未定型，和自己亲密的人长时间相处，受到他们的熏染，一言一笑，一举一动，虽然没有成心去模仿，但是在潜移默化中，也会和他们慢慢变得相似。更不用说一些德行操守、生活技能，都是比较容易模仿学习的。所以和品行良好的人相处，就像住在长满了芝草和兰花的屋子里，时间长了自己也会变得芬芳。和品行恶劣的人相处，就像住在卖咸鱼的店铺里，时间长了自己也会变得腥臭。墨子看到有人染丝而有所悲叹，说得也是这个道理。君子在交友方面一定会特别慎重。孔子说："不要和不如自己的人交朋友。"颜回、闵损这样的人不是每个年代都能遇得到的。只要是遇到比自己优秀的人，都足以让我们敬重了。

世人多蔽[①]，贵耳贱目，重遥轻近。少长周旋[②]，如有贤哲，每相狎侮[③]，不加礼敬。他乡异县，微藉风声，延颈企踵[④]，甚于饥渴。校其长短，核其精粗，或彼不能如此矣。所以鲁人谓孔子为东家丘[⑤]。昔虞国宫之奇[⑥]，少长于君，君狎之，不纳其谏，以至亡国，不可不留心也。

注释

①蔽：见识短浅。

②少长周旋：从小到大一直有交往。少长，从年轻到长大成人。周旋，人与人之间交往。

③狎侮：开玩笑，轻慢。

④延颈企踵：伸长脖子，踮起脚跟。延，伸长。踵，脚后跟。

⑤东家丘：山东人对孔子的称谓，意思是东边人家的孔丘。当时的鲁国人把孔子看成是一个很平凡的人，所以这样称呼他。

⑥宫之奇：虞国大夫，从小和虞国国君相熟。晋国曾借道虞国攻打虢guó国，宫之奇劝阻虞国国君不要答应，国君不听。结果晋国灭掉虢国后，在回来的路上，借势灭掉了虞国。

译文

世间的人多见识短浅，常常对道听途说的事情会很重视，亲眼所见的反而会轻视；离自己比较遥远的事情很重视，就在自己身边的事情反而会被轻视。和自己从小一起长大的人中间如果出了一位贤明通达的人，则总是轻慢侮辱，不给予应有的礼遇、敬重。在离自己遥远的他乡异地，有人稍微有点名声，则立马伸长脖子、踮起脚跟，如饥似渴地想去拜会。事实上比较他们的优劣，核实他们的长处和短处，也许离自己远的人不如自己身边的人。就是这个原因，当时的鲁国人不知道孔子是了不起的圣人，而称他“东家丘”。从前虞国的大夫宫之奇比国君年龄稍微大一些，从小和国君相熟。晋国借道攻打虢国的时候，国君不听宫之奇的劝阻借道给晋国，结果招来了灭国之灾。这些教训，我们都应该留心吸取。

用其言，弃其身，古人所耻。凡有一言一行，取于人者，皆显称之①，不可窃人之美，以为己力；虽轻虽贱者，必归功焉。窃人之财，刑辟之所处②；窃人之美，鬼神之所责。

注释

①显：公开。

②刑辟：刑罚，律令。

译文

引用别人的言论，却又嫌弃鄙薄这个人，这是为古人所耻的事情。凡是借鉴了别人一言一行的，都要公开说明、赞扬别人，不能窃取别人的美好成果，据为己有。即使对方是地位低下、身份卑贱的人，也必须将功劳归于他们。盗窃别人的财物，会受到刑罚的处置；盗窃别人的名誉功劳，则会遭到鬼神的谴责。

梁孝元前在荆州，有丁觇者，洪亭民耳，颇善属文，殊工草隶[①]。孝元书记，一皆使之。军府轻贱，多未之重，耻令子弟以为楷法，时云："丁君十纸，不敌王褒数字[②]。"吾雅爱其手迹，常所宝持。孝元尝遣典签惠编送文章示萧祭酒[③]，祭酒问云："君王比赐书翰[④]，及写诗笔[⑤]，殊为佳手，姓名为谁？那得都无声问[⑥]？"编以实答。子云叹曰："此人后生无比，遂不为世所称，亦是奇事。"于是闻者稍复刮目。稍仕至尚书仪曹郎[⑦]，末为晋安王侍读，随王东下。及西台陷殁[⑧]，简牍湮散，丁亦寻卒于扬州[⑨]。前所轻者，后思一纸，不可得矣。

注释

①工：精通，擅长。

②王褒：西汉文人，擅长辞赋。

③典签：古官职名。惠编：人名，当时任典签的人。

④比：近段时间。书翰：书札。

⑤诗笔：诗词文章。笔，指没有韵的散文。

⑥声问：名声。

⑦尚书仪曹郎：古官职名。

⑧西台：指江陵。

⑨寻：一会儿，稍后不久。

译文

梁孝元帝以前在荆州的时候，有一个叫丁觇的人，是洪亭人士，非常擅长写文章，特别精通草书和隶书。孝元帝文书撰写，全部由他负责。但是当时军府的人觉得他出身低贱，看不起他，以让自己的子弟学习他的书法为耻，当时曾经有流言说："丁觇写十页纸，还抵不上王褒的几个字。"但是我非常喜欢他写的字，常常像珍宝一样珍藏着。孝元帝曾经派遣典签惠编送文章给祭酒司萧子云，萧子云问道："国君在近段时间有书札给我，还有一些诗词文章，书法都非常漂亮，写字的人是一个难得的高手，他是谁？怎么就没听说过呢？"惠编据实相告。萧子云感叹说："现在没有哪个年轻人能够比得上这个人，他却不被大家所称道，这真是奇怪的事啊！”瞧不起丁觇的人听说了萧子云的评价，稍微对他另眼相看了。之后不久丁觇官至尚书仪曹郎，最后为晋安王的侍读，跟随晋安王一路东下。到江陵陷没的时候，丁觇所写的书札、文稿都遗失了，他也在稍后不久在扬州去世。以前轻视他的人，后来想要得到他写的一张纸，都无法得到了。

侯景初入建业[①]，台门虽闭[②]，公私草扰[③]，各不自全。太子左卫率羊侃坐东掖门[④]，部分经略[⑤]，一宿皆办，遂得百余日抗拒凶逆。于时，城内四万许人，王公朝士，不下一百，便是恃侃一人安之[⑥]，其相去如此[⑦]。古人云："巢父、许由[⑧]，让于天下；市道小人，争一钱之利。"亦已悬矣[⑨]。

注释

①侯景：北魏人，曾发动兵变，攻进梁国都城建康。建业：即建康，今江苏南京。

②台门：禁城（一般指皇城）的门。台，晋、宋时期称朝廷禁地为台。

③公：官吏。私：指百姓。草扰：惊惧不安的样子。

④太子左卫率：官职名。羊侃：南朝梁末著名大将。掖门：宫门正门两旁的边门。

⑤部分：部署安排。经略：统筹策略。

⑥恃：依靠。

⑦相去：相差，区别。

⑧巢父、许由：古代尧时期的人，相传尧曾经要将王位传与二人，二人均拒绝不受。

⑨悬：悬殊。

译文

侯景刚刚进入建业的时候，虽然禁城的门还紧闭着没被攻破，但是上至官吏，下至百姓，都惊惧不安，各自不能保全。当时太子左卫率羊侃坐镇东门，经过他的部署策划，统筹安排，一夜之间都安排妥当，于是得到一百多天的时间抵抗敌军。当时城内约有四万人，王公贵族不下一百人，全都依靠羊侃才得以安定局面，人与人之间的区别就有这么大。古人说："巢父、许由可以把天下让给别人；但是市井小人却为一个铜钱争夺不休。"这个差距就更大了。

齐文宣帝即位数年，便沉湎纵恣[①]，略无纲纪，尚能委政尚书令杨遵彦[②]，内外清谧，朝野晏如[③]，各得其所，物无异议，终天保之朝[④]。遵彦后为孝昭所戮，刑政于是衰矣。斛律明月[⑤]，齐朝折冲之臣[⑥]，无罪被诛，将士解体，周人始有吞齐之志，关中至今誉之。此人用兵，岂止万夫之望而已哉[⑦]！国之存亡，系其生死。

注释

①湎miǎn：沉迷酒色。

②杨遵彦：人名。

③晏如：安然的样子。晏，同“安”。

④天保：即北齐文宣帝的年号。

⑤斛律明月：即斛律光，北齐名将。

⑥折冲：冲入敌人阵地，指骁勇善战。折，摧毁。冲，古时战车的一种。

⑦万夫之望：即众望所归。万夫，指人多。

译文

北齐文宣帝在位才几年，就沉迷酒色，放纵妄为，纲纪荒废，但是尚能将政事委托给尚书令杨遵彦处理，因此朝廷内外安宁，朝野上下安然，各得其所，没有出现悖乱之事，这种局面一直保持到文宣帝死去。后来杨遵彦被孝昭帝所杀，刑罚政令于是废弛。斛律光，本身是能够让敌人畏惧、保北齐安定的良将，却无罪被杀，于是将士人心涣散，北周才有了吞并北齐的想法。关中一带至今对斛律光赞扬有加。斛律光带兵，远远不止众望所归那么简单。他的生死，关系到国家存亡。

张延隽之为晋州行台左丞[①]，匡维主将，镇抚疆埸[②]，储积器用，爱活黎民，隐若敌国矣[③]。群小不得行志[④]，同力迁之。既代之后，公私扰乱，周师一举，此镇先平。齐亡之迹，启于是矣。

注释

①行台：朝廷委派大臣到边疆督军，为行台。

②疆埸yì：边境。

③敌国：相当于一国。敌，匹敌。

④群小：诸多小人。群，形容多。

译文

张延隽担任晋州行台左丞在边境督军的时候，匡扶主将，镇守边境，囤积粮草军械，爱抚黎民百姓，使得晋州城富足坚固，可以和一个国家匹敌。众多小人不得志，于是一起排挤张延隽。张延隽被取代之后，晋州上下混乱一片，北周刚举兵，晋州首先被攻陷。北齐灭亡的道路，就是从晋州陷落开始的。

勉学第八

自古明王圣帝犹须勤学，况凡庶乎！此事遍于经史，吾亦不能郑重[①]，聊举近世切要，以启寤汝耳[②]。士大夫子弟，数岁已上，莫不被教[③]，多者或至《礼》《传》,少者不失《诗》《论》。及至冠婚[④]，体性稍定；因此天机，倍须训诱。有志尚者，遂能磨砺,以就素业[⑤],无履立者[⑥],自兹堕慢,便为凡人。人生在世，会当有业：农民则计量耕稼[⑦]，商贾则讨论货贿[⑧]，工巧则致精器用，伎艺则沉思法术[⑨]，武夫则惯习弓马，文士则讲议经书。多见士大夫耻涉农商，差务工伎，射则不能穿札[⑩]，笔则才记姓名，饱食醉酒，忽忽无事[⑪]，以此销日，以此终年。或因家世余绪，得一阶半级，便自为足，全忘修学；及有吉凶大事，议论得失，蒙然张口[⑫]，如坐云雾；公私宴集，谈古赋诗，塞默低头，欠伸而已[⑬]。有识旁观，代其入地[⑭]。何惜数年勤学，长受一生愧辱哉！

注释

①郑重：这里指重复叙述，一一列举。

②启寤：使明白。启，启发。寤，睡醒，这里指明白。

③被：覆盖，这里指接受教育。

④冠婚：成年婚嫁。冠，古人在二十岁的时候要行冠礼，表示已经成年。

⑤素业：清白有操守、高尚的职业，在古代多指儒家饱学之士从事的职业，比如做官。

⑥履立：操守。

⑦稼：种植谷物，这里泛指农业劳动。

⑧贾：商人。贿：财物。

⑨伎艺：从事表演或手艺工作的人。

⑩札：本来指写字用的小木片，这里指铠甲上的鳞片。

⑪忽忽：恍惚。

⑫蒙然：懵懂、不知所措的样子。

⑬欠伸：打哈欠，伸懒腰。

⑭入地：钻到地底下，指特别羞愧。

译文

自古以来，圣明的帝王都必须勤奋好学，何况是平凡百姓呢！这类事情在各种书籍里到处都有记载，我无法在这里一一列举，就列举近代一些有代表性的事情，希望能够对你们有所启发，明白这个道理。士大夫的子弟，在只有几岁的时候，没有不受到启蒙教育的，多的或许已经读过《礼记》《左传》，至少也读过《诗经》《论语》。等到长大成人，到了婚嫁的年龄，性情、体质都基本稳定，就要趁这个时机，加倍给予教导训诫。那些有志气和毅力的人，就会经过磨砺，从事有操守、高尚的职业；

那些没有操守的人，就会堕落散漫，沦为平庸之人。人生在世，应该有专长的事业：农民就应该懂得计量耕作，商人就应该懂得货物买卖，工匠就应该懂得制造精巧的器物，从事手艺工作或表演的人就要练好自己的技术，武夫就要时常训练骑马射箭，文人就要懂得讲习经文典籍。现在看到很多士大夫以涉猎农业、商业为耻，又缺乏工艺方面的本事，射箭则不能射穿铠甲上的一层鳞片，提笔仅仅会写自己的名字，整天酒足饭饱，恍惚无所事事，虚度光阴，终了自己一生。也有的人因为受到家族先辈的荫庇，在官场求得一官半职，便感到满足，完全忘记了还应该加强修养，勤奋学习。碰到关系到吉凶祸福的大事，谈论利益得失，却张口结舌，如坠云里雾里，毫无见地。在或公或私的集会上，大家都在谈论诗词歌赋，自己却只能保持沉默，低头不语，唯有打哈欠、伸懒腰的份儿。在一旁认识他们的人，都替他们感到羞愧难当，恨不得钻到地底下去。这些人为何就不肯花几年的时间勤奋学习，而至于一辈子都要忍受屈辱、羞愧呢！

梁朝全盛之时，贵游子弟，多无学术，至于谚云："上车不落则著作[①]，体中何如则秘书[②]。"无不熏衣剃面，傅粉施朱，驾长檐车[③]，跟高齿屐[④]，坐棋子方褥[⑤]，凭斑丝隐囊[⑥]，列器玩于左右，从容出入，望若神仙。明经求第[⑦]，则顾人答策[⑧]；三九公宴，则假手赋诗[9]。当尔之时，亦快士也。及离乱之后，朝市迁革，铨衡选举[10]，非复曩者之亲[11]；当路秉权[12]，不见昔时之党。求诸身而无所得[13]，施之世而无所用[14]。被褐而丧珠[15]，失皮而露质，兀若枯木，泊若穷流[16]，鹿独戎马之间[17]，转死沟壑之际。当尔之时，诚驽材也[18]。有学艺者，触地而安。自荒乱以来，诸见俘虏。虽百世小人[19]，知读《论语》《孝经》者，尚为人师；虽千载冠冕[20]，不晓书记者，莫不耕田养马。以此观之，安可不自勉耶？若能常保数百卷书，千载终不为小人也。

注释

①落：掉下来，这里指摔跤。著作：著作郎，古代官名，负责撰写碑志、祝文、祭文等。

②体中何如：身体怎么样。古代书信中常见的一些客套话。秘书：古代官名，负责文职工作。

③长檐车：一种车幔盖住整个车身的马车，档次比较高。

④高齿屐：装有高齿的木底鞋，比较高档。屐，木屐，古时候用木板做鞋底的鞋。

⑤棋子方褥：有方格花纹的方形坐垫。

⑥凭：依靠。斑丝隐囊：修有彩色丝线的软靠垫。隐囊，一种柔软的靠垫。

⑦明经求第：参加科考，求取功名。明经，通晓经

文典籍，这里指参加考试。求第，求得功名。

⑧策：古代科举考试的一种文体。

⑨假：借。

⑩铨衡选举：朝廷选拔官员的人。铨衡，本义指衡量轻重的器具，这里指根据人的才能授予官职。选举，选拔举荐人才。

⑪曩nǎng：过往，从前。

⑫当路秉权：当朝执掌大权的人。秉，执掌。

⑬求诸身：凭自身力量安身立命。

⑭施之世：对社会有所作用。

⑮被褐hè：穿着粗布衣服。被，同“披”，穿着。褐，粗布衣服。

⑯穷流：快要干涸的河流。

⑰鹿：粗劣，这里指落魄流离的样子。

⑱诚：确实。驽材：蠢材。驽，劣等的马，形容一无是处的人。

⑲小人：身份低微的人，即平民百姓。

⑳冠冕：冠和冕，都是古代官员所戴的帽子，这里指做官。

译文

在梁朝全盛时期，那些贵族子弟们大多不学无术，以至于有民谚说：“只要上车不摔跤，就可以做著作郎，会问候‘身体怎么样’，就可以做秘书。”贵族子弟中没有谁的衣服不是用香料熏过的，没有谁的脸是没有修剪过的，都涂脂抹粉，乘坐豪华的长檐马车，穿有高齿的木底鞋，坐在有方格花纹的方形坐垫上，靠着柔然的靠垫，各种器玩不离身边，进进出出从容潇洒的样子，看上去就和神仙一样快活逍遥。要参加科考求取功名，就花钱雇人帮忙应试；参加三公九卿的宴会，就请人帮忙写诗作对。在当时看来，他们看起来也确实是活得潇洒快活。到了战乱发生之后，朝廷改朝换代，选拔官员的人不再是以前和自己亲近的人，在朝廷执掌权力的不再见自己过往的朋友。想要凭自己安身立命，又没有一技之长；想要对社会有所作用，又没有那个本事。穿着粗布衣服，卖掉家里的珍宝财物，失去华丽的外表，暴露自己本来的面目，就像没有枝叶的干枯树木，又像快要干涸的河流，落魄流离于乱军之中，辗转在荒野沟壑中间，甚至死去。到了那个时候，他们真的成为毫无用处的蠢材。自己有一技之长的人，则可以随遇而安。自从战乱以来，我见到很多人被俘虏。即使世代都是贫贱之人，但是只要懂得《论语》《孝经》的人，尚且可以做个老师；有些人虽然世世代代都是做官的，但是由于不懂读书写字，只好落得个养马种地的下场。由此看来，怎么可以不自我勉励、勤奋学习呢？如果能够时常保持数百卷书，即使千年之后也不会沦落为贫贱之人。

夫明"六经"之指[①]，涉百家之书，纵不能增益德行，敦厉风俗[②]，犹为一艺，得以自资[③]。父兄不可常依，乡国不可常保[④]，一旦流离，无人庇荫，当自求诸身耳。谚曰："积财千万，不如薄伎在身。"伎之易习而可贵者，无过读书也。世人不问愚智，皆欲识人之多，见事之广，而不肯读书，是犹求饱而懒营馔[⑤]，欲暖而惰裁衣也。夫读书之人，自羲、农已来[⑥]，宇宙之下，凡识几人，凡见几事，生民之成败好恶[⑦]，固不足论，天地所不能藏，鬼神所不能隐也。

注释

①六经：指《诗》《书》《礼》《乐》《易》《春秋》六部儒家经典。

②敦厉：敦促劝勉。

③自资：自我谋生。

④常保：长时间平安无事。

⑤馔zhuàn：饮食。

⑥羲：伏羲氏，传说中三皇之一。农：神农氏，传说中三皇之一。

⑦生民：平民。

译文

明白“六经”的精要，涉猎百家著述，纵然不能对自己的德行操守有所增益，对风俗教化有所敦促劝勉，至少可以作为自己的一技之长，用作谋生自立的手段。父母兄弟不可以长时间依靠，家乡国家也不能常保平安，一旦被迫流离失所，无人可以求助，就需要依靠自己的本事。谚语说：“积累成千上万的财物，也抵不上有一技之长。”容易学而且值得推崇的技艺，没有比读书更好的了。世间的人不管是聪明还是愚笨，都想认识更多人，见识更多的事情，但是却不肯读书，这就像想要吃饱肚子却不愿意做饭，想要穿暖却懒得裁缝衣服。对于那些读书的人，自从伏羲氏、神农氏以来，世间见过多少人，遇过多少事，一般平民百姓的成败好恶，自然不用说，就是那些天地奥妙、鬼神莫测的事情也瞒不过他们。

有客难主人曰[①]：“吾见强弩长戟[②]，诛罪安民，以取公侯者有矣；文义习吏[③]，匡时富国，以取卿相者有矣；学备古今，才兼文武，身无禄位，妻子饥寒者，不可胜数，安足贵学乎？”主人对曰：“夫命之穷达[④]，犹金玉木石也；修以学艺，犹磨莹雕刻也[⑤]。金玉之磨莹，自美其矿璞[⑥]；木石之段块，自丑其雕刻。安可言木石之雕刻，乃胜金玉之矿璞哉？不得以有学之贫贱，比于无学之富贵也。且负甲为兵，咋笔为吏，身死名灭者如牛毛，角立杰出者如芝草[7]；握素披黄[8]，吟道咏德，苦辛无益者如日蚀，逸乐名利者如秋荼[9]，岂得同年而语矣[10]。且又闻之：生而知之者上，学而知之者次。所以学者，欲其多知明达耳。必有天才，拔群出类，为将则暗与孙武、吴起同术[11]，执政则悬得管仲、子产之教[12]，虽未读书，吾亦谓之学矣。今子即不能然，不师古之踪迹[13]，犹蒙被而卧耳。"

注释

①主人：作者自称。

②弩：弓的一种，依靠机械力量发射，比一般的弓力量强大。戟：一种长柄兵器。

③文义习吏：专门研究阐释礼仪法度，做小吏的人。吏，古时候的小官员，在古代吏和官之间有明显的区别，吏的职位低，在最底层，且不容易步入官的行列。

④穷：穷困。达：显达。

⑤磨莹：打磨。莹，本义指光洁、透明，这里作动词，使光洁透明。

⑥矿：没有经过冶炼的金属矿石。璞pú：没有经过雕琢打磨的玉石。

⑦角立：像角一样挺立，指突出。芝草：古时香

草、仙草，非常稀少。

⑧素：写字用的绢。黄：黄卷。素、黄，这里都是代指书籍。

⑨荼：一种秋天茅草上长的白花，铺天盖地，形容多。

⑩同年而语：同日而语，相提并论。

⑪暗：暗自，指还没经过后天学习就已经具备的才能。孙武、吴起：春秋时期著名军事家。

⑫悬：凭空，同样指没有经过后天学习就已经具备的才能。管仲、子产：春秋时期著名政治家。

⑬师古之踪迹：指读书，学习古人事迹。

译文

曾经有客人刁难我说："手持强弩长戟，除暴安民，以此博取功名爵位，封侯拜相，这样的人有；专门研习阐释礼仪法度，做一个小吏，匡扶时势，富国安邦，获得公卿宰相一样的高官厚禄，这样的人也有；学贯古今，文武双全，但是却没有博得一官半职，妻子儿女受冻挨饿，这样的人多得数不胜数。怎么可以说学习是很重要的呢？"我回答说："人的穷困、显达，就像金属、玉石、木块、石头一样。读书学艺，就像打磨雕刻一样。金属、玉石经过冶炼、打磨，当然比没打磨、冶炼的矿石和璞要漂亮；平常的木块和石头，自然比雕刻过的木块和石头要丑陋。怎么可以说雕刻过的木块和石头比没有冶炼、打磨的矿石和璞漂亮呢？所以不能用有学问的人的贫贱，去和没有学问的人的富贵相比，两者之间没有可比性。况且身负铠甲，冲锋陷阵的士兵，操笔做小吏的人，他们中间身死名灭的人多如牛毛，能够脱颖而出的人则少如灵芝仙草。勤奋苦读，修身养性，而自己毫无收获的人像日食一样少见，而贪图享乐、追名逐利的人多得像秋天茅草上长的白花一样铺天盖地，这怎么可以同日而语呢？而且我还听说：天生就通达事理的人是天才，后天学习后才明白的就次一等。人之所以要学习，只是想要知识更丰富、见识更广阔而已。如果真有出类拔萃的天才，让他们作为将领的话，天生就具备了孙武、吴起那样的军事才干；让他们执掌朝政的话，他们先天就具备了管仲、子产一般的雄才大略，他们虽然没有读书，但是我也觉得他们是有学问的人。像你现在既不能像他们一样先天具备才学，又不愿意自己学习，效法古人先贤，那就像蒙着被子睡觉，将一无所知。”

人见邻里亲戚有佳快者[①]，使子弟慕而学之，不知使学古人，何其蔽也哉？世人但见跨马被甲[②]，长矟强弓[③]，便云我能为将；不知明乎天道，辩乎地利，比量逆顺，鉴达兴亡之妙也。但知承上接下，积财聚谷，便云我能为相；不知敬鬼事神，移风易俗，调节阴阳，荐举贤圣之至也[④]。但知私财不入，公事夙办[⑤]，便云我能治民；不知诚己刑物[⑥]，执辔如组[⑦]，反风灭火[8]，化鸱为凤之术也[9]。但知抱令守律，早刑晚舍[10]，便云我能平狱；不知同辕观罪[11]，分剑追财[12]，假言而奸露，不问而情得之察也[13]。爰及农商工贾，厮役奴隶，钓鱼屠肉，饭牛牧羊[14]，皆有先达，可为师表，博学求之，无不利于事也。

注释

①佳快：指学习的效率高，速度快，此指优秀的人。

②但：只。被：同“披”。

③矟shuò：同“槊”，古代一种长柄兵器。

④至：细致、周密、繁琐，指宰相的工作不容易。

⑤夙办：快速、公正办理。

⑥刑物：树立榜样。

⑦执辔如组：本义指非常熟练地驾驭马匹，这里指管理百姓有方。辔，马的缰绳。组，用丝编织而成的宽带子。

⑧反风灭火：改变风的方向，扑灭火，这里指改变社会上的不良现象。

⑨化鸱chī为凤：化恶为善。鸱，猫头鹰，相传猫头鹰长大后会吃掉自己的母亲，古人认为其为恶鸟。凤，吉祥高贵的鸟。

⑩早刑晚舍：判刑趁早，赦免要迟。

⑪同辕观罪：和人同乘一车，可以察觉其犯有何种罪行。指观察能力高度敏锐。

⑫分剑追财：《风俗通》记载沛郡有个富人，临死前儿子尚小，就将全部财产留给女儿，并给了她一把剑，叮嘱说等到弟弟长大到15岁的时候，就将剑给弟弟。等弟弟长到15岁时，姐姐不肯将剑给他，于是到官府打官司。时任太守何武将全部家产断给了弟弟，并解释说，父亲是怕姐姐会加害年幼的弟弟，所以让儿子15岁的时候找姐姐索要剑。剑的意思是决断。这里引用这个故事是说明断案的人需要和太守何武一样超常的智慧。

⑬情得：了解案情。察：仔细研究，这里指判断案情的能力。

⑭饭：喂养。

译文

有人看到邻里亲友间有很优秀的人，就让自己的子弟钦慕、学习他们，但是却不知道让子弟们读书学习古人，目光为什么如此短浅呢？世间的人只看到将军们骑着骏马，穿着铠甲，手持长枪，挎着强弓，就以为自己也可以当将军，却不知道通晓天时地利、判断时势逆顺、觉察时代兴衰的奥妙。只看到宰相上奉旨意，下统百官，收缴钱财赋税，囤积粮草物资，就以为自己也能当宰相，却不知道敬神拜鬼、改风移俗、调节阴阳平衡、举荐贤能等工作的繁琐周密。以为只需不贪恋财物，秉公、高效处理公事，自己就可以统治一方百姓，却不明白严于律己、为人楷模、御民有术、变恶为善、化腐朽为神奇的种种奥妙。只知道严格按照律令行事，死守惩恶趁早、赦免宜迟的教条，就以为自己可以秉公办案，却不知道如何敏锐察觉身边人的罪行，没有洞察案情背后隐情的高超智慧，不懂得用假话引诱罪犯暴露奸邪的本质，不具备不经过仔细审问就可以掌握案情的能力。至于农民、商人、工匠、杂役、僮仆、奴隶、渔民、屠夫、放牧牛羊的人，他们中间都有了不起的先人，可以作为我们学习的榜样，广泛地向他们学习，总是对事业有好处的。

夫所以读书学问，本欲开心明目[①]，利于行耳。未知养亲者[②]，欲其观古人之先意承颜[③]，怡声下气[④]，不惮劬劳[⑤]，以致甘腝[⑥]，惕然惭惧[⑦]，起而行之也；未知事君者，欲其观古人之守职无侵，见危授命，不忘诚谏，以利社稷，恻然自念[⑧]，思欲效之也；素骄奢者，欲其观古人之恭俭节用，卑以自牧[⑨]，礼为教本，敬者身基[⑩]，瞿然自失[⑪]，敛容抑志也；素鄙吝者，欲其观古人之贵义轻财，少私寡欲，忌盈恶满，赒穷恤匮[⑫]，赧然悔耻[⑬]，积而能散也[⑭]；素暴悍者，欲其观古人之小心黜己，齿弊舌存[⑮]，含垢藏疾[⑯]，尊贤容众，苶然沮丧[⑰]，若不胜衣也；素怯懦者，欲其观古人之达生委命，强毅正直，立言必信，求福不回，勃然奋厉，不可恐慑也：历兹以往，百行皆然。纵不能淳[18]，去泰去甚[19]。学之所知，施无不达。世人读书者，但能言之，不能行之，忠孝无闻，仁义不足；加以断一条讼，不必得其理；宰千户县，不必理其民；问其造屋，不必知楣横而棁竖也[20]；问其为田，不必知稷早而黍迟也[21]；吟啸谈谑，讽咏辞赋，事既优闲，材增迂诞[22]，军国经纶，略无施用，故为武人俗吏所共嗤诋[23]，良由是乎[24]！

注释

①开心明目：增长知识，开阔视野。

②养亲：奉养父母。

③先意承颜：领会父母的心意，查看父母的脸色，不悖逆他们的心愿。

④怡声下气：心平气和，恭顺的样子。

⑤惮：害怕。劬劳：劳累，辛劳。

⑥胹ér：把肉炖得烂熟。

⑦惕然惭惧：惭愧害怕的样子。

⑧恻然自念：暗自自我反省。

⑨自牧：自我约束。

⑩基：根本。

⑪瞿然：惊愕的样子。

⑫赒zhōu：周济。

⑬赧然：害羞的样子。

⑭积：积聚财富。散：分散财物。

⑮齿弊舌存：牙齿坚硬容易掉落，舌头柔软得以长存。

⑯含垢藏疾：指对别人不足之处忍隐不言。

⑰苶nié然沮丧：这里指收敛嚣张的神气，显出低声下气、恭顺的样子。苶，疲倦，精神不振。

⑱淳：醇正，指和古人一模一样。

⑲去泰去甚：离好的方面太远的行为，指过分的行为。去，距离。泰，好的。

⑳楣：房屋的横梁。棁zhuó：房屋横梁上的小柱。

㉑稷：粟，北方称谷子，去皮后叫小米。黍：黄米。

㉒迂诞：荒诞无聊。

㉓武人俗吏：武夫和世俗小吏，指身份地位在读书人之下的人。嗤诋：嘲笑戏弄。诋，诋毁，这里指嘲讽。

㉔良：确实。

译文

之所以要读书学知识，是为了增加自己的知识，开阔自己的眼界，利于自己为人处世。那些不知道奉养父母的人，让他们看看古人如何领会父母的心意、观察父母的脸色，做事不违背父母的意愿，在父母面前低声细语，不辞辛劳，为父母奉上甘美可口的饭食，让他们感到惭愧，然后开始行动，孝敬自己的父母；那些不知道如何侍奉君主的人，让他们看看古人如何坚守职责不动摇，临危受命，冒死劝谏，而有利于国家社稷，让他们暗自自我反省，然后向古人效仿学习；那些向来骄横奢侈的人，让他们看看古人如何恭敬待人、勤俭节约，谦卑而严格约束自己，以“礼”为教的根本，以“敬”为修身的根基，让他们为自己的过失感到害怕，收起傲慢的神态，收敛骄奢的心性；那些向来猥琐吝啬的人，让他们看看古人如何看重情义、轻视钱财，克制私欲，杜绝骄傲自满，周济穷人，体恤弱者，让他们感到羞耻，从而既能聚财，也能散财；那些向来残暴强悍的人，让他们看看古人如何小心谨慎、克制自我，明白齿亡舌存的道理，对别人的不足隐忍不言，对贤人尊重，对凡人包容，让他们收敛嚣张气焰，学会谦恭忍让；那些向来怯懦的人，让他们看看古人如何豁达面对命运安排，刚毅正直，言而有信，寻求福祉但是不违背道德，让他们受到勉励奋然而起，不再害怕恐惧：以此类推，所有的事情都是这个道理。即使不能让所有的人都变得和古人一样，至少可以除去那些过分的行为。学到的知识，在生活中处处都可以用到。现在的读书人，大多都只会夸夸其谈，而不能采取实际行动，既没有忠孝的品德，又缺乏仁义的品质。如果让他们判一场官司，未必能清楚其中的是非曲直；让他们管理一个千户的小县，未必能够管理好百姓；问他们该如何造一间房子，未必知道“楣”该横着放，“棁”该竖着放；问他们该如何种地，未必知道小米应该比黄米先播种。他们整天就知道谈笑戏谑，吟诗作赋，悠闲逍遥，做些荒诞的事，对军国大事毫无用处，所以就连那些身份低下的武夫和世俗小吏都敢嘲笑他们，实在是因为这个原因。

夫学者所以求益耳[①]。见人读数十卷书，便自高大，凌忽长者[②]，轻慢同列；人疾之如仇敌，恶之如鸱枭[③]。如此以学自损，不如无学也。

注释

①益：增加，增益。

②凌忽：凌侮，侵犯。

③鸱：猫头鹰。枭xiāo：和猫头鹰类似的一种恶鸟。

译文

学习是为了能够增加自己的知识。我曾看到有的人读了数十卷书之后，便自高自大，欺侮长者，轻慢同辈。这样的人，大家憎恶他们就如仇敌一样，讨厌他们就像猫头鹰等恶鸟一样。像这样学习反而损害了自己，还不如不学。

古之学者为己，以补不足也；今之学者为人，但能说之也[①]。古之学者为人，行道以利世也[②]；今之学者为己，修身以求进也[③]。夫学者犹种树也，春玩其华[4]，秋登其实；讲论文章，春华也，修身利行[5]，秋实也。

注释

①但：仅仅，只。

②行道：宣传自己正确的主张。

③进：这里指加官晋爵。

④玩：欣赏。

⑤修身利行：修身养性，从而利于规范自己的行为。

译文

古人学习是为了充实自己，弥补自己不足之处；现在的人学习是为了在别人面前炫耀，仅仅是夸夸其谈而已。古人学习是为了别人，宣传自己的正确主张而有利于社会发展；现在的人学习是为了给自己谋取功名利禄。学习就像种树一样，春天欣赏它的鲜花，秋天收获它的果实。口头上讲论文章，就像是赏玩春天的鲜花；修身养性，规范自己的行为，就如收获秋天的果实。

人生小幼，精神专利[1]，长成已后，思虑散逸，固须早教，勿失机也。吾七岁时，诵《灵光殿赋》，至于今日，十年一理，犹不遗忘；二十之外，所诵经书，一月废置，便至荒芜矣[2]。然人有坎壈[3]，失于盛年，犹当晚学，不可自弃。孔子云："五十以学《易》，可以无大过矣。"魏武[④]、袁遗[⑤]，老而弥笃，此皆少学而至老不倦也。曾子七十乃学，名闻天下；荀卿五十[⑥]，始来游学，犹为硕儒；公孙弘四十余[⑦]，方读《春秋》，以此遂登丞相；朱云亦四十[⑧]，始学《易》《论语》；皇甫谧二十[⑨]，始受《孝经》《论语》：皆终成大儒，此并早迷而晚寤也。世人婚冠未学，便称迟暮，因循面墙[⑩]，亦为愚耳。幼而学者，如日出之光，老而学者，如秉烛夜行，犹贤乎瞑目而无见者也。

注释

①专利：专注而敏锐。利，敏锐。

②荒芜：田野长满杂草，这里指学业荒废。

③坎壈lǎn：困顿，不顺利。

④魏武：魏武帝，即曹操。

⑤袁遗：袁绍的堂兄，曾任山阳太守、扬州刺史等职。

⑥荀卿：即荀子。

⑦公孙弘：汉武帝时的丞相。出身卑贱，小时候曾为富人放养猪，依靠自己发奋苦读成才。

⑧朱云：汉朝政治家。年少时做过游侠，后发奋读书，进入仕途，性情刚直。典故"朱云折槛"说的就是他。

⑨皇甫谧：生于东汉，死于西晋。著有《针灸甲乙

经》《历代帝王世纪》《高士传》《逸士传》《列女传》《元晏先生集》等，在文学和医学上都享有盛名。

⑩因循：按照旧的方式进行，这里指不愿意重新学习。面墙：面对墙站立，指目光短浅，什么都看不见，形容眼界狭窄，思想愚钝。

译文

人在幼小的时候，精神专注而敏锐，长大之后精神就容易分散，所以教学要趁早，不要错失了良机。我七岁的时候，背诵《灵光殿赋》，以后隔十年温习一次，直到现在依然没有忘记。但是我二十岁以后所背诵的经书文章，一个月不温习，就记不起来了。当然，人总有困顿不顺利的时候，如果不幸在最好的年华失去了求学的机会，也不要放弃。孔子说："五十岁学习《易》，可以让自己不会犯大的错误。"曹操、袁遗，越到老学习更加认真，这都是从年少到老都勤学不辍、学而不厌的人。曾子到七十岁的时候才开始求学，同样名闻天下；荀子五十岁的时候才开始游学，依然成了儒学巨匠；公孙弘四十多岁了才开始读《春秋》，并靠自己勤奋学习做了丞相；朱云也是到了四十岁才开始学习《易》《论语》；皇甫谧二十岁的时候才开始学习《孝经》《论语》：他们都成了著名的儒学大师，这些人都是年少的时候迷失、不学习而到了晚年才觉悟用功的。现在的人刚成年到婚嫁的年龄，如果还没学习，便觉得已经来不及了，不再重新学习，结果就像面壁而立，什么都看不见，实在是愚蠢。在年幼的时候求学的人，就像初升的朝阳；老了才开始学习的人，就像拿着蜡烛走夜路，总比闭着眼睛什么都看不见好。

学之兴废，随世轻重。汉时贤俊，皆以一经弘圣人之道，上明天时，下该人事[①]，用此致卿相者多矣。末俗已来不复尔[②]，空守章句，但诵师言，施之世务，殆无一可[③]。故士大夫子弟，皆以博涉为贵，不肯专儒。梁朝皇孙以下，总丱之年[④]，必先入学，观其志尚，出身已后[⑤]，便从文史，略无卒业者。冠冕为此者[⑥]，则有何胤、刘瓛、明山宾、周舍、朱异、周弘正、贺琛、贺革、萧子政、刘绍等，兼通文史，不徒讲说也[⑦]。洛阳亦闻崔浩、张伟、刘芳，邺下又见邢子才：此四儒者，虽好经术，亦以才博擅名。如此诸贤，故为上品，以外率多田野间人[⑧]，音辞鄙陋，风操蚩拙[⑨]，相与专固，无所堪能，问一言辄酬数百[⑩]，责其指归，或无要会。邺下谚云："博士买驴[⑪]，书券三纸，未有驴字。"使汝以此为师，令人气塞。孔子曰："学也禄在其中矣。"今勤无益之事，恐非业也。夫圣人之书，所以设教，但明练经文，粗通注义，常使言行有得，亦足为人；何必"仲尼居"即须两纸疏义，燕寝讲堂[12]，亦复何在？以此得胜，宁有益乎？光阴可惜，譬诸逝水。当博览机要，以济功业[13]；必能兼美，吾无间焉。

注释

①该：同“赅”，详细，完备。

②末俗：一个朝代结束时的风俗，这里指汉朝末年以后。

③殆：大概，几乎。

④总丱guàn之年：指儿童时代。丱，古时候儿童扎的翘起来的角辫。

⑤出身：这里指步入仕途，做官。

⑥冠冕：冠和冕都是古代官员的帽子，这里指当官。

⑦不徒：不仅仅，不只是。

⑧率：都。

⑨蚩拙：无知、笨拙。

⑩酬：回报，这里指答复。

⑪博士：古代官职名，掌管典籍，通晓史事的官员。

⑫燕寝：闲居的地方。讲堂：教学的地方。

⑬济：帮助。

译文

学习风气的好坏，随着世事变幻而有所区别。汉代的那些贤达俊杰，都依靠精通某一部经书来弘扬圣人之道，上明白天时，下通晓人事，依靠这个封侯拜相的人太多了。汉末以来的风俗不再这样了，大家都死记硬背老师教授的文章诗句，一旦要实际应用起来，大概就一无是处了。因此士大夫的子弟都以涉猎广泛而感到自豪，很少有人肯专一攻读某一部经书。梁朝从皇孙以下，在儿童时代就要进入学堂学习，观察他们的志向兴趣所在，到了步入仕途的时候，就从事文史类官职的事务，很少有人可以坚持完成学业的。在当官的人当中能够将学业坚持到底的有何胤、刘瓛、明山宾、周舍、朱异、周弘正、贺琛、贺革、萧子政、刘绍等人，这些人都精通文史，不仅仅是停留于口头谈论，而是可以实际应用。又听说洛阳的崔浩、张伟、刘芳，还有邺下的邢子才，这四个人都是有名的才子，虽然都擅长经术，但是都以学识广博而闻名。这些有才学的人都是读书人中的佼佼者，除此以外大多都像是田间劳作的粗人，说话粗俗不堪，风尚操行无知笨拙，彼此固执己见，什么事都无法胜任。问他们一句话，他们就东扯西拉回答一百句，但是要问他们所说的主旨到底是什么，他们又始终无法把握要领。邺下有谚语说："有一个博士去买驴，在写契约的时候，洋洋洒洒写了三张纸，还没看到一个驴字。"如果你们以这样的人为老师，那我简直要被气死了。孔子说："努力完成学业，可以得到功名利禄。"现在的人都忙于做那些没有益处的事情，这就恐怕对成就事业没有什么好处了。圣人留下的书，之所以有教授的必要，主要是让大家掌握经文的意思，大致明白注解的意思，让自己的言行举止得当，也就足够为人处世所用了。哪里需要对“仲尼居”这三个字就要去注解两页纸呢？有的人说是指孔子闲居的地方，有人说是指孔子教学的地方，又有什么根据呢？在这种事情上争个输赢，又有什么意义呢？时光宝贵，就像流水一样一去不复返。应当把精力放在掌握关键的知识点上，使得对成功立业有所帮助；如果你们能够做到既精又博，相得益彰，那我就放心而无话可说了。

俗间儒士，不涉群书，经纬之外[①]，义疏而已。吾初入邺，与博陵崔文彦交游，尝说《王粲集》中难郑玄《尚书》事。崔转为诸儒道之，始将发口，悬见排蹙[②]，云：“文集只有诗赋铭诔[③]，岂当论经书事乎？且先儒之中，未闻有王粲也。”崔笑而退，竟不以粲集示之。魏收之在议曹[④]，与诸博士议宗庙事，引据《汉书》，博士笑曰：“未闻《汉书》得证经术。”收便忿怒，都不复言，取《韦玄成传》，掷之而起。博士一夜共披寻之，达明，乃来谢曰[⑤]：“不谓玄成如此学也。”

注释

①经纬：经书与纬书。经书指先秦时期儒家经典；

纬书指汉代附和儒家经典著作的书籍。

②悬：立即，马上。见：被。排蹙：斥责，发难。

③诗赋铭诔lěi：诗、赋、铭、诔，均为古代文体种类。

④魏收：北齐文学家、史学家。议曹：古代官署名，执掌言职。

⑤谢：道歉，赔罪。

译文

一般的读书人，不愿意博览群书，除了经书与纬书之外，就是学学注疏而已。我刚刚到邺城的时候，与博陵的崔文彦交往密切，曾经和他说起过《王粲集》中王粲诘难郑玄关于注解《尚书》的事情。后来崔文彦将这件事转述给其他读书人听，才刚刚开口说话，立即受到大家的斥责，都说："文集中只有诗、赋、铭、诔等文体，怎么可能涉及谈论经书的问题呢？况且在著名的儒士先辈中也没有听说过王粲这个人呀！"崔文彦只是笑了笑就离开了，最终也没有将《王粲集》给大家看。魏收在议曹任职的时候，与众多同僚讨论祭祀宗族的事情，引用《汉书》中的内容作为依据，同僚嘲笑他说："没听说过《汉书》还可以佐证经书学问的。"魏收非常气愤，一句话也没说，取出《汉书·韦玄成传》，用力扔给他们就离开了。魏收的同僚们用了一夜的时间研习《汉书·韦玄成传》，直到天亮的时候，才来向魏收道歉，说："没想到韦玄成竟有这样的学问啊！"

夫老、庄之书，盖全真养性[1]，不肯以物累己也。故藏名柱史[2]，终蹈流沙；匿迹漆园，卒辞楚相[3]，此任纵之徒耳[4]。何晏、王弼[5]，祖述玄宗，递相夸尚，景附草靡[6]，皆以农、黄之化[7]，在乎己身，周、孔之业[8]，弃之度外。而平叔以党曹爽见诛[9]，触死权之网也；辅嗣以多笑人被疾[10]，陷好胜之阱也；山巨源以蓄积取讥[11]，背多藏厚亡之文也[12]；夏侯玄以才望被戮[13]，无支离臃肿之鉴也[14]；荀奉倩丧妻[15]，神伤而卒，非鼓缶之情也[16]；王夷甫悼子[17]，悲不自胜，异东门之达也[18]；嵇叔夜排俗取祸[19]，岂和光同尘之流也[20]；郭子玄以倾动专势[21]，宁后身外己之风也；阮嗣宗沉酒荒迷[22]，乖畏途相诫之譬也[23]；谢幼舆赃贿黜削[24]，违弃其余鱼之旨也[25]：彼诸人者，并其领袖，玄宗所归。其余桎梏尘滓之中，颠仆名利之下者，岂可备言乎！直取其清谈雅论，剖玄析微，宾主往复，娱心悦耳，非济世成俗之要也。洎于梁世[26]，兹风复阐，《庄》《老》《周易》，总谓“三玄”。武皇、简文，躬自讲论。周弘正奉赞大猷[27]，化行都邑，学徒千余，实为盛美。元帝在江、荆间，复所爱习，召置学生，亲为教授，废寝忘食，以夜继朝，至乃倦剧愁愤，辄以讲自释。吾时颇预末筵[28]，亲承音旨，性既顽鲁，亦所不好云。

注释

①全真：保持真性，本性。

②藏名柱史：指老子曾经隐姓埋名，做周朝的柱下史。柱史，柱下史，周、秦时期的官名，相当于后来的御史。

③匿迹漆园，卒辞楚相：庄子曾经在漆园做小官，即后来所说的“漆园吏”，后楚威王招他为相，被庄子拒绝。

④任纵之徒：放任自由的人。

⑤何晏、王弼：均为魏代名士，擅长玄学。

⑥景附草靡：如影子依附形体一样，像草随风向匍匐在地，比喻玄学之风特别浓。景，通“影”。

⑦农、黄之化：神农氏、黄帝的教化，即玄学。

⑧周、孔之业：周公、孔子的学业，指儒学教诲。

⑨平叔：即上文的何晏，字平叔。党：动词，和某人成一党，这里指依附。

⑩辅嗣：上文的王弼，字辅嗣。

⑪山巨源：山涛，字巨源，竹林七贤之一。

⑫多藏厚亡：集聚越多，失去的越多。藏，集聚。亡，失去。

⑬夏侯玄：三国时期曹魏名士，玄学家。

⑭支离：《庄子》中的寓言人物，因为丑陋、无才，毫无用处，最终得以寿终正寝。臃肿：《庄子》中

畸形的树，因为毫无用处免于砍伐，得以保全。

⑮荀奉倩：荀粲，字奉倩，魏名士。

⑯鼓缶：相传庄子的妻子死后，他击缶而歌。缶，瓦器，可以盛酒浆。

⑰王夷甫：王衍，字夷甫，西晋名士。

⑱东门：东门吴，战国时期秦国人，为人乐观豁达，儿子死后依然快乐如故。

⑲嵇叔夜：嵇康，字叔夜。

⑳和光同尘：《老子》中有“和其光，同其尘”。即将光芒荣耀和尘土浑浊一样看待，形容豁达的态度。

㉑郭子玄：郭象，字子玄，西晋玄学家。

㉒阮嗣宗：阮籍，字嗣宗，竹林七贤之一。

㉓乖：违背。畏途相诫：凶险的道路上要小心谨慎。

㉔谢幼舆：谢鲲，字幼舆，两晋谢氏士族，官至豫章太守。

㉕余鱼：多余的事物，身外之物。

㉖洎：到，及。

㉗周弘正：人名，玄学家。大猷yóu：指治国之道。猷，打算，谋划。

㉘末筵：末位，靠后的位子。

译文

老子、庄子的书，宣扬的是保持本性、修身养性，不受外物束缚的道理。所以老子隐姓埋名做周朝的柱下史，最终销声匿迹于沙漠；庄子隐居在漆园做个小官，后来楚威王招他为相，也被他拒绝了。他们都是放荡不羁、放任自由的人。后来何晏、王弼弘扬和教授道教玄学教义，当时的人如影随形，就像草随风向变动匍匐在地一样跟随他们，全都学习神农、黄帝的教化，而将周公、孔子的儒学置之度外。然而后来何晏因为依附曹爽一党而被杀，这是死在了权势的罗网之上；王弼以自己博学而讥笑他人招致别人怨恨，这是陷入了争强好胜的陷阱；山涛因为聚集太多财富而被世人嘲笑，这是忘记了聚集越多失去越多的古训；夏侯玄因为自己的才学被杀，这是忘了《庄子》中关于支离和畸形的树得以保全的告诫；荀粲丧妻之后伤心过度而死，这就没有庄子在丧妻之后击缶而歌的豁达；王衍哀痛自己死去的儿子，悲不自胜，这就没有东门吴的乐观；嵇康因为排斥世俗而招致杀身之祸，岂是"和其光，同其尘"之类的人；郭象权势熏天，这也违背了甘为人后的境界；阮籍纵酒颓废，这违背了凶险道路需要小心谨慎的教训；谢琨因为贪污而被罢官，这就违背了要舍弃身外之物的宗旨。这些都是玄学的领袖人物，其他戴着名利枷锁，在滚滚红尘中追名逐利、苦苦挣扎的人，那就更不用说了。这些人只不过是选取道教中清高儒雅的谈论，钻研其中那些玄妙细微的地方，用于宾主问答，只不过是用来谈论炫耀，而对救济世人、形成良好的社会风尚没有什么作用。到了梁朝，崇尚道教玄学的社会风气又浓了起来，《庄子》《老子》《周易》，总称“三玄”。梁武帝和简文帝都亲自讲授玄学。周弘正奉国君之命讲述以道教治国的方法，上至国都，下至小镇，都受到影响，学徒达千人之多，实在是空前的盛况。梁元帝在江陵、荆州的时候，也十分爱好玄学，还招收了学生，亲自授课，以至于到了通宵达旦、废寝忘食的地步，甚至在自己极度困倦或是愁苦的时候，也通过研究道教玄学来自我排解。当时我也常常在最后的座位上坐着听梁元帝讲授玄学，但是我生性愚笨，又缺乏这方面的兴趣，没有太多的收益。

齐孝昭帝侍娄太后疾，容色憔悴，服膳减损。徐之才为灸两穴[①]，帝握拳代痛，爪入掌心，血流满手。后既痊愈，帝寻疾崩，遗诏恨不见太后山陵之事[②]。其天性至孝如彼，不识忌讳如此，良由无学所为。若见古人之讥欲母早死而悲哭之，则不发此言也。孝为百行之首，犹须学以修饰之，况余事乎！

注释

①徐之才：人名，南北朝时期的一代名医。

②恨：遗憾。山陵之事：这里指母亲娄太后的丧事。山陵，帝王或皇后的坟墓。

译文

北齐孝昭帝侍奉病重的母亲娄太后，因为过度忧劳而面容憔悴，茶饭不思。徐之才为太后的两个穴位针灸，孝昭帝在一旁紧握双拳，指甲刺破掌心，鲜血流得满手都是。后来太后痊愈，但是孝昭帝却因病去世，他在遗诏中说不能亲自操办母亲的丧事，感到非常遗憾。孝昭帝天生就那样守孝道，但是却如此不懂得避讳，完全是因为没有学习造成的。如果他见到书上记载古人讥笑那些盼望母亲早死而提早伤心痛哭的人的故事，就不会在遗诏中说这样的话了。孝道是人最起码的行为准则，尚且需要通过学习来加以完善，何况其他的事情呢！

梁元帝尝为吾说：“昔在会稽，年始十二，便已好学。时又患疥[①]，手不得拳，膝不得屈。闲斋张葛帏避蝇独坐[②]，银瓯贮山阴甜酒[③]，时复进之，以自宽痛。率意自读史书[④]，一日二十卷，既未师受，或不识一字，或不解一语，要自重之，不知厌倦。”帝子之尊，童稚之逸，尚能如此，况其庶士，冀以自达者哉？

注释

①疥：疥疮，一种皮肤病。

②葛帏：葛布制成的帷帐。

③瓯：古代容器，小盆或是杯子。山阴：山的北面，这里指会稽山北面；或者是某个地名。

④率意：随意。

译文

梁元帝曾经对我说："从前我在会稽的时候，才十二岁，便已经十分喜欢学习了。当时患了严重的皮肤病，双手不能握拳，双腿不能弯曲。我就在空闲的屋子里挂上葛布制成的帷帐用来遮挡蚊子，独自坐在里面看书，旁边银质的杯子里装着山阴产的甜酒，时不时喝一口缓解疼痛。随意读一些史书，一天看二十卷，因为没有老师指导教授，有时候通篇看下来一个字都不认识，有时候一句话都看不懂，但是我就是喜欢读书，不知道疲倦。"梁元帝当时以帝王之子的尊贵，而且正是喜欢贪玩的孩童时期，尚且能够如此用功，何况那些读书人，还希望有朝一日能够飞黄腾达的呢？

古人勤学，有握锥投斧[1]，照雪聚萤[2]，锄则带经[3]，牧则编简[4]，亦为勤笃。梁世彭城刘绮，交州刺史勃之孙，早孤家贫，灯烛难办，常买荻尺寸折之[5]，然明夜读。孝元初出会稽，精选寮寀[6]，绮以才华，为国常侍兼记室，殊蒙礼遇，终于金紫光禄。

义阳朱詹，世居江陵，后出扬都[7]，好学，家贫无资，累日不爨[8]，乃时吞纸以实腹。寒无毡被，抱犬而卧。犬亦饥虚，起行盗食，呼之不至，哀声动邻，犹不废业，卒成学士，官至镇南录事参军，为孝元所礼。此乃不可为之事，亦是勤学之一人。东莞臧逢世，年二十余，欲读班固《汉书》，苦假借不久[9]，乃就姊夫刘缓乞丐客刺书翰纸末[10]，手写一本，军府服其志尚，卒以《汉书》闻。

注释

①握锥：指苏秦“锥刺股”的故事。苏秦在读书的时候因为犯困，就用锥子扎自己的大腿。投斧：文党“投斧求学”的故事。文党和别人一起到山中砍树，文党对别人说：“我把斧头扔到树上，如果它挂在了上面，我就去远方求学。”他将斧头向上抛去，果然挂在了树上，于是他就去了长安求学，后比喻求学的决心。

②照雪：指晋人孙康因为家贫买不起灯，晚上在雪地里，靠雪的反光看书的故事。聚萤：指晋人车胤因为家贫买不起灯，晚上将萤火虫装在一个袋子里照着看书的故事。

③锄则带经：汉朝倪宽，自小家贫，常常被人雇佣做短工，下地干活时将经书挂在锄头把上，休息的时候就看书，后官至御史大夫。

④牧则编简：西汉路温舒因为家里穷，没钱买书，被别人雇佣放羊。他在放牧的时候用蒲草编成简，然后将借来的书抄下来学习，后官至太守。

⑤荻：一种草。

⑥寮寀 liáo cǎi：本意为官舍，这里指官吏。

⑦扬都：地名，即建康、建业，今南京。

⑧爨 cuàn：烧火做饭。

⑨假：借。

⑩乞丐：讨要，收集。客刺：名刺，名帖。书翰：书札。纸末：纸的边角料。

译文

古代人勤奋好学的故事很多，有为了不让自己看书时瞌睡用锥子扎大腿的苏秦，有投斧明志求学的文党，有借雪地反光看书的孙康，有用布袋收集萤火虫用来照明看书的车胤，有下地干活还带着经书的倪宽，有放牧时采摘蒲草编简抄书的路温舒，这些都是勤奋读书的人。梁朝时候彭城的刘绮，是交州刺史刘勃的孙子，自幼丧父，家境贫寒，没有钱买灯烛照明，就常常买来荻草，折成约一尺长点燃用来晚上照明读书。孝元帝当初任会稽太守的时候，精心选拔了一批官吏，刘绮因为才华出众，被选为太子府国常侍兼记室，特别受到孝元帝的器重，最终官至金紫光禄大夫。义阳的朱詹，世代居住在江陵，后来搬到扬都，非常勤奋好学。因为家里贫穷，常常接连几天不烧火做饭，于是时不时靠吞食废纸充饥。天冷的时候没有衣被，就抱着狗取暖睡觉。狗也饥饿虚弱，半夜出去偷东西吃，任凭朱詹怎么呼唤都不回来，那哀切的声音邻里都能听到，但他依然没有放弃学业，最终成为学士，官至镇南录事参军，受到孝元帝的礼遇。这是常人无法做到的，也是勤学苦读的一个例子。东莞人臧逢世，二十多岁的时候想读班固著的《汉书》，因为借来的书不能长期保留而苦恼，于是就找他的哥哥讨要名帖、书札的边角，抄写了一本。军府上下都佩服他读书的志气，最终他因为研究《汉书》的成就而闻名于世。

齐有宦者内参田鹏鸾[①]，本蛮人也[②]。年十四五，初为阍寺[③]，便知好学，怀袖握书，晓夕讽诵。所居卑末，使彼苦辛，时伺闲隙，周章询请。每至文林馆[④]，气喘汗流，问书之外，不暇他语。及睹古人节义之事，未尝不感激觉沉吟久之。吾甚怜爱，倍加开奖。后被赏遇，赐名敬宣，位至侍中开府[⑤]。后主之奔青州，遣其西出，参伺动静，为周军所获。问齐主何在，绐云[⑥]:“已去，计当出境。”疑其不信，欧捶服之，每折一支[⑦]，辞色愈厉，竟断四体而卒。蛮夷童丱[⑧]，犹能以学成忠，齐之将相，比敬宣之奴不若也。

注释

①宦者：宦官，太监。

②蛮人：没有受教育的野蛮人，古时候对少数民族的称谓。

③阍寺：阍人、寺人，都是指宫门的守门人，在皇宫多由太监担任。

④文林馆：官署名，负责管理著作及文籍，培养学生。

⑤侍中开府：官职名。

⑥绐dài：同“诒”，欺骗。

⑦支：同“肢”，四肢。

⑧童丱guàn：指年幼。

译文

北齐有位太监叫田鹏鸾，本是少数民族。十四五岁的时候，刚刚进宫做了太监，就知道勤奋好学，随身都携带着书本，早晚背诵。身份卑微，差役辛苦，只要有一点空闲的时间，就到处找别人请教。每次到文林馆，都累得气喘吁吁，汗流浃背，除了问和书有关的问题之外，都顾不上说其他的话。每当在书上看到古人讲气节的故事，总是心血澎湃，反复吟诵。我非常喜欢他，就更加用心教导、勉励他。他后来得到皇上的恩遇赏赐，赐名叫敬宣，一直做到侍中开府。后来齐后主逃往青州的时候，派遣他从西门出去打探消息，结果被北周军抓获。周军向他询问齐后主的下落，他撒谎说：“已经离开了，算起来应该已经出边境了。”周军不相信他的话，就痛打他，企图让他屈服，每被打断一肢，他反而更加义正词严，最后四肢被打断，死去了。一个没受过良好教育的少数民族的孩子，尚且可以通过学习变得忠诚，北齐的那些王侯将相，连敬宣这样的奴才都不如。

邺平之后，见徙入关[①]。思鲁尝谓吾曰[②]：“朝无禄位，家无积财，当肆筋力[③]，以申供养。每被课笃[④]，勤劳经史，未知为子，可得安乎？”吾命之曰：“子当以养为心，父当以学为教。使汝弃学徇财，丰吾衣食，食之安得甘？衣之安得暖？若务先王之道，绍家世之业[⑤]，藜羹缊褐[⑥]，我自欲之。”

注释

①见：表示被动。徙：迁徙，迁移。

②思鲁：作者的长子。

③肆：尽，极。

④笃：认真，踏实。

⑤绍：连续，继承。

⑥藜羹：野菜煮成的汤。藜，一种嫩叶可食用的野菜。缊：乱麻。褐：粗布衣服。

译文

邺城被北周军占领之后，我们被迫迁移入关。思鲁曾经和我说："我们家没有人在朝中做官，家里也没有积蓄资财，我应竭尽全力劳动，奉养父母双亲。但是您却常常敦促我要认真学习，攻读经史文学，您可知道作为一个儿子，如何能够心安？"我教导他说："作为儿子，当然应该把奉养父母的事情放在心上，但是教导儿子读书学习也是父母应该做的。如果让你放弃学业去赚钱养家，即使能够让我丰衣足食，我吃起来又怎么能够觉得甘甜？我穿着又怎么会觉得温暖？如果你能够勤奋学习，延续我们家书香门第的风气，即使是吃野菜，穿粗衣，那也是我愿意的事情。"

《书》曰："好问则裕。"《礼》云："独学而无友，则孤陋而寡闻。"盖须切磋相起明也[①]。见有闭门读书，师心自是，稠人广坐，谬误差失者多矣。《穀梁传》称公子友与莒挐相搏[②]，左右呼曰"孟劳"。"孟劳"者，鲁之宝刀名，亦见《广雅》。近在齐时，有姜仲岳谓："'孟劳'者，公子左右，姓孟名劳，多力之人[③]，为国所宝。"与吾苦诤。时清河郡守邢峙，当世硕儒，助吾证之，赧然而伏。又《三辅决录》云："灵帝殿柱题曰：'堂堂乎张，京兆田郎。'"盖引《论语》，偶以四言，目京兆人田凤也[④]。有一才士，乃言："时张京兆及田郎二人皆堂堂耳。"闻吾此说，初大惊骇，其后寻愧悔焉。江南有一权贵，读误本《蜀都赋》注，解"蹲鸱，芋也"[⑤]，乃为"羊"字；人馈羊肉，答书云："损惠蹲鸱[⑥]。"举朝惊骇，不解事义，久后寻迹，方知如此。元氏之世[⑦]，在洛京时，有一才学重臣，新得《史记音》，而颇纰缪，误反"颛顼"字，"顼"当为许录反，错作许缘反，遂谓朝士言："从来谬音'专旭'，当音'专翾'耳。"此人先有高名，翕然信行[⑧]；期年之后，更有硕儒，苦相究讨，方知误焉。《汉书·王莽赞》云："紫色蛙声[⑨]，余分闰位。"谓以伪乱真耳。昔吾尝共人谈书，言乃王莽形状，有一俊士，自诩史学，名价甚高，乃云："王莽非直鸱目虎吻，亦紫色蛙声。"又《礼乐志》云："给太官挏马酒[⑩]。"李奇注："以马乳为酒也，揰挏乃成[⑪]。"二字并从手。揰挏，此谓撞捣挺挏之，今为酪酒亦然。向学士又以为种桐时[⑫]，太官酿马酒乃熟。其孤陋遂至于此。太山羊肃，亦称学问，读《潘岳赋》"周文弱枝之枣"，为"杖策"之"杖"；《世本》"容成造历"，以"历"为"碓磨"之"磨"。

注释

①起：同"启"，启发。明：明白。

②公子友：鲁桓公的第四子。莒挐：人名。

③多力之人：大力士。

④目：概括，评价。

⑤蹲鸱dūnchī：大芋，因其形状像蹲着的鸱而得名。鸱，一种凶猛的鸟。

⑥损惠：感谢别人馈赠礼物的敬称。

⑦元氏之世：指北魏。元氏，北魏皇家姓氏。

⑧翕：合，聚，和顺。

⑨紫色：古代人认为紫不是正色。蛙声：不合正统乐律的声音。比喻用假的冒充真的。

⑩太官：官名，负责饮食。

⑪撞挏chòngdòng：上下捶击。

⑫向：前面。

译文

《尚书》上说："善于向别人请教学问就会变得丰富。"《礼经》上也说："独自学习，不和别人交流，则会变得孤陋寡闻。"大概是说学习需要相互交流、彼此切磋，才能够相互启发，不断进步。有人闭门读书，自以为是，却往往在大庭广众之下，口出谬论，这样的人见过很多了。《穀梁传》记载公子友和莒挐角斗，周围的人高呼"孟劳"。"孟劳"本来是鲁国宝刀的名字，这可以在《广雅》中找到证据。最近在齐朝的时候，有个叫姜仲岳的人对我说："'孟劳'，是公子友身边的一个人，姓孟，名叫劳，是个大力士，受到鲁国上下推崇。"和我苦苦争辩。当时清河郡守邢峙也在场，他是当代著名的大学者，他帮忙证明我是对的，姜仲岳才感到羞愧并认输。又比如《三辅决录》记载："灵帝殿柱题曰：'堂堂乎张，京兆田郎。'"这是引用《论语》中的话，以对偶四字句的形式，来评价京兆人士田凤的。有一个才学之士说这句话的意思是："当时的张京兆和田凤都是相貌堂堂的人。"他听到我的解释首先大为惊奇，一会儿就觉得十分惭愧了。江南地区一个有权有势的人，看了一本谬误很多的《蜀都赋》的注解，书中将"蹲鸱，芋也"的"芋"字错写成了"羊"字。有人赠送羊肉给他，他在回信中说："非常感谢你馈赠给我蹲鸱。"朝廷上下都感到十分惊奇，不明白他说的是什么，经过很久才弄明白其中的缘故。北魏的时候，我在洛阳期间，有一位才学出众、位高权重的大臣，新得到一本《史记音》，但是其中谬误很多，把"颛顼"两个字的注音写错了，"顼"本来应该是"许录反"，但是却错写成"许缘反"，于是这位大臣就对满朝官员说："一直以来我们都错读为'专旭'，其实应当读作'专翾'啊。"因为这位大臣一直以来名气很大，大家都没有表示异议，而且都跟着这样读了。过了一年之后，另外一个出名的大学者，对这两个字的读音穷根问底，才发现是那位大臣搞错了。《汉书·王莽赞》记载："紫色蛙声，余分闰位。"本来是说王莽以假乱真、篡夺皇位的事情。在之前我曾经和人一起讨论看书的问题，谈到王莽的长相，有一位才学出众的人，自认为精通史学，名气很大，闻名于世。他说："王莽不仅仅长着像鸱目一样的眼睛，老虎一样的嘴巴，而且皮肤成紫色，声音和青蛙的叫声一样。"还有《礼乐志》记载："给太官挏马酒。"李奇注解说："就是用马奶制成酒，然后上下反复捣击就可以了。"两个字都有提手旁。"挏挏"的意思就是不停地上下捣击，现在酿酒仍然是这样。前面说到的那位才学之士又以为是到了种梧桐树的时候，马奶酒就酿好了。他孤陋寡闻到了这个地步。泰山的羊肃，也因为学问而出名，但是他读《潘岳赋》中"周文弱枝之枣"一句的时候，把"枝"错读成了"杖策"的"杖"；读《世本》中"容成造历"一句的时候，把"历（曆）"认成了"碓磨"的"磨"。

谈说制文，援引古昔，必须眼学，勿信耳受。江南闾里间，士大夫或不学问，羞为鄙朴，道听途说，强事饰辞：呼徵质为周、郑，谓霍乱为博陆[①]，上荆州必称陕西，下扬都言去海郡，言食则餬口，道钱则孔方，问移则楚丘[②]，论婚则宴尔，及王则无不仲宣[③]，语刘则无不公斡[④]。凡有一二百件，传相祖述[⑤]，寻问莫知原由，施安时复失所[⑥]。庄生有乘时鹊起之说，故谢朓诗曰[⑦]："鹊起登吴台。"吾有一亲表，作《七夕》诗云："今夜吴台鹊，亦共往填河。"《罗浮山记》云："望平地树如荠。"故戴暠诗云[⑧]："长安树如荠。”又邺下有一人《咏树》诗云：“遥望长安荠。”又尝见谓矜诞为夸毗[9]，呼高年为富有春秋[10]，皆耳学之过也。

注释

①博陆：指霍光，霍光生性忠谨，曾长期主持朝政，被汉武帝封为博陆侯。

②移：迁移。楚丘：地名，卫文公曾将都城迁到此，因此后代用为迁移的典故。

③仲宣：王粲，字仲宣，东汉末年著名文学家，建安七子之一。

④公干：刘桢，字公干，三国时期魏名士，建安七子之一。

⑤祖述：效法模仿前人。

⑥失所：运用不恰当。

⑦谢朓：南朝齐时著名山水诗人。

⑧戴暠：南朝梁时著名诗人。

⑨矜诞jīn dàn：自大狂妄。夸毗pí：指以谄谀、卑屈取媚于人。

⑩富有春秋：指人的年纪小，后面的年数还很多。

译文

谈论写文章，援引典故，必须是亲自看到过、学习过的，而不要亲信别人的传言，人云亦云。在江南的乡间，有些士大夫不肯钻研学问，但是又害怕自己表现出无知粗鄙的样子，于是就道听途说，牵强附会，把自己装成有学问的样子：把徵质叫为周、郑，把霍乱称作博陆，到荆州去一定要说成是去陕西，去扬州则说是去海郡，吃东西被说成是糊口，把钱叫做孔方，谈到迁移就说楚丘，说到婚嫁就说宴尔，谈到姓王的人都说仲宣，说到姓刘的人则都说公幹。这些说法何止一二百种，相互之间抄袭，彼此影响，要询问这些典故的缘由，他们又都解释不清楚，但是又常常挂在嘴边，用不到恰当的地方。庄子有乘时鹊起的说法，所以谢朓的诗里说："鹊起登吴台。"我有一位表亲，他作了一首《七夕》诗，里面说到："今夜吴台鹊，亦共往填河。"《罗浮山记》也有记载："望平地树如荠。"所以戴暠写诗说到："长安树如荠。"后来邺下有一个人作了一首《咏树》诗，诗中写到："遥望长安荠。"还曾经听到有人本来想说"矜诞"，却说成了"夸毗"，想说别人年事已高，却说成了富有春秋，这些都是不认真钻研学问，道听途说、人云亦云的过错啊。

夫文字者，坟籍根本[1]。世之学徒，多不晓字：读《五经》者，是徐邈而非许慎[2]；习赋诵者，信褚诠而忽吕忱[3]；明《史记》者，专徐、邹而废篆籀[4]；学《汉书》者，悦应、苏而略《苍》《雅》[5]。不知书音是其枝叶，小学乃其宗系[⑥]。至见服虔、张揖音义则贵之[⑦]，得《通俗》《广雅》而不屑。一手之中，向背如此，况异代各人乎？

注释

①坟籍：古代的典籍。

②徐邈：东晋名臣，著有《正五经音训》和《穀梁传注》《五经同异评》等。许慎：东汉著名文学家，著有《说文解字》和《五经异义》等。

③吕忱：晋朝文字学家。

④徐、邹：徐野民和邹诞生，著有《史记音义》。《苍》《雅》：《苍颉篇》和《尔雅》，都是古代解释词义的著作。篆籀：篆书。

⑤应：应劭，东汉学者，著有《汉官仪》《风俗通义》等。苏：苏林，东汉末年学者。

⑥小学：文字训诂学，这里指字义。宗系：根本。

⑦服虔：东汉经学家，著《春秋左氏传行谊》三十一卷。张揖：三国时古汉语训诂学者，著有《广雅》十卷、《古今字诂》等。

译文

文字，是古代典籍的根本。现在求学的人，大多都不通晓字义：读《五经》的人赞同徐邈的主张而非议许慎的著作；学习辞赋的人，信服褚诠而忽略了吕忱的观点；通读《史记》的人，只看徐野民、邹诞生的《史记音义》，而废弃对篆书文字的研究；学习《汉书》的人喜欢应劭、苏林的注解，而对《苍颉篇》《尔雅》不屑一顾。他们不明白读音就像是文字的枝叶，字义才是文字的根本。以至于有的人见到服虔、张揖著写的有关音义的著作就十分看重，而对同样是他们写的有关字义的著作《通俗文》《广雅》就不屑一顾。出自同一人之手的著作，都会如此区别对待，何况不同时代、不同人的著作呢？

夫学者贵能博闻也。郡国山川，官位姓族，衣服饮食，器皿制度，皆欲根寻，得其原本；至于文字，忽不经怀[①]，己身姓名，或多乖舛[②]，纵得不误，亦未知所由。近世有人为子制名：兄弟皆山傍立字，而有名峙者；兄弟皆手傍立字，而有名机者；兄弟皆水傍立字，而有名凝者。名儒硕学，此例甚多。若有知吾钟之不调[③]，一何可笑。

注释

①忽：忽略，不重视。

②乖舛：违背常理，错乱。乖，违背。舛，曲折。

③吾钟之不调：晋平公铸造大钟，乐师们都说音已经调准了，唯独有乐师师旷说音律不准，后经验

证果然不准。

译文

求学的人都以见识广博而自豪。国家的大山大河，官位的等级、宗族姓氏的排行制度，服饰饮食的习惯，器皿用度的规定，这些大家都喜欢寻根穷底，找到他们的根源；但是对于文字，则忽略而不愿多加用心，自己的姓名往往都会出现谬误，即使不出现错误，也无法说清楚来龙去脉。现在有人给子女取名字：想兄弟的名字都是带山字旁的字，但是却取名为“峙”；想兄弟的名字都是带提手旁的字，但是却取名为“机”；想兄弟的名字都是带水旁的字，但是却取名为“凝”。在那些著名的大学者家族中，这样的例子很多。如果有人明白这个道理，就会发现这和晋平公问师旷钟音是否准确协调一致，同样可笑。

吾尝从齐主幸并州[①]，自井陉关入上艾县[②]，东数十里，有猎闾村。后百官受马粮在晋阳东百余里亢仇城侧[③]。并不识二所本是何地，博求古今，皆未能晓。及检《字林》《韵集》[④]，乃知猎闾是旧䝢余聚，亢仇旧是禮䜪亭，悉属上艾。时太原王劭欲撰乡邑记注，因此二名闻之，大喜。

注释

①幸：临幸，特指皇帝到某处。

②井陉关：关隘名。

③亢仇：地名。

④《字林》《韵集》：都是古代解释字义的书。

译文

我曾经陪同北齐国君到并州去，过井陉关，进入上艾县，向东走几十里，有一个猎闾村。后来百官又到晋阳以东一百多里的亢仇城边接受粮草。所有的人都不知道这两个地方原本叫什么，属于哪里，查阅了古今的书籍，也没有找到答案。直到翻阅了《字林》《韵集》两本书，才知道猎（獵）闾是原来䜲余聚落，亢仇以前叫䙴𨮁亭，都是属于上艾县。当时的太原人王劭想要撰写乡邑记注，我把这两个地方曾经叫的名字告诉他，他非常高兴。

吾初读《庄子》“螝二首”[①]，《韩非子》曰：“虫有螝者，一身两口，争食相龁[②]，遂相杀也。”茫然不识此字何音，逢人辄问，了无解者。案[③]：《尔雅》诸书，蚕蛹名螝，又非二首两口贪害之物。后见《古今字诂》[④]，此亦古之虺字[⑤]，积年凝滞，豁然雾解。

注释

①蜾huǐ：虫蛹；或通“虺”，毒蛇。

②龁hé：咬。

③案：仔细查找。

④《古今字诂》：张揖著，古代著名解释字义的书。

⑤虺huǐ：毒蛇。

译文

我刚开始读《庄子》的时候，看到“蜾二首”这句话，《韩非子》也记载说：“有一种叫蜾的虫，身体上长着两张嘴巴，常常在争夺食物的时候相互撕咬，以致互相残杀。”我完全不知道这个字该怎么念，遇到人我就请教，但是没有人知道。后来我查阅《尔雅》等书，说蚕蛹叫蜾，但是蚕蛹又不是身上长两张口贪婪凶残的动物。后来看到《古今字诂》上说，“蜾”就是古代的“虺”，存在心中多年的疑惑，豁然解开了。

尝游赵州，见柏人城北有一小水，土人亦不知名。后读城西门徐整碑云：“洦流东指[①]。”众皆不识。吾案《说文》，此字古魄字也，洦，浅水貌。此水汉来本无名矣，直以浅貌目之，或当即以洦为名乎？

注释

①东指：向东流去。

译文

曾经到赵州游玩，看见柏人城北有一条小河，本地人也不知道它叫什么名字。后来在城西门看到徐整碑，碑文上说："洦流东指。"大家都不知道"洦"字是什么意思。我查《说文解字》,这个字就是古时候的"魄"字。洦，意思是指水浅的样子。这条河从汉代以来就没有名字，大家只是把它看成是一条浅浅的小河，或许应该就以"洦"做它的名字吧。

世中书翰[①]，多称勿勿，相承如此，不知所由，或有妄言此忽忽之残缺耳。案《说文》:"勿者，州里所建之旗也，象其柄及三斿之形[②]，所以趣民事[③]。故悤遽者称为勿勿[④]。"

注释

①书翰：书信。

②斿liú：同"旒"，古代旌旗下边或边缘上悬垂的装饰品。

③趣：同"促"，催促，敦促。

④悤遽jù：匆忙急促。悤，同“匆”。遽，着急，仓促。

译文

人们在书信来往的时候，常常用到“勿勿”这个词，历来大家都用这个词，但是不知道它到底是什么由来，有人妄自揣测说是本来是“忽忽”，错写成了“勿勿”。查《说文解字》，说：“‘勿’，是州府里所树立的旗帜，是个象形字，就像旗杆和旗帜边缘飘动的三条飘带，是用来敦促农民不要误了农时。所以把着急匆忙称为‘勿勿’。”

吾在益州，与数人同坐，初晴日晃，见地上小光，问左右：“此是何物？”有一蜀竖就视[①]，答云：“是豆逼耳。”相顾愕然，不知所谓。命取将来，乃小豆也。穷访蜀土，呼粒为逼，时莫之解。吾云：“《三苍》《说文》，此字白下为匕，皆训粒[②]，《通俗文》音方力反。”众皆欢悟。

注释

①就：靠近。竖：小子，僮仆。

②训：注解。

译文

我在益州的时候，和几个人坐在一起，刚好是雨过天晴，阳光灿烂，看到地上有一个发光的小东西，就问身边的人："那是什么？"有一个蜀地的僮仆走过去看了看，回答说："是豆逼。"在座的人都很惊愕，互相看着不知道他说的是什么。于是叫他拿过来一看，原来是一颗小豆。后来我走遍了蜀地，当地人都把"粒"称为"逼"，当时没有谁能解释这是为什么。我说："在《三苍》《说文解字》中，这个字就是'白'字下面一个'匕'字。都注解为'粒'。《通俗文》给这个字注音为方力的反切。"于是大家就都明白了，非常高兴。

愍楚友婿窦如同从河州来[①]，得一青鸟，驯养爱玩，举俗呼之为鹖[②]。吾曰："鹖出上党，数曾见之，色并黄黑，无驳杂也。故陈思王《鹖赋》云[③]：'扬玄黄之劲羽[④]。'"试检《说文》："鸧雀似鹖而青，出羌中。"《韵集》音介。此疑顿释。

注释

①愍楚：人名，作者的次子。友婿：即连襟，同门女婿。

②鹖hé：一种像雉而善斗的鸟。

③陈思王：曹植的别称。

④扬玄黄之劲羽：张开黄黑色强劲有力的翅膀。

译文

愍楚的连襟窦如同从河州回来，获得一只青色的鸟，驯养得十分温顺，大家都称这鸟为“鹖”。我说：“鹖生活在上党地区，我见过好几次，颜色黄黑色，没有斑驳的杂色。所以曹植才会在《鹖赋》中写道：‘扬玄黄之劲羽。’”尝试着查阅《说文解字》，书上解释说：“鸠雀长得像鹖，毛色是青色的，产自羌中地区。”《韵集》中对“鸠”的注音为“介”。这个疑惑就解开了。

梁世有蔡朗者讳纯，既不涉学，遂呼莼为露葵。面墙之徒[①]，递相仿效。承圣中[②]，遣一士大夫聘齐[③]，齐主客郎李恕问梁使曰[④]：“江南有露葵否？”答曰：“露葵是莼，水乡所出。卿今食者绿葵菜耳。”李亦学问，但不测彼之深浅，乍闻无以覈究[⑤]。

注释

①面墙之徒：面朝墙站立的人，指目光短浅、愚昧无知的人。

②承圣：南朝梁元帝萧绎的年号。

③聘：出使。

④主客郎：官名，负责外宾接待。

⑤覈hé：检验，核查。

译文

梁朝的时候有个叫蔡朗的人避讳“纯”字，他又不是一个有多少学问的人，就叫莼菜为露葵。那些愚昧无知的人就盲目效仿。承圣年间，梁元帝派遣一位士大夫出使北齐，北齐的主客郎李恕问梁国的使者：“江南产露葵吗？”梁国使者回答说：“露葵就是莼菜，在水乡比较多。您今天吃的是绿葵菜罢了。”李恕也是有学问的人，但是不知道对方学问的深浅，忽然之间听他这么说，也无法核实对错。

思鲁等姨夫彭城刘灵，尝与吾坐，诸子侍焉。吾问儒行、敏行曰[①]：“凡字与谘议名同音者[②]，其数多少，能尽识乎？”答曰：“未之究也，请导示之。”吾曰：“凡如此例，不预研检，忽见不识，误以问人，反为无赖所欺，不容易也[③]。”因为说之，得五十许字。诸刘叹曰：“不意乃尔！”若遂不知，亦为异事。

注释

①儒行、敏行：刘灵的儿子。

②谘议：刘灵的官号。

③易：轻率对待。

译文

思鲁他们的姨丈是彭城的刘灵，曾经和我闲坐聊天，他的几个儿子在一旁陪伴。我问儒行、敏行说：“和你们父亲名字读音相同的字，总共有多少个，你们都认识吗？”他们回答说：“没有研究过这个问题，请您教导我们。”我说：“所有这些字，如果不提前都弄明白，忽然遇见却不认识，拿着去请教别人，容易被缺乏教养的无赖小人所欺侮。”于是我就给他们解说这个问题，总共有五十多个字。他们感叹说：“没想到有这么多啊！”如果他们一直都不明白这个问题，那也是一件怪事了。

校定书籍，亦何容易，自扬雄、刘向，方称此职耳。观天下书未遍，不得妄下雌黄[①]。或彼以为非，此以为是；或本同末异[②]；或两文皆欠[③]，不可偏信一隅也。

注释

①雌黄：一种化合物，在古代常用来修改错字，或绘画。这里指篡改。

②末：细小的地方。

③欠：不妥。

译文

校定典籍，谈何容易的事情！扬雄、刘向这样的人，才能够胜任这样的工作。没有看遍天下所有的书，就不能轻易篡改某处文字。有的是那个版本觉得是错的，这个版本又觉得是对的；有的版本不同，但却是大同小异；有的是几个版本都不妥当，不能够偏信某一个版本。

文章第九

夫文章者，原出“五经”：诏命策檄[1]，生于《书》者也；序述论议[2]，生于《易》者也；歌咏赋颂[3]，生于《诗》者也；祭祀哀诔[4]，生于《礼》者也；书奏箴铭[5]，生于《春秋》者也。朝廷宪章[6]，军旅誓诰[7]，敷显仁义，发明功德[8]，牧民建国，施用多途。至于陶冶性灵，从容讽谏[9]，入其滋味，亦乐事也。行有余力，则可习之。然而自古文人，多陷轻薄：屈原露才扬己，显暴君过；宋玉体貌容冶，见遇俳优；东方曼倩[10]，滑稽不雅；司马长卿，窃赀无操；王褒过章《僮约》；扬雄德败《美新》；李陵降辱夷虏；刘歆反复莽世；傅毅党附权门；班固盗窃父史；赵元叔抗竦过度[11]；冯敬通浮华摈压[12]；马季长佞媚获诮[13]；蔡伯喈同恶受诛[14]；吴质诋忤乡里；曹植悖慢犯法；杜笃乞假无厌；路粹隘狭已甚；陈琳实号粗疏；繁钦性无检格；刘桢屈强输作；王粲率躁见嫌；孔融、祢衡，诞傲致殒；杨修、丁廙，扇动取毙；阮籍无礼败俗；嵇康凌物凶终；傅玄忿斗免官；孙楚矜夸凌上；陆机犯顺履险；潘岳干没取危[15]；颜延年负气摧黜；谢灵运空疏乱纪[16]；王元长凶贼自诒[17]；谢玄晖侮慢见及[18]。凡此诸人，皆其翘秀者，不能悉纪[19]，大较如此。至于帝王，亦或未免。自昔天子而有才华者，唯汉武、魏太祖、文帝、明帝、宋孝武帝，皆负世议，非懿德之君也[20]。自子游、子夏、荀况、孟轲、枚乘、贾谊、苏武、张衡、左思之俦，有盛名而免过患者，时复闻之，但其损败居多耳。每尝思之，原其所积，文章之体，标举兴会[21]，发引性灵，使人矜伐[22]，故忽于持操，果于进取[23]。今世文士，此患弥切[24]，一事惬当[25]，一句清巧，神厉九霄，志凌千载，自吟自赏，不觉更有傍人。加以砂砾所伤[26]，惨于矛戟，讽刺之祸，速乎风尘，深宜防虑，以保元吉。

注释

①诏：帝王所发的文书命令。命：上级对下级下达的文书命令。策：古代君主对臣下封土、授爵、免官或发布其他敕令的文件。檄：官府用以征召或声讨的文书。

②序：古代指送别赠言的文字。述：泛指叙述的文字。论：分析阐明事物道理的文章、理论和言论。议：用以论事说理或陈述意见的文章，多用以辩论用。

③歌：能唱的文辞。咏：韵文作品。赋：盛行于汉魏六朝,是韵文和散文的综合体。颂：祭祀时用的舞曲，配曲的歌词。

④祭：对死者表示追悼、敬意的仪式上用的文辞。祀：向神明表达敬意的文辞。哀：对死者（过世

很久）表示哀悼、悼念的文辞。诔lěi：叙述死者生平，表示哀悼的文章（多用于上对下）。

⑤书：来往书信。奏：臣子对皇帝陈述意见或说明事情的文章。箴：告诫规劝的文章。铭：铸、刻或写在器物上记述生平、事迹或警诫自己的文字。

⑥宪：法令。章：行政命令、制度。

⑦誓：告诫将士的言辞。诰：帝王对将领任命或封赠的文书。

⑧发明：宣扬，公告。

⑨讽：规劝。

⑩东方：东方朔，字曼倩。

⑪赵元叔：赵壹，字元叔，东汉辞赋家。

⑫冯敬通：冯衍，字敬通，东汉辞赋家。

⑬马季长：冯融，字季长，东汉儒家学者。

⑭蔡伯喈：蔡邕，字伯喈，蔡文姬之父，东汉名臣，文学家。

⑮干没gān mò：侵吞他人财物。

⑯空疏：放纵傲慢。

⑰凶贼：凶狠暴虐。自诒：自我取祸。

⑱及：连累，祸及。

⑲悉：全部，详细。

⑳懿：美好。

㉑兴会：兴致，体会。

㉒矜伐：恃才傲物。

㉓进取：追逐名利。

㉔弥切：更加严重。

㉕事：典故。

㉖砂砾所伤：这里指被社会流言蜚语所伤。

译文

文章原本都源于“五经”：诏、命、策、檄，源自《尚书》；序、述、论、议，源自《易经》；歌、咏、赋、颂，源自《诗经》；祭、祀、哀、诔，源自《礼记》；书、奏、箴、铭，源自《春秋》。朝廷颁布的法令、行政命令，皇帝告诫将领的言辞和文书，表彰赞扬仁义，宣扬歌颂功德，统治民众，安邦治国，文章有各种各样的用途。至于通过阅读文章陶冶情操，修身养性，和人交谈对答如流，玩味文章的深刻哲理，也是十分快乐的事情。如果精力和时间有富余，则可以从事类似的事情。但是自古以来文人多轻狂傲慢而不能自持：屈原过分显露自身才华，自命清高，无情披露君主的过错；宋玉体态姣好，容貌迷人，被他人视作以姿色取悦君王的俳优；东方朔轻慢放荡，滑稽可笑，有失儒雅；司马相如盗取他人财物，没有操守；王褒的过错从《僮约》可以看出来；扬雄道德败坏体现于《美新》中；李陵投降匈奴而被侮辱；刘歆投靠王莽政权；傅毅依附权贵豪门；班固窃取父亲所写的史书；赵壹为人过分倨傲不恭；冯衍过于轻狂遭到排挤；马融谄媚权贵遭到耻笑；蔡邕结交恶人受到株连；吴质仗势欺人，横行乡里；曹植轻慢自大而触犯法令；杜笃贪图钱财不知满足；路悴心胸过于狭隘；陈琳太过粗鄙疏忽；繁钦生性不知检点；刘祯过分倔强；王粲过于直率暴躁遭人嫌弃；孔融、祢衡过于清高自大而招致杀身之祸；杨修、丁廙因为煽动生事而自取灭亡；阮籍放荡而败坏礼俗；嵇康恃才傲物而不得善终；傅玄因为逞勇好斗而被罢官；孙楚恃才甚高，凌辱上司；陆机冒险作乱；潘岳侵吞他人财物陷于危险；颜延年意气用事而被贬职；谢灵运因为自大狂妄触犯法纪；王元长因为作乱而被杀；谢朓因为侮慢别人而被杀。以上这些人，都是文人中出类拔萃的，不能一一列举，大略都是这个样子。自古以来富有才华的天子，说得上的只有汉武帝、魏太祖、文帝、明帝、宋孝武帝，他们都饱受世人议论，并不是品德美好的君王。像子游、子夏、荀况、孟轲、枚乘、贾谊、苏武、张衡、左思这些人，身负盛名而没有什么过错，偶尔也能听说这样的人，但是有各种不足的文人还是居多。我时常思考这个问题，推究其中的原委，文章的本义在于表达个人的兴趣和内心感受，抒发内心的情感，这容易使人恃才傲物，忽略了自身操行，而是积极追名逐利。当今的文人，这种现象更加明显，一个典故引用恰当，一句话说得巧妙，就感觉飘飘然如在云端，趾高气昂，仿佛自己会名传千古一样，于是自己反复吟诵，沾沾自喜，旁若无人。加上社会上流言蜚语所带来的伤害，比长矛剑戟的伤害还要厉害；人言带来的祸患比狂风沙尘来得还快，实在是应该小心防范，以保全安宁与名誉。

学问有利钝[①]，文章有巧拙。钝学累功[②]，不妨精熟；拙文研思，终归蚩鄙。但成学士，自足为人。必乏天才，勿强操笔。吾见世人，至无才思，自谓清华[③]，流布丑拙，亦以众矣，江南号为诊痴符[④]。近在并州，有一士族，好为可笑诗赋，誂撇邢、魏诸公[⑤]，众共嘲弄，虚相赞说，便击牛釃酒[⑥]，招延声誉。其妻，明鉴妇人也，泣而谏之。此人叹曰："才华不为妻子所容，何况行路[⑦]！"至死不觉。自见之谓明，此诚难也。

注释

①利：这里指聪明。钝：迟钝。

②累功：坚持用功。

③清华：清丽华美，指文章写得脱俗高雅。

④诊痴符：方言，指没有学问，却喜欢炫耀的人。

⑤誂撇：嘲笑。邢：邢邵，北朝文学家。魏：魏收，北齐文学家、史学家。

⑥釃shī：斟酒。

⑦行路：路过的人，指陌生人。

译文

做学问有人聪明，有人迟钝，写文章有人精巧，有人拙劣。迟钝的人只要坚持不懈，用功钻研，做学问也可以达到精熟；笨拙的人无论如何刻苦钻研，写文章最终难免粗劣。只要饱读诗书，为人处世已经足够了。如果真的缺乏天分，就不要勉强提笔写文章。我看到世上有很多人，实在是没有什么才气，但是自我感觉文章写得清丽脱俗，而且还让自己写得拙劣不堪的文章流传在外，这样的实在不少，江南方言把这种人叫做“詅痴符”。最近在并州，有一个士族出身的人，喜欢作一些让人发笑的诗词歌赋，还嘲笑邢邵、魏收等著名文人，大家就一起嘲笑捉弄他，虚情假意夸赞他的文采，他便宰牛摆酒，招待赞扬他的人，以扩散自己的声誉。他的妻子是一个明白事理的人，哭泣着劝谏他。这个士人感叹说：“我的才华连我的妻子都无法理解，何况不相识的陌生人呢！”直到死他也没有明白过来。人能够认清自己叫作明白事理，这确实是很难做到的。

学为文章，先谋亲友①，得其评裁②，知可施行，然后出手；慎勿师心自任，取笑旁人也。自古执笔为文者，何可胜言。然至于宏丽精华，不过数十篇耳。但使不失体裁，辞意可观，便称才士；要须动俗盖世，亦俟河之清乎[3]！

注释

①谋：谋划，商量。

②评裁：评价，指点。

③俟：等待。河：专指黄河。

译文

学写文章，先和亲人朋友商议，得到他们的评价、指点，知道该如何写了，再动手作文。千万不要自以为是，贸然行动，而被旁人耻笑。自古以来执笔写文章的人数不胜数。但是真正能够称得上篇章宏大，堪称精华的文章，不过几十篇而已。只要是符合体裁要求，表达思想值得品味，就能够称得上有才之士了；要想惊世骇俗、名冠世人，那就像要等到黄河水变清一样难得！

不屈二姓[1]，夷、齐之节也[2]；何事非君，伊、箕之义也[3]。自春秋已来，家有奔亡，国有吞灭，君臣固无常分矣；然而君子之交绝无恶声，一旦屈膝而事人，岂以存亡而改虑？陈孔璋居袁裁书[4]，则呼操为豺狼；在魏制檄，则目绍为蛇虺[5]。在时君所命，不得自专，然亦文人之巨患也，当务从容消息之[6]。

注释

①二姓：第二种姓氏，这里指第二个君王，即一个朝代灭亡了，另外一个朝代产生。

②夷、齐：伯夷、叔齐，商末孤竹君的两个儿子。孤竹君遗命传位与叔齐，但是叔齐不受，让位给伯夷，伯夷也不受。两人后逃到周国。周武王伐纣，建立周朝，两人耻食周粟，靠野菜充饥，后饿死在首阳山。

③伊、箕：伊尹、箕子。伊尹是商初的名臣，相传他曾经五次求见夏桀，不被重用；后五次求见商汤，终于被重用，后辅佐汤灭夏，成为一代名臣。箕子，商末遗臣，商朝灭亡之后，逃到今朝鲜半岛，建立“箕氏侯国”。

④陈孔璋：陈琳，字孔璋，三国文人，先从袁绍，后降曹操。

⑤虺huǐ：一种毒蛇。

⑥消息：这里是体察、斟酌的意思。

译文

不委曲求全侍奉两个朝廷，这是伯夷、叔齐的气节所在；无论什么样的君主都可以效命，这是伊尹、箕子追求的道义。自从春秋以来，家庭在奔逃中消亡，国家改朝换代没有停息，君主与臣子之间自然没有固定不变的名分。但是君子之间即使是绝交了也不会恶言相向，一旦委身于人，岂能因为故主的存亡而改变自身立场？陈琳在袁绍帐下的时候写文章，骂曹操为豺狼，后来投降曹操，又写榜文说袁绍是毒蛇一样的人。当时虽然有君命在身，有不得已的苦衷，但是这种没有气节的行为是文人最大的祸患，必须仔细斟酌。

或问扬雄曰："吾子少而好赋？"雄曰："然。童子雕虫篆刻[①]，壮夫不为也。"余窃非之曰：虞舜歌《南风》之诗，周公作《鸱鸮》之咏，吉甫、史克《雅》《颂》之美者，未闻皆在幼年累德也。孔子曰："不学《诗》，无以言。""自卫返鲁，乐正，《雅》《颂》各得其所。"大明孝道[②]，引《诗》证之。扬雄安敢忽之也？若论"诗人之赋丽以则，辞人之赋丽以淫"[③]，但知变之而已[④]，又未知雄自为壮夫何如也？著《剧秦美新》[⑤]，妄投于阁[⑥]，周章怖慑，不达天命，童子之为耳。桓谭以胜老子[⑦]，葛洪以方仲尼[⑧]，使人叹息。此人直以晓算术，解阴阳，故著《太玄经》，数子为所惑耳；其遗言余行，孙卿、屈原之不及[⑨]，安敢望大圣之清尘？且《太玄》今竟何用乎？不啻覆酱瓿而已[⑩]。

注释

①雕虫篆刻：虫书、刻符，都是古时候的文字。

②大明：大力提倡。

③诗人之赋丽以则，辞人之赋丽以淫：诗的言辞华丽，但尚且讲求法度，可以有讽谏的作用；辞赋的言辞华丽，则过于注重修饰，失去了实在意义。则，法度。

④变：区别。

⑤《剧秦美新》：扬雄写的歌颂王莽的文章。

⑥妄投于阁：扬雄曾经在天禄阁校书。教过刘歆之子文字，后刘歆之子犯法，扬雄受牵连。朝廷派人到天禄阁抓扬雄，扬雄跳阁自杀，未死。

⑦桓谭：东汉哲学家。

⑧葛洪：东晋道教学者。方：相提并论。

⑨孙卿：荀子，因为避汉宣帝（刘询）讳，又称孙卿。

⑩不啻chì：不过。覆：覆盖。瓿bù：小瓮，青铜或陶制，用来装水或酒。

译文

有人问扬雄说："您是从小就喜好作赋吗？"扬雄回答说："是的。但是辞赋就像小孩子练习用的虫书、刻符，大丈夫是不屑做的。"我暗自觉着他的说法是不对的：舜吟诵的《南风》，周公作的《鸱鸮》，尹吉甫、史克作的收录在《雅》《颂》里面的优美诗歌，从来没听说他们因为从小吟诵这些诗歌而有损德行。孔子说："不学习《诗经》，就不知道该如何说话应答。"又说"从卫国返回鲁国之后，对《诗经》的乐章进行了整理，使得《雅》《颂》能够有正确的定位。”孔子大力倡导孝道，就引用了《诗经》作为佐证。扬雄怎么可以忽略诗词歌赋的作用呢？如果说“诗人之赋丽以则，辞人之赋丽以淫”，那也只能说明两者之间的区别，却不知道扬雄在成为大丈夫之后是怎么做的？他写了歌颂王莽的《剧秦美新》，后又贸然从天禄阁跳下，处事惊慌失措，不明白乐天知命的道理，这些都像是小孩子的行径。桓谭觉得他胜过老子，葛洪将他和孔子相提并论，这难免让人叹息。扬雄只不过通晓天文数学，懂得阴阳之学，所以著写了《太玄经》，很多人都被他迷惑了。他的言行举止连荀子、屈原都及不上，对于像老子、孔子这样的大圣人，更是望尘莫及了。况且《太玄经》在今天能有什么作用呢？只不过是被人拿来盖酱坛子而已。

齐世有席毗者，清干之士，官至行台尚书，嗤鄙文学，嘲刘逖云[①]：“君辈辞藻，譬若荣华[②]，须臾之玩，非宏才也；岂比吾徒千丈松树[③]，常有风霜，不可凋悴矣[④]！”刘应之曰：“既有寒木，又发春华，何如也？”席笑曰：“可哉！”

注释

①刘逖：北齐诗人。

②荣华：鲜艳美丽的花。

③徒：步兵，兵卒，这里统指军人。

④凋悴：凋零。

译文

北齐的时候有一个叫席毗的人，是一个清明干练的人，官至行台尚书，对文学非常不屑，曾经嘲笑刘逖说："你们写的那些辞藻华丽的文章，就像鲜艳而美丽的花朵，只能供人们赏玩片刻，做不了栋梁之材；怎么能够比得上我们军人，就如高耸挺拔的青松，即使常年受到风霜的摧残，也不会凋零。"刘逖回答说："如果既是耐得风寒的松树，又可以在春天开放鲜艳的花朵，那又怎么样呢？"席毗笑着回答说："那当然好！"

凡为文章，犹人乘骐骥①，虽有逸气②，当以衔勒制之③，勿使流乱轨躅④，放意填坑岸也。

注释

①骐骥：宝马，好马。

②逸气：轻松奔放之气。

③衔勒：马嚼口和马络头。

④轨躅：轨迹，足迹。

译文

写文章就像骑乘千里宝马，虽然俊逸奔放，但是还是要用嚼口和络头来驾驭它，不要让它不守规矩，到处乱窜，一不小心掉到了深坑里或悬崖下。

文章当以理致为心肾，气调为筋骨，事义为皮肤[①]，华丽为冠冕。今世相承，趋本弃末，率多浮艳。辞与理竞，辞胜而理伏；事与才争，事繁而才损。放逸者流宕而忘归[②]，穿凿者补缀而不足[③]。时俗如此，安能独违？但务去泰去甚耳[④]。必有盛才重誉，改革体裁者，实吾所希。

注释

①事：指引用典故。

②宕：放浪，不受拘束。

③穿凿：牵强附会。补缀：本义指衣服破了修补、缝合，这里指写文章拼凑。

④务：务求。去：距离。泰：极点。甚：过分。

译文

写文章，义理和情致就像是心肾，气韵和格调就像是筋骨，引用的典故就像是皮肤，用词华丽就像是帽子。

现在世上传承的文章，本末倒置，大多辞藻华丽而空洞无物。辞藻和义理相比较，辞藻华丽而掩盖了义理；引用典故和才思比较，用典繁琐而才思受到了损害。才思敏捷、奔放飘逸的人写文章，放荡而不受拘束，但是却偏离了主题；格局狭隘、过分拘束的人写文章，东拼西凑，才气贫乏。现在的社会风气如此，又有谁有勇气敢独自违背，自成一格呢？只是务求不要太过分罢了。如果有一个才华横溢、声誉显赫的人来改革现在这种行文体制，这正是我所期盼的。

古人之文，宏材逸气，体度风格，去今实远；但缉缀疏朴[①]，未为密致耳。今世音律谐靡[②]，章句偶对，讳避精详，贤于往昔多矣。宜以古之制裁为本，今之辞调为末，并须两存，不可偏弃也。

注释

①缉缀：指行文上下连接，过渡转承。

②靡：奢华，这里指用词华丽。

译文

古人写的文章，格局宏大，行文飘逸，他们的体度风格和现在的人写的文章相差很大；但是行文上下过渡、连接转承却并不是十分严密。当今的文章音律和谐，辞藻华丽，对仗工整，避讳精准详尽，这些比古人写的文章高超多了。写文章应该以古人的体裁格调为根本，以现在华丽的辞藻为装饰，并且一定是两者都要兼顾，不可以有所偏废。

吾家世文章[①]，甚为典正，不从流俗；梁孝元在蕃邸时[②]，撰《西府新文》，讫无一篇见录者，亦以不偶于世，无郑、卫之音故也。有诗赋铭诔书表启疏二十卷，吾兄弟始在草土[③]，并未得编次，便遭火荡尽，竟不传于世。衔酷茹恨[④]，彻于心髓！操行见于《梁史·文士传》及孝元《怀旧志》。

注释

①家世：指父亲。

②蕃邸：指湘东王。

③草土：指居亲丧。古时候居父母丧期间，要睡在草席上，枕着土块，以表达哀思，所以说草土。

④茹：吃，引申为忍受。

译文

我父亲写的文章，非常庄重典雅，从来不和世俗同流。梁孝元帝为湘东王的时候，曾经组织撰写了一本《西府新文》，但是我父亲的文章一篇都没有被收录在里面，因为他的文章没有迎合当时浮华艳俗的风气，和世人追求的口味不符。他遗留下了诗、赋、铭、诔、书、表、启、疏等各种文体的文章约二十卷。我们兄弟还在居丧期间，没来得及编辑整理，便遭遇了火灾，被烧得干干净净，最终无法在世上流传。我们深感悔恨，刻骨铭心。先父的德行操守在《梁史·文士传》和梁元帝《怀旧志》中有所记录。

沈隐侯曰[①]："文章当从三易：易见事，一也；易识字，二也；易读诵，三也。"邢子才常曰[②]："沈侯文章，用事不使人觉，若胸臆语也。"深以此服之。祖孝徵亦尝谓吾曰："沈诗云：'崖倾护石髓。'此岂似用事邪？"

注释

①沈隐侯：沈约，字休文，卒谥"隐"，故后人亦称他为"隐侯"。南朝史学家、文学家。

②邢子才：邢邵，字子才，文学家。

译文

沈约说："写文章应该遵从'三容易'原则：第一，引用典故通俗易懂；第二，用字容易认识；第三，文章容易朗读背诵。"邢邵常常说："沈约的文章，引用典故让人无法察觉，就像直抒胸臆的描写一样。”并因为这个原因深深折服沈约。祖孝徵也曾经对我说：“沈约的诗说：‘崖倾护石髓。’这哪里像是在引用典故啊？”

邢子才、魏收俱有重名，时俗准的[1]，以为师匠。邢赏服沈约而轻任昉，魏爱慕任昉而毁沈约[2]，每于谈宴，辞色以之。邺下纷纭，各有朋党。祖孝徵尝谓吾曰：“任、沈之是非，乃邢、魏之优劣也。”

注释

①准的dì：标准。

②任昉：南朝梁文学家。

译文

邢邵、魏收在当时都是名望很高的人，被当时的人当成楷模，奉为师表。邢邵欣赏佩服沈约，但是瞧不起任昉，魏收爱慕任昉，但是轻视沈约，他们俩每次在聚会宴饮的时候总是会为此争论不休。邺下的人意见纷呈，邢邵和魏收各有拥护自己的一帮人。祖孝徵曾经对我说：“任昉和沈约之间的是非，其实就是邢邵和魏收谁优谁劣的问题。”

《吴均集》有《破镜赋》。昔者，邑号朝歌，颜渊不舍[①]；里名胜母，曾子敛襟：盖忌夫恶名之伤实也。破镜乃凶逆之兽，事见《汉书》，为文幸避此名也。比世往往见有和人诗者，题云敬同，《孝经》云："资于事父以事君而敬同。"不可轻言也。梁世费旭诗云："不知是耶非。"殷沄诗云："飖飏云母舟[②]。"简文曰："旭既不识其父，沄又飖飏其母。"此虽悉古事，不可用也。世人或有文章引《诗》"伐鼓渊渊"者[③]，《宋书》已有屡游之诮；如此流比，幸须避之。北面事亲[④]，别舅摛《渭阳》之咏[⑤]；堂上养老[⑥]，送兄赋桓山之悲[⑦]，皆大失也。举此一隅，触涂宜慎。

注释

①颜渊：春秋时期鲁国人，孔子的得意门生。不舍：不居住，不安家。舍，动词，指安家。

②飖飏 yáo yáng：飘扬。飏，同"扬"。云母舟：画舫，装饰华丽的游船。因用云母作装饰，故称。

③伐鼓渊渊：擂鼓的声音。渊渊，象声词，形容鼓声。

④北面事亲：指母亲健在。北面，古时候以坐北朝南为尊，向北面对着侍奉，表示尊敬。事，侍奉。

⑤摛 chī：舒展，铺陈。《渭阳》：描写外甥为舅父送行，并赠送礼物表达自己的情意的诗。相传这

是秦穆公的儿子送晋公子重耳回国的诗。

⑥堂上养老：指父母健在。

⑦桓山：桓山鸟。《孔子家语·颜回》："回闻桓山之鸟，生四子焉，羽翼既成，将分于四海，其母悲鸣而送之，哀声有似于此，谓其往而不返也。"后用以喻离别的痛苦。

译文

《吴均集》中有《破镜赋》。从前，有个城邑叫朝歌，颜回就不在那里居住；有个乡镇叫胜母，曾子经过的时候就要收敛起衣襟。这大概是担心不好的名字对事物的本质有所伤害。破镜，是一种凶残暴虐的兽，这在《汉书》里有所记载，写文章要避开这一类名称。近来常常看到有人在和别人诗的时候题词会写上"敬同"两个字，《孝经》说："像侍奉父亲那样侍奉君主，尊敬之情是相同的，叫'敬同'。"所以这两个字是不可以随便用的。梁朝的费旭写诗说："不知是耶非。"殷沄写诗说："飖飏云母舟。"简文帝说："费旭已经不认识他的父亲了，殷沄又让他母亲四处飘荡。"这些虽然都是古时候的事情，但是写文章也不可以引用。现在有人写文章引用《诗经》中的"伐鼓渊渊"一句，《宋书》已经讥笑他们不懂那是反语。诸如此类的例子，在写文章的时候一定要避免。母亲还健在，却在和舅舅送别的时候吟诵《渭阳》这首诗；父母健在，兄弟告别却以桓山鸟自比表达离别之苦，这都是大的过错。所举的例子只是一小部分，写文章的时候一定要谨慎小心。

江南文制，欲人弹射[1]，知有病累，随即改之，陈王得之于丁廙也[2]。山东风俗，不通击难。吾初入邺，遂尝以此忤人，至今为悔；汝曹必无轻议也。

注释

①弹射：用言语批评，这里指对别人写的文章进行批评指正。

②陈王：陈思王曹植。丁廙yì：三国时期魏国文人。

译文

江南文人的习惯，在写了文章后希望得到别人的指点批评，以知道自己的缺陷，随即加以改正，陈思王曹植就是因为这样从丁廙那里学到了很多东西。山东地区的习惯，却是不喜欢别人批评自己写的文章。我刚刚到邺城的时候，就因为指出别人文章的不足而得罪了人，直到今天我还感到后悔。你们千万不要轻易议论别人文章的是非。

凡代人为文，皆作彼语，理宜然矣。至于哀伤凶祸之辞，不可辄代。蔡邕为胡金盈作《母灵表颂》曰："悲母氏之不永[①]，然委我而夙丧[②]。"又为胡颢作其父铭曰[③]："葬我考议郎君[④]。"《袁三公颂》曰："猗欤我祖[⑤]，出自有妫[⑥]。"王粲为潘文则《思亲诗》云[⑦]："躬此劳悴，鞠予小人[⑧]；庶我显妣[⑨]，克保遐年[⑩]。"而并载乎邕、粲之集，此例甚众。古人之所行，今世以为讳。陈思王《武帝诔》[⑪]，遂深永蛰之思[⑫]；潘岳《悼亡赋》，乃怆手泽之遗[⑬]。是方父于虫，匹妇于考也。蔡邕《杨秉碑》云："统大麓之重[⑭]。"潘尼《赠卢景宣》诗云："九五思龙飞[⑮]。"孙楚《王骠骑诔》云："奄忽登遐[⑯]。"陆机《父诔》云："亿兆宅心[⑰]，敦叙百揆[⑱]。"《姊诔》云："伣天之和[⑲]。"今为此言，则朝廷之罪人也。王粲《赠杨德祖》诗云[⑳]："我君饯之，其乐泄泄[㉑]。"不可妄施人子，况储君乎[㉒]？

注释

①不永：不能永远陪伴，这里指死去。

②委：抛弃，舍弃，丢弃。夙：早。

③铭：铸、刻或写在器物上记述生平、事迹或警诫自己的文字。

④考：原指父亲，后指已经过世的父亲。

⑤猗欤yī yú：叹词。
⑥妫guī：水名，源出北京市延庆县，流入桑干河。
⑦亲：这里指母亲。
⑧鞠予小人：平凡的人。
⑨庶：副词，幸亏。妣bǐ：原指母亲，后指已经过世的母亲。
⑩克：能够。遐年：余年。
⑪武帝：魏武帝曹操。
⑫永蛰：长眠，指死亡。蛰，指动物冬眠。
⑬怆：悲怆。手泽：典出《礼记注疏》卷三十《玉藻》。“父没而不能读父之书，手泽存焉尔。”本义指手上出的汗，后称先人或前辈的遗墨、遗物等。
⑭大麓：原指广大的山脉，后指总领，特指登上天子宝座，大统天下。
⑮九五：本是《易经》中卦象的爻名，后特指天子。
⑯奄yǎn忽：指死亡。登遐：原指升天而去，是对人死亡的讳称，后特指帝王的死。
⑰亿兆：形容特别多。
⑱百揆：即文武百官。
⑲伣qiàn：好比，指比喻。
⑳杨德祖：杨修，东汉末年文学家。
㉑泄泄：语出《左传·隐公元年》：“公入而赋：‘大隧之中，其乐也融融。’姜出而赋：‘大隧之外，其乐也泄泄。’”描写的是郑庄公和母亲重归于好时的

场景。

㉒储君：皇帝的接班人，指太子。

译文

凡是代替别人写文章，以别人的口气来写，理应如此。至于表达哀伤或是遭遇凶祸的文章，不可以轻易代笔。蔡邕代替胡金盈作《母灵表颂》说："悲痛啊，我的母亲永远离开了我，舍弃我而早早地逝去了。"又代替胡颢写父诔："埋葬我的先父议郎君。"蔡邕还替别人写《袁三公颂》说："我的祖先们啊，出生在妫水一带。"王粲替潘文则写《思亲诗》说："我的母亲是个非常平凡的人，常年辛苦劳累；幸亏上天庇佑我的母亲，能够健康度过余年。"而这些文章都收录在蔡邕和王粲的文集里，这样的例子有很多。古人的行为，很多在今天是需要避讳的。陈思王曹植在《武帝诔》中用"永蛰"表示对父亲的追念；潘岳《悼亡赋》中用"手泽"指代妻子留下来的遗物。曹植是把自己的父亲比作了虫子，潘岳则是把自己的妻子等同了父辈。蔡邕《杨秉碑》说："统大麓之重。"（"大麓"原指广大的山脉，后特指皇帝登基大统江山）潘尼在《赠卢景宣》诗中写道："九五思龙飞。"孙楚在《王骠骑诔》中说："奄忽登遐。"（"登遐"本指升天而去，后来用来形容皇帝死亡）陆机在《父诔》中说："亿兆宅心，敦叙百揆。"又在《姊诔》中说："伣天之和。"如果今天这么写，则会被朝廷怪罪。王粲《赠杨德祖》诗中说："我君饯之，其乐泄泄。"这句话本是郑庄公和母亲和好的时候说的，是不可以随便用在一般人的子女身上的，何况是太子呢？

挽歌辞者[①]，或云古者《虞殡》之歌，或云出自田横之客[②]，皆为生者悼往告哀之意。陆平原多为死人自叹之言[③]，诗格既无此例，又乖制作本意[④]。

注释

①挽歌辞：悼念死者的文章。

②田横：秦末群雄之一，反秦自立为齐王。

③陆平原：陆机，因为曾经做过平原内史，所以又称陆平原。

④乖：违背。

译文

悼念死者的挽歌辞，有人说源自于古时候的《虞殡》之歌，也有人说最开始是由田横的门客所作，都是生者为了悼念死者，表示哀痛的意思的。但是陆机所作的挽歌辞却多是死者自我哀叹之语，挽歌辞中既没有这样的先例，又违背了作挽歌辞的本义所在。

凡诗人之作，刺箴美颂[①]，各有源流，未尝混杂，善恶同篇也。陆机为《齐讴篇》，前叙山川物产风教之盛，后章忽鄙山川之情，殊失厥体[②]。其为《吴趋行》，何不陈子光、夫差乎[③]？《京洛行》，胡不述赧王、灵帝乎[④]？

注释

①刺：讽刺。箴：规劝。美：赞美。颂：歌颂。

②殊：悬殊。厥jué：代词，其。

③陈：陈述。

④胡：为什么。赧王：周赧王，东周最后一位皇帝。灵帝：汉灵帝，东汉末年皇帝，昏庸荒淫。

译文

所有的诗歌，无论是讽刺的、规劝的，还是赞美的、歌颂的，都有各自的来龙去脉，没有见过相互混杂，把好的和不好的混写到一篇诗歌中的。但是陆机作的《齐讴篇》，前半部分是在赞美山川物产丰富、教化淳朴，后半部分则又表现出鄙薄山川的情绪，那实在是和诗歌本来的体制相差甚远。如果是这样，他写的《吴趋行》，怎么没有提到子光、夫差呢？写的《京洛行》，为什么没有叙述周赧王、汉灵帝呢？

自古宏才博学，用事误者有矣；百家杂说，或有不同，书傥湮灭[①]，后人不见，故未敢轻议之。今指知决纰缪者，略举一两端以为诫。《诗》云：“有鷕雉鸣。”又曰：“雉鸣求其牡[②]。”《毛传》亦曰：“鷕，雌雉声。”又云：“雉之朝雊，尚求其雌。”郑玄注《月令》亦云：“雊，雄雉鸣。”潘岳赋曰：“雉鷕鷕以朝雊。”是则混杂其雄雌矣。《诗》云：“孔怀兄弟。”孔，甚也；怀，思也，言甚可思也。陆机《与长沙顾母书》，述从祖弟士璜死，乃言：“痛心拔脑，有如孔怀。”心既痛矣，即为甚思，何故方言有如也？观其此意，当谓亲兄弟为孔怀。《诗》云：“父母孔迩。”而呼二亲为孔迩，于义通乎？《异物志》云：“拥剑状如蟹[③]，但一螯偏大尔。”何逊诗云：“跃鱼如拥剑。”是不分鱼蟹也。《汉书》：“御史府中列柏树，常有野鸟数千，栖宿其上，晨去暮来，号朝夕鸟。”而文士往往误作乌鸢用之。《抱朴子》说项曼都诈称得仙，自云：“仙人以流霞一杯与我饮之[④]，辄不饥渴。”而简文诗云：“霞流抱朴碗。”亦犹郭象以惠施之辨为庄周言也。《后汉书》：“囚司徒崔烈以锒铛锁。”锒铛，大锁也；世间多误作金银字。武烈太子亦是数千卷学士，尝作诗云：“银锁三公脚，刀撞仆射头。”为俗所误。

注释

①倪：同“倘”。

②牡：雄性的鸟或兽。

③拥剑：一种两螯大小不一的蟹，因其大螯利如剑，故称。

④流霞：传说中天上神仙的饮料，后泛指美酒。

译文

自古以来那些博学多才的人，引用典故出现错误的情况也是有的。诸子百家，众说纷纭，倘若他们的书有所流失，后世的人就看不到了，因此不敢轻易评说。现在指出一些知道绝对是错误的情况，略举几个例子供你们借鉴。《诗经》中说：“有鷕雉鸣。”又说：“雌鸟叫唤吸引雄鸟。”《毛传》里也说：“鷕，就是雌雉的声音。”又说：“雄雉叫唤，是在向雌雉求爱。”郑玄注的《礼记·月令》也说：“雊，指雄雉鸣叫的声音。”潘岳在写的赋中说：“雉鷕鷕以朝雊。”这是混淆了雌雄的区别。《诗经》中说：“孔怀兄弟。”孔，就是非常的意思。怀，就是思念的意思。孔怀，是说非常思念的意思。陆机在《与长沙顾母书》中叙述堂弟陆士璜的死的时候说：“痛心拔脑，有如孔怀。”既然心已经感到痛了，就已经是非常思念了，为什么又要说“有如”呢？这么看，陆机是觉得“孔怀”的意思是指亲兄弟。《诗经》中还说：“父母孔迩。”

按照陆机的理解，叫父母为“孔迩”，这在义理上如何说得通呢？《异物志》记载说：“拥剑长得像蟹，但其中一螯比较大。”何逊在诗中说：“跃鱼如拥剑。”这是没有搞清楚鱼和蟹的区别。《汉书》记载：“御史府中列柏树，常有野鸟数千，栖宿其上，晨去暮来，号朝夕鸟。”而读书人在引用的时候往往错写为“乌鸢”。《抱朴子》记载说项曼都诈称自己得道成仙，说：“仙人给了我一杯美酒，喝了之后就再也不感到饥饿口渴了。”但是简文在诗中却说：“霞流抱朴碗。”这就如郭象错把惠施辩论的言辞当成了庄子的言语。《后汉书》记载：“囚司徒崔烈以锒铛锁。”锒铛，就是大锁。世间的人却经常将“锒”错写成“金银”的“银”字。武烈太子也是读过上千本书的饱学之士，却曾经在诗中写道：“银锁三公脚，刀撞仆射头。”这就是被世俗误导了。

文章地理，必须惬当。梁简文《雁门太守行》乃云：“鹅军攻日逐[①]，燕骑荡康居，大宛归善马，小月送降书。”萧子晖《陇头水》云：“天寒陇水急[②]，散漫俱分泻，北注徂黄龙[③]，东流会白马[④]。”此亦明珠之颣[⑤]，美玉之瑕，宜慎之。

注释

①鹅：古时候阵名。日逐：与下文的“康居”“大

宛”“小月”，都是地名，均在西域。简文帝的诗描写的是燕和宋的军队，和这些地名没有关系。

②陇水：陇山之顶有流水，称陇水。在西北。

③黄龙：水域名，在今四川。

④白马：古津渡名，在今河南省。陇水、黄龙、白马，不在同一流域内。

⑤纇lèi：缺陷、毛病。

译文

文章中涉及地理知识的时候，一定要谨慎运用。梁简文帝写的《雁门太守行》，说道："鹅军攻日逐，燕骑荡康居，大宛归善马，小月送降书。"（日逐、康居、大宛、小月四个地方在西域，和简文帝诗中描写的燕、宋军队没有关系，所以作者觉得运用失当）萧子晖在《陇头水》中说："天寒陇水急，散漫俱分泻，北注徂黄龙，东流会白马。"（陇水、黄龙、白马不在同一个流域，所以作者认为此处运用不恰当）这些就像是明珠上的缺点，美玉上的瑕疵，应该谨慎运用。

王籍《入若耶溪诗》云[①]："蝉噪林逾静，鸟鸣山更幽。"江南以为文外断绝，物无异议。简文吟咏，不能忘之，孝元讽味，以为不可复得，至《怀旧志》载于《籍传》。范阳卢询祖，邺下才俊，乃言："此不成语，何事于能？”魏收亦然其论。《诗》云：“萧萧马鸣，悠悠旆旌[②]。”《毛传》曰：“言不喧哗也。”吾每叹此解有情致，籍诗生于此耳。

注释

①王籍：南朝梁诗人。

②旆pèi旌：旗帜的统称。旆，古代旗末端状如燕尾的垂旒，也泛指旌旗。旌，古代用羽毛装饰的旗子，又泛指普通的旗子。

译文

王籍在《入若耶溪诗》中写道：“蝉噪林逾静，鸟鸣山更幽。”江南的读书人以为这诗写得绝妙，没有人表示异议。简文帝也时常吟诵，久久回味不能忘怀，孝元帝也经常玩味这两句诗，觉得是不可多得的佳句，以至于《怀旧志》将这首诗载入了《王籍传》。范阳的卢询祖，是邺下的才俊之士，却说：“这两句话几乎不通顺，怎么能看出王籍有才华呢？”魏收也赞成这个观点。《诗经》里说：“萧萧马鸣，悠悠旆旌。”《毛传》注解说：“这是在描写场面安静、不喧哗。”我常常感叹这种解释非常有情致，王籍的诗也应该从这个角度来理解。

兰陵萧悫，梁室上黄侯之子，工于篇什。尝有《秋诗》云："芙蓉露下落，杨柳月中疏。"时人未之赏也。吾爱其萧散，宛然在目。颍川荀仲举、琅邪诸葛汉，亦以为尔。而卢思道之徒，雅所不惬。

译文

兰陵的萧悫，是梁皇室上黄侯的儿子，擅长写文章。曾经在《秋诗》中写道："芙蓉露下落，杨柳月中疏。"当时的人都不欣赏这几句。我却非常喜欢他描述的潇洒散淡的情致，诗中所描绘的景象宛若在眼前。颍川的荀仲举、琅邪的诸葛汉，也都这样认为。但是卢思道等人，却不喜欢这两句诗。

何逊诗实为清巧，多形似之言；扬都论者[①]，恨其每病苦辛，饶贫寒气，不及刘孝绰之雍容也。虽然，刘甚忌之，平生诵何诗，常云："'蘧车响北阙'[②]，愐愐不道车[③]。"又撰《诗苑》，止取何两篇，时人讥其不广。刘孝绰当时既有重名，无所与让；唯服谢朓，常以谢诗置几案间，动静辄讽味。简文爱陶渊明文，亦复如此。江南语曰："梁有三何，子朗最多。"三何者，逊及思澄、子朗也。子朗信饶清巧。思澄游庐山，每有佳篇，亦为冠绝。

注释

①扬都：地名，今南京。

②蘧车响北阙：这是何逊《早期车中听望》诗中的句子。《列女传·卫灵夫人》："灵公与夫人夜坐，闻车声辚辚，至阙而止。过阙复有声。公问夫人曰：'知此谓谁？'夫人曰：'此必蘧伯玉也。'公曰：'何以知之？'夫人曰：'妾闻礼，下公门，式路马，所以广敬也。蘧伯玉，卫之贤大夫也，仁而有智，敬于事上，此其人必不以闇昧废礼，是以知之。'"后因以"蘧车"为典，指人之知礼而贤能。

③愐愐不道车：这是批评何逊不知礼节的话。愐愐，乖戾没有礼节的样子。

译文

何逊的诗确实清新巧妙，有很多生动神妙的语句。扬都那些谈论诗的人却不喜欢他诗中那些描述疾病困苦的句子，认为多有贫寒之气，比不上刘孝绰的诗雍容华贵。即使如此，刘孝绰还是非常嫉妒何逊，他在吟诵何逊的诗的时候，常常批评说："'蘧车响北阙'，愐愐不道车。"他还编撰了《诗苑》，里面仅仅收录了何逊的两首诗，当时的人都讥笑刘孝绰心胸过于狭窄。刘孝绰在当时名望很大，几乎没有让他佩服的人，他唯独敬服谢朓，常年把谢朓的诗文放在书案上，以便随时品读。简文帝喜欢陶渊明的文章，也是这么做的。江南的人说："梁朝有'三何'，何子朗最有才。""三何"就是何逊、何思澄、何子朗。何子朗的诗确实大多清丽奇巧。何思澄游庐山的时候，写了许多很好的诗篇，也可谓是千古绝唱。

名实第十

名之与实，犹形之与影也。德艺周厚[①]，则名必善焉；容色姝丽[②]，则影必美焉。今不修身而求令名于世者，犹貌甚恶而责妍影于镜也[③]。上士忘名，中士立名，下士窃名。忘名者，体道合德，享鬼神之福佑，非所以求名也；立名者，修身慎行，惧荣观之不显[④]，非所以让名也；窃名者，厚貌深奸[⑤]，干浮华之虚称[⑥]，非所以得名也。

注释

①德艺：德行才艺。周厚：全而深，博而精。

②姝：美丽，美好。

③责：苛责，苛求。妍：漂亮的。

④荣观：荣耀，名声。

⑤深：内心。

⑥干：追求，谋取。

译文

名与实的关系，就像形体和影像之间的关系一样。德才兼备的人，名声也必然好；容貌秀丽的人，影像也一定是漂亮的。现在有些人不注重修身却希望能在世上得到好的名声，这就像容貌长得十分丑陋，但是却苛求能够在镜子里照出非常漂亮的影像一样。上等人忘却名声，中等人树立名声，下等人窃取名声。忘掉名声的人，一言一行符合道德要求，得到鬼神庇佑，不刻意追求名利；树立名声的人，谨慎小心，十分注重自己的言行，担心自己美好的名声得不到宣扬，他们是不懂得谦让名声的；窃取名声的人，表面敦厚，内心奸诈，追求虚浮不实的名利，这些人最终是不会得到好名声的。

人足所履，不过数寸，然而咫尺之途，必颠蹶于崖岸[①]，拱把之梁[②]，每沉溺于川谷者，何哉？为其旁无余地故也。君子之立己，抑亦如之。至诚之言，人未能信，至洁之行，物或致疑，皆由言行声名，无余地也。吾每为人所毁，常以此自责。若能开方轨之路[③]，广造舟之航[④]，则仲由之言信[⑤]，重于登坛之盟，赵熹之降城[⑥]，贤于折冲之将矣[⑦]。

注释

①颠蹶：跌倒，跌下。

②拱把之梁：独木桥。拱把，双手合抱。梁，桥。

③方轨之路：两辆车并行的路，指宽阔的大路。方轨，两车并行的路。

④造舟之航：把船连起来作为桥，即浮桥。

⑤仲由：孔子的弟子，即子路，以信守诺言著称。

⑥赵熹：东汉人，曾劝降舞阴城。

⑦折冲：冲锋陷阵。

译文

人的脚站的地方，不过几寸而已，但是走在一尺多宽的路上，却总是会跌下悬崖，走在合抱粗的独木桥上，总是会跌落到水里，这是为什么呢？因为周围没有多余的空间的缘故。君子在这个世上立足，大概也像这个样子。至诚的言语，别人未必会相信，最高洁的行为，反而会招致别人的质疑，这些都是因为言行之间没留有余地的缘故。我总是被别人诋毁，常常因为这个自我反省。如果能够像走在宽阔的大路上、宽广的浮桥上一样，在世上安身立命能够时刻留有余地，那么说过的话就会像子路那样有信誉，比设坛发誓的盟约更让人信服；做的事情就像赵熹劝降城池一样，比冲锋陷阵的将领更有用。

吾见世人，清名登而金贝入[①]，信誉显而然诺亏，不知后之矛戟，毁前之干橹也[②]。虙子贱云[③]："诚于此者形于彼。"人之虚实真伪在乎心，无不见乎迹，但察之未熟耳。一为察之所鉴，巧伪不如拙诚，承之以羞大矣。伯石让卿[④]，王莽辞政，当于尔时，自以巧密；后人书之，留传万代，可为骨寒毛竖也。

近有大贵，以孝著声，前后居丧，哀毁逾制，亦足以高于人矣。而尝于苫块之中[⑤]，以巴豆涂脸，遂使成疮，表哭泣之过。左右僮竖[⑥]，不能掩之，益使外人谓其居处饮食，皆为不信。以一伪丧百诚者，乃贪名不已故也[⑦]。

注释

①金贝：金钱。贝，古代钱币的一种。

②干橹：盾牌。干，小盾牌。橹，大盾牌。

③虙子贱：孔子的弟子。

④伯石：春秋时期郑国大夫，曾经三次辞让上卿之位，但并非出自真心。

⑤苫块之中：指居丧期间。苫，草垫子。块，土块。古人在守丧期间，在先人墓旁搭建草庐居住，以草垫为席，以土块为枕头，表示哀思。

⑥僮竖：僮仆。

⑦已：终止，满足。

译文

我看到世上有很多人，一旦清廉的名声得到确立后就开始收敛金钱，诚信的名声得到宣扬后就开始不守承诺，他们不明白后期的行为会完全毁坏前期的名声。子贱云说：“在这件事上表现真诚，就给另外的事情树立了榜样。”人的虚实真假都是发自内心的，没有不表现在言行上的，只是别人观察不够仔细罢了。一旦被别人识破，巧妙掩饰的虚假不如笨拙的真诚，否则会招致奇耻大辱。伯石假意推辞上卿之位，王莽佯装推辞执掌大权，在当时他们都觉得自己做得巧妙无纰漏；但是后人依然将真相写进了史书，流传到千秋万代，让人读起来觉得毛骨悚然。近来有一个非常显贵的人，因为特别孝顺而出名，在前后为父母守丧期间，哀伤的情绪伤害了身体，超出了一般礼制的要求，也足以获得比别人更高的名声了。但是他曾经在守丧期间，用巴豆涂在自己的脸上，故意使脸上生毒疮，装出哀痛哭泣过度的样子。但是他身边的僮仆没有帮忙掩饰这件事情，外人知道真相后，对他在居丧期间所有的起居饮食所表现出来的样子都不再相信。因为一次虚假，而让一百次的真诚遭到质疑，这是因为贪求名望而不知满足的缘故。

有一士族，读书不过二三百卷，天才钝拙，而家世殷厚，雅自矜持，多以酒犊珍玩[①]，交诸名士，甘其饵者，递共吹嘘。朝廷以为文华，亦尝出境聘。东莱王韩晋明笃好文学，疑彼制作，多非机杼[②]，遂设宴言，面相讨试。竟日欢谐，辞人满席，属音赋韵，命笔为诗，彼造次即成，了非向韵[③]。众客各自沈吟，遂无觉者。韩退叹曰："果如所量！"韩又尝问曰："玉珽杼上终葵首[④]，当作何形？"乃答云："珽头曲圜[⑤]，势如葵叶耳。”韩既有学，忍笑为吾说之。

注释

①酒犊：酒肉。犊，牛，这里代指肉。

②机杼：本指织布机，这里指文章的构思布局精巧别致。

③向：以前。

④玉珽tǐng：古代臣子上朝时手里拿的玉制手板。葵首：椎。

⑤曲圜：弯而圆。

译文

有一个士族出身的人，读书不超过二三百卷，天资愚钝，但是家庭殷实富裕，自以为才学过人，经常以酒肉珍宝来结交一些名士，那些希望得到他财物的人，就到处替他吹嘘。朝廷以为他才华过人，居然聘请他出仕为官。东莱王韩晋明十分喜好文学，对他的作品有所怀疑，觉得大部分诗文都不是他自己构思布局的，于是就设宴邀请他来，当面向他讨教试探。欢宴整日，在座的都是辞赋名家，席间吟诗作对，提笔赋诗，这个士族很快就写好了，全然没有以前的神韵。众多宾客都顾着自己苦苦沉吟，没有谁发现这个问题。韩晋明退席后感叹道：“果然不出所料！”韩晋明还曾经向他讨教：“大臣上朝手里拿的玉珽一端上的椎，应当是什么形状？”他回答说："珽的头是弯而圆的，应该就像葵叶一样吧。"韩晋明是很有学问的人，他忍住笑和我讲了这件事情。

治点子弟文章[①]，以为声价，大弊事也。一则不可常继，终露其情；二则学者有凭，益不精励[②]。

注释

①治点：给文章修饰、润色。

②励：勉励，用功。

译文

为弟子修饰、润色文章，从而提高他们的名望，这是非常不好的事情。一方面不可能永远都为他们的文章修饰、润色，终究会露出真相；另一方面让他们有了依赖，更加不愿意努力用功。

邺下有一少年，出为襄国令[①]，颇自勉笃。公事经怀[②]，每加抚恤，以求声誉。凡遣兵役，握手送离，或赍梨枣饼饵[③]，人人赠别，云："上命相烦，情所不忍；道路饥渴，以此见思。"民庶称之，不容于口。及迁为泗州别驾[④]，此费日广，不可常周，一有伪情，触涂难继，功绩遂损败矣。

注释

①出：出任。

②经怀：用心，花心思去做。

③赍jī：送东西给别人。

④别驾：古代官名。

译文

邺下有一个少年，开始出任襄国县令的时候，非常勤奋认真。所有的公事都认真去做，对下属百姓非常体恤,以此博得好的声誉。每当派遣兵役出发的时候，都要与士兵握手言别，有时候还赠送梨、枣、饼等食物给他们，和每个人都要话别，对他们说：“我这是要执行上面的命令，所以得麻烦你们服兵役，其实我心里非常不忍心；在路上难免会饥渴，这些东西算是表达我一点儿心意吧。”百姓都对他赞不绝口。后来他升迁为泗州别驾，这项花费日益增多，无法做到给每个人都赠送食物，偶尔难免有虚情假意、掩饰做作的时候，难以继续保持好名声，就连以前积累起来的名声也因此而败坏了。

或问曰：“夫神灭形消，遗声余价，亦犹蝉壳蛇皮，兽迒鸟迹耳①，何预于死者，而圣人以为名教乎？”

对曰："劝也，劝其立名，则获其实。且劝一伯夷[②]，而千万人立清风矣；劝一季札[③]，而千万人立仁风矣；劝一柳下惠[④]，而千万人立贞风矣；劝一史鱼[⑤]，而千万人立直风矣。故圣人欲其鱼鳞凤翼[⑥]，杂沓参差，不绝于世，岂不弘哉？四海悠悠，皆慕名者，盖因其情而致其善耳。抑又论之，祖考之嘉名美誉，亦子孙之冕服墙宇也[⑦]，自古及今，获其庇荫者亦众矣。夫修善立名者，亦犹筑室树果，生则获其利，死则遗其泽。世之汲汲者，不达此意，若其与魂爽俱升，松柏偕茂者，惑矣哉！"

注释

①远hánɡ：鸟兽的脚印。

②伯夷：商朝末期的贤人，曾经辞让君位，后耻食周粟，饿死在首阳山。

③季札：春秋时期吴国的公子，以仁义著称。

④柳下惠：春秋时期鲁国人，以坐怀不乱著称。

⑤史鱼：春秋时期卫国大夫，以正直著称。

⑥鱼鳞凤翼：凤毛麟角，指那些高贵的品质、美好的名声。

⑦冕服墙宇：帽子、衣服、房屋，指先辈留下的遗产。

译文

有人问："人死后，肉体与灵魂一起消亡，留下的美好名声，就像蝉蜕下的壳和蛇蜕下的皮一样，又像鸟兽走过留下的脚印一样，和死者有什么关系呢，而圣人却用它们来教化万民？”答案是：“用来劝勉，劝勉人们珍惜名声，而达到实质上的效果。褒奖一个伯夷，能够在千万人中树立清正的风气；褒奖一个季札，能够在千万人中树立仁义的风气；褒奖一个柳下惠，能够在千万人中树立贞洁的风气；褒奖一个史鱼，能够在千万人中树立正直的风气。所以圣人希望这些人的美好名声，能够连绵不绝，一直在世人间得到弘扬，这难道不是意义重大吗？人海茫茫，都喜欢有美好的名声，大概是人的本性都是向善的吧。再说，先辈的好名声，对于子孙来说就是丰厚宝贵的遗产，自古以来，受到前辈荫蔽的人实在不少。修身养性，一心向善，树立美好名声，就像建造房屋和种植果树，在生时可以享受其中的利益，死后则可以泽被后世。世间碌碌众生，不能明白这其中的道理，与那些灵魂和美名都得到升华，就如松柏一样四季常青的圣贤相比，实在是太愚蠢了。”

涉务第十一

士君子之处世，贵能有益于物耳，不徒高谈虚论，左琴右书，以费人君禄位也。国之用材，大较不过六事：一则朝廷之臣，取其鉴达治体[①]，经纶博雅；二则文史之臣，取其著述宪章，不忘前古；三则军旅之臣，取其断决有谋，强干习事[②]；四则藩屏之臣[③]，取其明练风俗，清白爱民；五则使命之臣，取其识变从宜，不辱君命；六则兴造之臣，取其程功节费[④]，开略有术，此则皆勤学守行者所能辨也。人性有长短，岂责具美于六涂哉？但当皆晓指趣，能守一职，便无愧耳。

注释

①治体：治理国家的体制、法度。

②习事：指采取军事行动。

③藩屏：藩篱、屏蔽，都是屏障，代指边境。

④程功：预计工程的进度、开销花费。

译文

士大夫处世，贵在能够对他人、社稷有所作用，不仅仅是会高谈阔论，没事摆弄琴棋书画，尸位素餐，耗费君王的俸禄。国家用人，大体上不过六个方面：第一是执掌朝政的大臣，需要他们通晓治国纲略，满腹经纶，博学儒雅；第二是掌管文史的大臣，需要他们著书立说，延续前人的文化精髓；第三是军事将领，需要他们足智多谋，勇猛决断，谙熟韬略；第四是镇守边疆的大臣，需要他们熟悉当地民俗，清廉爱民；第五是出使外国的大臣，需要他们能够随机应变，不辱没君主的使命；第六是掌管土木建设的大臣，需要他们能够准确预计工程进度与耗费，节省开支，收支有度。这些都是勤奋学习、品行端正的人能够办到的。但是人性各有优劣，怎么可以苛求在六个方面都做到完美呢？只要都有一个大概了解，并能够做好其中一项，就可以问心无愧了。

吾见世中文学之士，品藻古今[①]，若指诸掌，及有试用，多无所堪。居承平之世，不知有丧乱之祸；处庙堂之下，不知有战陈之急；保俸禄之资，不知有耕稼之苦；肆吏民之上，不知有劳役之勤，故难可以应世经务也。晋朝南渡[②]，优借士族；故江南冠带，有才干者，擢为令仆已下尚书郎中书舍人已上，典掌机要。其余文义之士，多迂诞浮华，不涉世务；纤微过失，又惜行捶楚[③]，所以处于清高，盖护其短也。至于台阁令史，主书监帅，诸王签省，并晓习吏用，济办时须，纵有小人之态，皆可鞭杖肃督，故多见委使，盖用其长也。人每不自量，举世怨梁武帝父子爱小人而疏士大夫，此亦眼不能见其睫耳。

注释

①品藻：评说。

②晋朝南渡：指西晋灭亡，在南方建立东晋。

③捶楚：杖责。

译文

我看到现在的读书人，评说古今时事，头头是道，了如指掌的样子，等到真的实际运用，处理实际事务的时候，往往不能胜任。活在太平盛世，不知道有丧乱的祸患；身在朝廷之上，不知道战争的紧急与残酷；享受朝廷优渥的俸禄，不明白农民春种秋收的艰辛；作威作福在百姓头上，不知道有劳役的勤苦，所以难以承担处理世事的职责。东晋建立的时候，朝廷优待士族；所以江南的士族，凡是有才干的，都被提拔到尚书令、尚书仆射以下，尚书郎、中书舍人以上的职位上，掌握国家机要。其余读书人，大多迂腐，华而不实，不谙世事；稍微有些过错，又不忍心对其进行严厉杖责，所以就把他们安排到一些名位很高，但是没有实权的位置上，来掩盖他们的短处。至于台阁令史，主书、监帅，诸王签省这些职位，多安排熟悉官场运作，做事高效的人，即使他们有一些粗鄙俗人的弊病，也都可以通过严密的监督和严厉的惩罚来加以防范，所以这些人多被委以重任，这是利用他们的长处。有些人不自量力，世人都抱怨梁武帝父子喜欢粗鄙小人而疏远了士大夫，这就像眼睛看不到睫毛一样，是没有自知之明。

梁世士大夫，皆尚褒衣博带，大冠高履，出则车舆，入则扶侍，郊郭之内，无乘马者。周弘正为宣城王所爱，给一果下马①，常服御之，举朝以为放达②。至乃尚书郎乘马，则纠劾之。及侯景之乱③，肤脆骨柔，不堪行步，体羸气弱④，不耐寒暑，坐死仓猝者⑤，往往而然。建康令王复性既儒雅，未尝乘骑，见马嘶喷陆梁⑥，莫不震慑，乃谓人曰："正是虎，何故名为马乎？"其风俗至此。

注释

①果下马：古时候的一种马，身材矮小，骑着能够从果树下经过，故称。

②放达：放荡不羁。

③侯景之乱：侯景，南朝梁人，在梁武帝末年发动兵变，攻破都城建康。

④羸léi：瘦弱，孱弱。

⑤坐：因为。

⑥陆梁：跳跃。

译文

梁朝的士大夫们都喜欢穿宽大的衣服，系又长又宽的腰带，戴高大的帽子，穿底厚的鞋子，出门就坐车，进门则有僮仆服侍，无论是在城内，还是在郊区，都看不到骑马的士大夫。宣城王非常喜欢周弘正，就赏给他一匹果下马，周弘正常常骑着它，朝廷上下都觉得他过于放荡不羁。至于尚书郎如果骑马，则会招致大家的弹劾。等到了侯景之乱，这些士大夫们个个皮肤娇嫩，柔弱无力，不能承受步行的辛苦；身体瘦弱，体气不足，无法忍受寒暑交替的变换，在战乱中因此而死的人，到处都是。建康令王复，生性儒雅，从未骑过马，看到马嘶鸣喷气、上下跳跃的样子，就被吓得魂飞魄散，对人说："这明明是老虎，怎么叫马呢？"当时的社会风气大概就是这样的。

古人欲知稼穑之艰难[①]，斯盖贵谷务本之道也[②]。夫食为民天，民非食不生矣，三日不粒，父子不能相存。耕种之，茠锄之[③]，刈获之[④]，载积之，打拂之，簸扬之，凡几涉手，而入仓廪，安可轻农事而贵末业哉[⑤]？江南朝士，因晋中兴，南渡江，卒为羁旅，至今八九世，未有力田，悉资俸禄而食耳。假令有者，皆信僮仆为之，未尝目观起一拨土⑥，耘一株苗；不知几月当下，几月当收，安识世间余务乎？故治官则不了，营家则不办，皆优闲之过也。

注释

①稼穑：稼和穑都是谷物的一种，这里代指农耕。

②本：指种植业，古人认为农业是根本。

③茠hāo：同“薅”，给庄稼除草。钽：同“锄”，锄头。

④刈yì：收割。

⑤末业：指商业。

⑥拨fá：同“垡”，耕地时翻起来的土块。

译文

古人希望了解农耕的辛苦，就亲自去体验，这是让人珍惜粮食、重视农业的根本方法。民以食为天，没有粮食，百姓就不能生存，三天不吃东西，父子之间也可以为了粮食而相互迫害。播种、除草、收割、囤积、舂打、扬场，要经过很多工序，粮食才能够被放入仓库储存，怎么可以轻视农业而重视商业呢？南朝的官员们，随着晋朝的复兴而南渡过江，过着羁旅生活，到今天也有八九代了。他们从来都不从事农业生产，全部依靠朝廷俸禄过日子。即使有人有田产，也都是交给仆人打理，从来没有亲眼看到翻起一犁土，种一株苗；根本不知道几月份该下种，几月份该收割，又怎么会知道其他的事情呢？所以让他们当官则不明世务，让他们治家也不能处理得宜，这都是过于安逸悠闲带来的危害。

省事第十二

铭金人云[①]："无多言，多言多败；无多事，多事多患[②]。"至哉斯戒也！能走者夺其翼[③]，善飞者减其指，有角者无上齿，丰后者无前足，盖天道不使物有兼焉也。古人云："多为少善，不如执一；鼫鼠五能[④]，不成伎术。"近世有两人，朗悟士也[⑤]，性多营综，略无成名，经不足以待问，史不足以讨论，文章无可传于集录，书迹未堪以留爱玩，卜筮射六得三，医药治十差五[⑥]，音乐在数十人下，弓矢在千百人中，天文、画绘、棋博，鲜卑语、胡书，煎胡桃油，炼锡为银，如此之类，略得梗概，皆不通熟。惜乎，以彼神明，若省其异端[⑦]，当精妙也。

注释

①铭金人：指雕刻在铜人背后的字。铭，雕刻在器物上的文字。

②无多言，多言多败；无多事，多事多患：据刘向《说苑·敬慎篇》记载：孔子在周的时候去游太庙，庙前一尊铜像，被三缄其口，背后刻着这几句话。

③走：跑。

④鼫shí鼠：鼠名。据说鼫鼠有五种技能，但是都不

擅长：能飞但是飞不过屋顶，能爬树但是爬不到树梢，能游泳但是不能横渡河谷，能打洞但是还不能掩盖住自己，能跑但是还没有人走得快。

⑤朗悟：聪明，灵敏。

⑥差chài：通“瘥”，痊愈。

⑦省：反省，醒悟。异端：这里指不务正业的雕虫小技。

译文

刻在铜人背后的文字说：“不要多说话，言多必失；不要多事，多事会带来祸患。”这实在是非常有用的告诫啊！能快跑的上天就没让它长翅膀，能飞的上天就没有让它长前爪，头上有角的上天就没让它长上齿，后肢发达的上天就没让它长前足，大概自然的规律就是没有什么动物可以兼有几种技能。古人说：“做的事情很多，但是做好的很少，还不如专心做好一件事；鼫鼠有五种技能，但是没有一种是擅长的。”近代有两个人，都是聪明机敏的人，兴趣广泛，涉猎很广，但是没有一样成名的。经论不足以应付别人的提问，历史不足以和别人谈论，文章不足以收录成辑传承后世，书法不足以供人欣赏把玩，占卜六次才有三次是准的，给人治病十个人只有五个人可以治愈，音乐水平在几十人之下，拉弓射箭也只是众人水平，天文、绘画、棋博，鲜卑语、胡书，煎胡桃油，炼锡为银，诸如此类，都大概知道梗概，却不精熟。可惜啊，以他们的聪明才智，如果能够意识到他们热衷的只是不务正业的雕虫小技，专心攻取某一项技艺，应当足以精妙绝伦。

上书陈事，起自战国，逮于两汉[①]，风流弥广。原其体度：攻人主之长短，谏诤之徒也；讦群臣之得失[②]，讼诉之类也；陈国家之利害，对策之伍也；带私情之与夺，游说之俦也[③]。总此四涂，贾诚以求位[④]，鬻言以干禄[⑤]。或无丝毫之益，而有不省之困，幸而感悟人主，为时所纳，初获不赀之赏[⑥]，终陷不测之诛，则严助、朱买臣、吾丘寿王、主父偃之类甚众[⑦]。良史所书[⑧]，盖取其狂狷一介，论政得失耳，非士君子守法度者所为也。今世所睹，怀瑾瑜而握兰桂者[⑨]，悉耻为之。守门诣阙[⑩]，献书言计，率多空薄，高自矜夸，无经略之大体，咸秕糠之微事，十条之中，一不足采，纵合时务，已漏先觉，非谓不知，但患知而不行耳。或被发奸私，面相酬证，事途回穴，翻惧愆尤[⑪]；人主外护声教，脱加含养，此乃侥幸之徒，不足与比肩也。

注释

①逮dài：等到，及。

②讦jié：对别人的隐私与短处直言不讳。

③俦chóu：同伙，伴侣。

④贾gǔ：出售。

⑤鬻yù：卖。干：追求。

⑥赀：计量。

⑦严助、朱买臣、吾丘寿王、主父偃：均为汉武帝时的大臣，都曾富贵一时，后都死于非命。

⑧良史：优秀的史官。

⑨怀瑾瑜而握兰桂者：怀里抱着玉石，手里拿着兰草桂枝，指道德高尚、品行端正的人。

⑩阙：宫阙，指朝廷。

⑪愆qiān尤：罪过。

译文

向君主上书呈奏事情，最开始是在战国时期，等到了两汉的时候，这种风气就更广为流行了。究其体制大概如下：指责君主的功过是非，这属于刚直不阿的一类；揭发群臣是非对错，这属于诉讼一类；陈述国家政策利弊，这属于对策一类；带着私情与人明争暗夺，这属于游说一类。总的来说，这四类人都是在出卖自己的忠诚以谋求官位，出卖自己的言辞谋求俸禄。这些对君主一点儿益处都没有，反而会干扰君主的思维而带来困惑，即使侥幸打动了君主，意见一时被采纳，在最初获得了意料之外的赏赐，但是最终会招致难以预料的杀身之祸，像严助、朱买臣、吾丘寿王、主父偃这一类人实在是太多了。优秀的史官记录这些，只是择取他们狂狷耿介，敢于议论时政得失而已。这些都不是正直君子和遵守法度的人会做的事情。看看当今社会，凡是道德高尚、品行端正的人，都以上书言事为耻。趋附朝廷，上书建言献策的人，大多都胸无点墨、见识浅薄、自命不凡，上书说的事情大多不关乎国家大事，都是一些鸡毛蒜皮的小事，十条意见之中，一条都不值得采纳，纵使有一两条符合时务，也是君主早就察觉了的，君主不是不知道，而是担心无法实行罢了。有时候被发现上书是怀有私心，与人当面对质，因为担心世事难料、变化无常，反过来对自己的罪过惧怕不已。有时候君主为了对外维护朝廷的声誉，额外对这些人给予宽容，这都是一些侥幸之人，不足以与之为伍。

谏诤之徒，以正人君之失尔，必在得言之地，当尽匡赞之规[①]，不容苟免偷安，垂头塞耳；至于就养有方[②]，思不出位，干非其任，斯则罪人。故《表记》云："事君，远而谏，则谄也；近而不谏，则尸利也。"《论语》曰："未信而谏，人以为谤己也。"

注释

①匡赞：匡扶辅佐。

②就养：侍奉。

译文

处在谏臣的位子上，纠正君主的过失是职责范围内的事情，在应该进谏的时候，尽到匡扶辅佐君主的职责，不可以为求自保而偷安，低着头、塞着耳朵，假装不知道。至于侍奉君主要讲求一定的原则，思考问题不要超出自己的职责范围，如果做的事情是超出自己职分之外的，那就是朝廷的罪人。所以《礼记·表记》中说："侍奉君主，如果和君主关系疏远却进谏，则有谄媚的嫌疑；如果和君主关系亲近而不进谏，则就是尸位素餐，白吃俸禄。"《论语》说："如果没有取得别人的信任就指责别人的过错，别人会觉得那是在诽谤他。"

君子当守道崇德，蓄价待时[①]，爵禄不登，信由天命。须求趋竞，不顾羞惭，比较材能，斟量功伐[②]，厉色扬声，东怨西怒；或有劫持宰相瑕疵，而获酬谢，或有諠聒时人视听[③]，求见发遣；以此得官，谓为才力，何异盗食致饱，窃衣取温哉！世见躁竞得官者[④]，便谓"弗索何获"[⑤]；不知时运之来，不求亦至也。见静退未遇者，便谓"弗为胡成"[⑥]；不知风云不与，徒求无益也。凡不求而自得，求而不得者，焉可胜算乎！

注释

①蓄价待时：增强自己的能力，等待时机。

②斟量：比较。功伐：功勋，功绩。

③谊聒：扰乱，混淆。聒，吵闹，叫嚷。

④躁：浮躁。

⑤弗：不，没有。

⑥胡：怎么，如何。

译文

正人君子应该谨守正道，崇仰道德，不断修炼自己，等待时机，即使最终没有得到高官厚禄，也应顺其自然，乐安天命。如果对功利趋之若鹜，不顾羞耻，和别人比较才能、功绩，争得面红耳赤，整天怨声载道；有的人指出宰相的短处相要挟，从而获得酬谢；有的人哗众取宠、混淆视听，谋求被提拔升官。通过这样的方法谋取一官半职，认为是有能力，但是这和偷盗食物填饱肚子，盗窃衣服用来取暖有什么区别呢？世人看到那些浮躁的人四处奔走而获得了官职，便说："不去争取怎么会有这些收获呢？"却不知道如果时运来了，不去追求也会得到的。看到那些恬淡的人没有得到重用，就说："不去行动怎么会成功呢？"却不明白如果时运未到，无论如何追求也毫无用处。在世上，不去追求却得到了，苦苦追求却得不到，两种人都数不胜数。

齐之季世[①]，多以财货托附外家，諠动女谒[②]。拜守宰者，印组光华[③]，车骑辉赫，荣兼九族，取贵一时。而为执政所患，随而伺察，既以利得，必以利殆[④]，微染风尘，便乖肃正，坑阱殊深，疮痏未复[⑤]，纵得免死，莫不破家，然后噬脐[⑥]，亦复何及。吾自南及北，未尝一言与时人论身份也，不能通达，亦无尤焉。

注释

①季世：末世。季，末了。

②女谒yè：通过宫中被宠幸的女子行贿、说情。

③印：印信。组：系在印信上的丝带，古人在印信上系上丝带，随身佩戴。这里指做官。

④殆：失败。

⑤疮痏wěi：疮疡；伤痕。

⑥噬脐：因遭受极大损失而后悔不及。

译文

北齐王朝末年，很多人以金钱财物买通、依附外戚，通过宫中被宠幸的女子说情，被授予主宰一方的官职，佩戴上印信，华车美服，荣耀遍及九族，显耀一时。但是这些人往往被执政者所防患，随后就开始注意、侦察，既然是通过行贿谋取的好处，自然也会因为收受贿赂而败露，只要稍动贪念，便已经背离了严正的原则，陷入圈套更深，加上本身就已经受到质疑，即使免于杀身之祸，也难免会家破人散，然后才后悔莫及，已经毫无意义了。我从南方到北方，从来不曾和别人说到过我的身世地位，虽然不能通达显赫，也没有什么怨言。

王子晋云[①]："佐饔得尝[②]，佐斗得伤。"此言为善则预，为恶则去，不欲党人非义之事也。凡损于物，皆无与焉。然而穷鸟入怀[③]，仁人所悯；况死士归我[④]，当弃之乎？伍员之托渔舟[⑤]，季布之入广柳[⑥]，孔融之藏张俭[⑦]，孙嵩之匿赵岐[⑧]，前代之所贵，而吾之所行也，以此得罪，甘心瞑目。至如郭解之代人报仇[⑨]，灌夫之横怒求地[⑩]，游侠之徒，非君子之所为也。如有逆乱之行，得罪于君亲者，又不足恤焉。亲友之迫危难也，家财己力，当无所吝；若横生图计，无理请谒，非吾教也。墨翟之徒[⑪]，世谓热腹，杨朱之侣[⑫]，世谓冷肠；肠不可冷，腹不可热，当以仁义为节文尔。

注释

①王子晋：周灵王太子，传说死后成仙。

②佐饔yōng：帮厨。

③穷：走投无路。

④死士：勇敢不怕死的人。

⑤伍员之托渔舟：伍子胥受到渔夫的救助。伍员，伍子胥，春秋时期楚国人，父兄被楚平王杀害，出逃吴国，中途被渔夫所救。后带领吴国军队打败楚国。

⑥季布之入广柳：季布躲到大蓬丧车里得以脱险。季布，项羽的将领，曾经多次围困刘邦。项羽兵败之后，刘邦追捕季布，季布得一周氏相助，藏身大蓬丧车中，得以脱险。广柳，带大蓬的丧车。

⑦孔融之藏张俭：孔融收留张俭。孔融，建安七子之一，后为曹操所杀。张俭，曾经遇难去投奔孔融的弟弟孔褒，孔褒不在家，孔融自作主张收留了张俭。

⑧孙嵩之匿赵岐：赵岐逃到北海，受到孙嵩救助。孙嵩，三国吴宗室孙据之子，曾任散骑常侍，和孙据同样很有才气，多有著述。赵岐，东汉末年学者大臣，因得罪宦官，逃亡到北海。

⑨郭解：汉代游侠。

⑩灌夫：西汉人，初以勇武闻名，为人刚直不阿，喜欢结交游侠，好打抱不平。丞相田蚡曾经派人索要他人田产，灌夫替人出头，得罪丞相，后因此被杀。

⑪墨翟：墨子，春秋战国时期思想家，主张“兼

爱”“非攻”“尚同”。

⑫杨朱：战国时期思想家，主张爱己，不以物累，不拔一毛以利天下，和墨子“兼爱”的主张截然相反。

译文

王子晋说：“帮别人做饭可以品尝美食，帮别人打架则会受到伤害。”这句话是告诫大家别人做好事就去参与，别人做坏事就要远离，不要和别人合伙做不道义的事情。凡是有损他人利益的事情，都不要参与。一只穷途末路的小鸟撞进自己的怀里，有仁爱的人都会心生怜悯；何况勇敢不怕死的人来投奔，怎么能弃之不顾呢？伍子胥被渔夫所救，季布被人藏在大篷丧车里逃生，孔融收留张俭，孙嵩藏匿赵岐，这些都是受到古人所赞扬的行为，也是我愿意做的事情，如果因此而获罪，也是心甘情愿，死也瞑目。至于像郭解为点小事去替人报仇，灌夫替人出头严词拒绝丞相田蚡索地，这是游侠的行为，不是正人君子会做的。如果因为叛逆作乱的行为，获罪于君主或是长辈，那就不值得同情了。亲人朋友在窘迫危难的时候，应该竭尽全力，不可吝惜钱财；如果有人图谋不轨，提出无理的请求，那不是我让你们去同情的人。墨家学派的人，世人认为是心肠热忱的人；杨朱学派的人，世人觉得他们是心肠冷漠的人。心肠不可过于冷漠，也不能过于热情，应该以仁义的标准来节制衡量。

前在修文令曹[①]，有山东学士与关中太史竞历，凡十余人，纷纭累岁，内史牒付议官平之[②]。吾执论曰："大抵诸儒所争，四分并减分两家尔。历象之要，可以晷景测之[③]；今验其分至薄蚀[④]，则四分疏而减分密。疏者则称政令有宽猛，运行致盈缩，非算之失也；密者则云日月有迟速，以术求之，预知其度，无灾祥也。用疏则藏奸而不信，用密则任数而违经。且议官所知，不能精于讼者，以浅裁深，安有肯服？既非格令所司，幸勿当也。"举曹贵贱，咸以为然。有一礼官，耻为此让，苦欲留连，强加考覈。机杼既薄，无以测量，还复采访讼人[⑤]，窥望长短，朝夕聚议，寒暑烦劳，背春涉冬，竟无予夺，怨诮滋生，赧然而退，终为内史所迫：此好名之辱也。

注释

①修文令曹：官署名。

②牒：一种公文。

③晷：日晷，古代用来观测太阳运行的仪器。景：同"影"。

④分：春分、秋分。至：夏至、冬至。薄蚀：日食和月食。

⑤还复：反复。

译文

以前在修文令曹的时候，山东的学士和关中的太史因为历法的问题争论不休，参与的有十几个人，众说纷纭，连续好几年都没有结论，以至于内史专门发了公文让议官去裁决，平息纷争。我提出异议说：“大概说来，大家所争论的可以分为‘四分历’和‘减分历’两种观点。推测天体运行的关键，可以按照日晷的投影来测算；现在通过春分、秋分、夏至、冬至以及日月食来进行验证可以看出来，‘四分历’有所出入，‘减分历’比较严密。主张‘四分历’的人说政令有宽松和苛猛之分，天体运行也有快慢的区别，这不是测算的失误；坚持‘减分历’的人说，日月运行有快有慢，运用恰当的方法进行测算，可以预知它们运行的规律，不存在祸福之说。采用‘四分历’则会有所出入，不够严密明确，用较为严密的‘减分历’则符合天体运行的规律但是与经义不符。况且议官所知道的历法知识，并不比争论双方的人高明，让知识浅薄的人去裁决知识精深的人之间的争论，有谁会服气呢？既然不是律令所掌管的事情，最好不要让他们来处理这件事。”修文令曹所有的人，不论贵贱都赞成我的说法。其中有一个礼官，觉得做出这种让步很耻辱，苦苦纠缠不休，强加考证，自己知识又有限，无法测量计算，就反复找争论双方探讨，窥望双方长短，早晚要他们聚集到一起讨论不休。不顾寒暑烦困疲劳，由春季到冬季，最终也没有定论。大家怨气逐渐滋生，开始嘲笑他。他不得不羞愧而退，最终受到内史的责备：这就是喜欢追求虚名而招致的耻辱。

止足第十三

《礼》云："欲不可纵，志不可满。"宇宙可臻其极[1]，情性不知其穷[2]，唯在少欲知足，为立涯限尔[3]。先祖靖侯戒子侄曰："汝家书生门户，世无富贵；自今仕宦不可过二千石[4]，婚姻勿贪势家。"吾终身服膺，以为名言也。

注释

①臻zhēn：达到。

②穷：穷尽。

③涯：边界。

④二千石dàn：指官职的俸禄一月为两千石。在汉朝，相当于郡守的待遇。石，量词，十斗为一石。

译文

《礼记》说："欲望不可以放纵，愿望无法满足。"宇宙可以达到边界，但是人的本性却没有穷尽，只有克制自己的欲望，知足常乐，为自己设立底线。先祖靖侯告诫子侄们说："你们出生在书香门第，世代没有大富大贵之人；自此以后，做官不可以超过二千石，婚嫁不要攀附权势富贵人家。"这些话我一辈子都铭记在心，并当成至理名言。

天地鬼神之道[①]，皆恶满盈[②]。谦虚冲损[③]，可以免害。人生衣趣以覆寒露[④]，食趣以塞饥乏耳。形骸之内，尚不得奢靡，己身之外，而欲穷骄泰邪？周穆王、秦始皇、汉武帝，富有四海，贵为天子，不知纪极，犹自败累，况士庶乎？常以二十口家，奴婢盛多，不可出二十人，良田十顷，堂室才蔽风雨，车马仅代杖策，蓄财数万，以拟吉凶急速，不啻此者，以义散之；不至此者，勿非道求之。

注释

①天地鬼神之道：指自然规律。

②恶：讨厌，不喜欢。满盈：尽善尽美，达到了顶点，没有余地。

③谦虚：与“满盈”相对，即留有余地。

④衣：动词，穿衣。趣以：用来。趣，同“取”。

译文

自然界的规律，所有的事情都不喜欢过于完满。谦虚自抑，留有余地，可以免去灾祸。人穿衣服是用来遮蔽风寒，避免袒露，吃东西是为了填饱肚子，避免疲乏。躯体形骸本身，尚且不能够过于奢侈浪费，何况身外之物呢，难道要无止境追求奢侈舒泰吗？周穆王、秦始皇、汉武帝，拥有天下，贵为天子，不知道满足，尚且招致祸患，何况普通百姓呢？我觉得一个二十口人的家庭，奴婢最多不要超过二十个，良田最多不要超过十顷，房屋只要能够遮挡风雨就足够了，车马能够代替拐杖，免于步行就可以了，可以积蓄数万钱财，用来应付吉凶突发事情，如果超出这个标准，就应该多行善事，仗义疏财；达不到这个标准的，也不能通过歪门邪道去获取。

仕宦称泰[①]，不过处在中品，前望五十人，后顾五十人，足以免耻辱，无倾危也。高此者，便当罢谢[②]，偃仰私庭[③]。吾近为黄门郎，已可收退；当时羁旅，惧罹谤讟[④]，思为此计，仅未暇尔。自丧乱已来，见因托风云，徼幸富贵，旦执机权，夜填坑谷，朔欢卓、郑[⑤]，晦泣颜、原者[⑥]，非十人五人也。慎之哉！慎之哉！

注释

①泰：泰然，安稳。

②谢：推辞，这里指辞官。

③偃仰：俯身与仰头，这里指在家闲居。

④罹：遭受。谤讟：诽谤，怨恨。

⑤朔：月初。卓、郑：卓氏与郑氏，都是《史记·货殖列传》中记载的巨商大贾，富比王侯。

⑥晦：月末。颜、原：颜回和原思，孔子的弟子，都比较清寒。

译文

做官要想称心如意，泰然安稳，最好是处在中等水平，前面有五十人，后面有五十人，就可以免遭耻辱，没有倾覆的危险。比中等职位要高的，就应该请辞罢官，回家闲居。我最近担任黄门郎一职，就应该收敛告退了；但是因为正客居他乡，害怕被怨恨诽谤，心中有了这个打算，只是还没有顾及上罢了。自从动乱以来，看到很多人趁机侥幸获得了富贵权势，早上还执掌大权，晚上已经葬身荒野，月初还得意自己同卓氏、郑氏一样富有，月末就悲叹自己同颜回、原思一样贫寒了，这样的人不是五个十个，而是数不胜数。千万谨慎，千万谨慎啊！

诫兵第十四

颜氏之先，本乎邹、鲁，或分入齐，世以儒雅为业，遍在书记[①]。仲尼门徒，升堂者七十有二[②]，颜氏居八人焉。秦、汉、魏、晋，下逮齐、梁，未有用兵以取达者。春秋世，颜高、颜鸣、颜息、颜羽之徒，皆一斗夫耳[③]。齐有颜涿聚，赵有颜冣，汉末有颜良，宋有颜延之，并处将军之任，竟以颠覆。汉郎颜驷，自称好武，更无事迹。颜忠以党楚王受诛，颜俊以据武威见杀[④]，得姓已来，无清操者[⑤]，唯此二人，皆罹祸败。顷世乱离，衣冠之士，虽无身手，或聚徒众，违弃素业，徼幸战功。吾既羸薄，仰惟前代，故寘心于此[⑥]，子孙志之。孔子力翘门关[⑦]，不以力闻，此圣证也。吾见今世士大夫，才有气干，便倚赖之，不能被甲执兵，以卫社稷；但微行险服，逞弄拳腕，大则陷危亡，小则贻耻辱，遂无免者。

注释

①书记：指文章、书籍等相关的文职。

②升堂者：出名、杰出的人。

③斗夫：好斗的勇夫。

④武威：地名。

⑤无清操：指造反叛乱。清操，清白的节操。

⑥寘：同“置”，安置。

⑦翘：举起。门关：关门，关口的大门，非常沉重。

译文

颜氏的祖先，本在邹国、鲁国一带，也有分支迁徙到了齐国，世世代代以儒雅的职业为生，做和文章、文字有关的文职工作的人遍布各地。孔子的弟子中，杰出的有七十二个人，颜氏就占据了八个。上从秦、汉、魏、晋，下到齐、梁，颜氏没有靠带兵打仗而获取功名、富贵显达的。春秋时期，颜高、颜鸣、颜息、颜羽等人，都只不过是好斗的勇夫罢了。齐国有颜涿聚，赵国有颜冣，汉代末年有颜良，刘宋有颜延之，都担任了将军的职位，但是都没有得到善终。汉朝侍郎颜驷，自称喜好武术，但是也没听说他做出什么了不起的事迹来。颜忠因为依附楚王叛乱被诛杀，颜俊因为叛乱占据武威被斩杀，自从颜氏这个姓存在以来，没有清白节操的就只有这两个人，都以遭受祸患失败而告终。现在天下大乱，人民离散，一些士大夫，虽然自己不会武功，但是有的人却聚集众人，舍弃以读书为本的旧业，希望侥幸获得战功。我本来就瘦弱，又想到颜氏先人的教训，便安心读书，子孙一定要谨记这一点。孔子力气大到可以举起沉重的关门，但是却不以力气大而文明于世，这是圣人留下的榜样。我看见现在的士大夫，稍微有点力气，便以此为资本，不是披甲上阵，带兵打仗，为社稷江山出力；而是行踪诡秘，穿着怪异，到处卖弄拳脚，逞强斗狠，大则招致危亡之祸，小则遭受耻辱，没有人能够例外。

国之兴亡，兵之胜败，博学所至，幸讨论之。入帷幄之中[①]，参庙堂之上，不能为主尽规以谋社稷，君子所耻也。然而每见文士，颇读兵书，微有经略。若居承平之世，睥睨宫阃[②]，幸灾乐祸，首为逆乱，诖误善良[③]；如在兵革之时，构扇反复[④]，纵横说诱，不识存亡，强相扶戴[⑤]：此皆陷身灭族之本也。诫之哉！诫之哉！

注释

①帷幄：军帐。

②睥睨：斜视，瞧不起的样子。宫阃kǔn：这里指朝廷。阃，门槛。

③诖guà误：连累。诖，欺骗，连累入罪。

④构扇：欺骗煽动。

⑤扶戴：扶持拥戴。

译文

国家兴亡，战争胜败，如果学识渊博，是应该讨论的。到军队中运筹帷幄，到朝廷上建言献策，不能够为君主出谋划策，为社稷江山出力，这是正人君子所感到羞耻的事情。然而总是看到一些读书人，读了几本兵书，略微懂得一些谋略。如果在太平盛世，就窥视朝廷，唯恐天下不乱，带头叛乱造反，连累善良的人；如果生活在战乱时期，就四处欺骗煽动，到处游说，不知道判断存亡的先兆，勉强加以扶持拥戴：这些都是招致杀身灭族的根本原因。千万要以此为戒，以此为戒啊！

习五兵①，便乘骑，正可称武夫尔。今世士大夫，但不读书，即称武夫儿，乃饭囊酒瓮也。

注释

①五兵：五种兵器，泛指兵器。

译文

能够熟练使用兵器，擅长骑马，这才可以称得上武夫。现在的士大夫，只要不读书，就称自己是武夫，那只不过是酒囊饭袋罢了。

养生第十五

神仙之事，未可全诬[①]；但性命在天，或难钟值[②]。人生居世，触途牵絷[③]：幼少之日，既有供养之勤；成立之年，便增妻孥之累[④]。衣食资须，公私驱役；而望遁迹山林，超然尘滓，千万不遇一尔。加以金玉之费，炉器所须，益非贫士所办。学如牛毛，成如麟角。华山之下，白骨如莽，何有可遂之理？考之内教，纵使得仙，终当有死，不能出世，不愿汝曹专精于此。若其爱养神明，调护气息，慎节起卧，均适寒暄，禁忌食饮，将饵药物[⑤]，遂其所禀[⑥]，不为夭折者，吾无间然。诸药饵法，不废世务也。庾肩吾常服槐实[⑦]，年七十余，目看细字，须发犹黑。邺中朝士，有单服杏仁、枸杞、黄精、术、车前得益者甚多，不能一一说尔。吾尝患齿，摇动欲落，饮食热冷，皆苦疼痛。见《抱朴子》牢齿之法，早朝叩齿三百下为良；行之数日，即便平愈，今恒持之。此辈小术，无损于事，亦可修也。凡欲饵药，陶隐居《太清方》中总录甚备[⑧]，但须精审，不可轻脱。近有王爱州在邺学服松脂，不得节度，肠塞而死，为药所误者甚多。

注释

①诬：虚妄，假。

②钟值：碰巧赶上。

③牵絷zhí：牵绊。

④孥nú：子女。

⑤饵ěr：吞食，吃。

⑥禀：承受。

⑦庾肩吾：南朝梁人，庾信的父亲，擅长诗赋。

⑧陶隐居：陶弘景，药学家。

译文

得道成仙的事情，也不能说全都是虚妄的，但是人的寿命长短在于天意，不是谁都会碰巧遇到那样的机会。人生在世，总会遇到各种各样的羁绊：年轻的时候，有供养父母的辛劳；成年之后又增添了妻子儿女的拖累。要为衣食住行操劳，为公或者为私，四处奔波劳累。虽然如此，但是真的想要隐居山林，超脱红尘的人，却是千万中难得遇到一个。加上炼丹需要黄金玉石的花费，炉鼎器具需要置办，更不是一般穷人所能承受的。学道的人多如牛毛，真正能够得道的人却是凤毛麟角。华山之下，尸骨多如野草，哪里有随便称心如意的道理？考校佛理，即使人真的能够得道成仙，最终也难免一死，无法超脱于红尘之外，我不愿意你们醉心于得道成仙之事。若是能够保养精神，调养气息，按时起卧，穿衣冷暖得当，饮食有所节制，吃些药品滋补调养，得以到达应尽之年，不至于半途夭折，我也就没什么可指责的了。掌握药物的服用方法，不要因此耽误了正常生活。庾肩吾常年服用槐实，七十多岁了，眼睛还能看清细小的文字，头发仍然乌黑。邺城的朝廷官员，有些人专门服用杏仁、枸杞、黄精、术、车前等草药，从中得到诸多好处,不能一一列举。我曾经牙齿患病,松动得就要脱落了,吃东西无论是冷热，都要忍受疼痛。在《抱朴子》中看到使牙齿坚固的方法,早晨将牙齿上下叩击三百次为佳,我这样做了几天就好了，现在还坚持这样做。这些小方法，对于正常生活没有什么干扰，也可以学学。凡是要知道怎么服用药物，陶弘景的《太清方》中记录得很详尽，但是要精心挑选，不可草率。最近在邺城有一个叫王爱州的人学别人服用松脂，不知道节制，最终因为肠子堵塞而死。这样被药物所害的例子很多。

夫养生者先须虑祸,全身保性。有此生然后养之,勿徒养其无生也。单豹养于内而丧外[①]，张毅养于外而丧内[②]，前贤所戒也。嵇康著《养生》之论，而以傲物受刑；石崇冀服饵之征[③]，而以贪溺取祸，往世之所迷也。

注释

①单豹：《庄子·达生》中的人物，善于养生，七十岁了，形体容貌如孩童，但是最终被饿虎捕食。

②张毅：《庄子·达生》中的人物，十分注重抵御外在侵害，但是最终患热病而死。

③石崇：西晋人，以穷奢极欲著称，后被孙秀所杀。

译文

养生要首先考虑防止祸患，保全性命。先保全生命，再保养好身体，生命都没有，无论如何保养都是徒劳的。像单豹这种人保养身心做得非常好，但是却不知道防患外在的危险，被饿虎所杀；张毅特别注意防御外部潜在的威胁，却被内在的热病夺去了生命，这些都是前代贤人所警戒的。嵇康撰写了《养生论》，但是因为恃才傲物招致了杀身之祸；石崇期望能够通过服食药物长生，但是却因为贪恋金钱美色招致祸患，这都是前人中糊涂的事例。

夫生不可不惜，不可苟惜[①]。涉险畏之途，干祸难之事，贪欲以伤生，谗慝而致死[②]，此君子之所惜哉；行诚孝而见贼，履仁义而得罪，丧身以全家，泯躯而济国[③]，君子不咎也。自乱离已来，吾见名臣贤士，临难求生，终为不救，徒取窘辱，令人愤懑。侯景之乱，王公将相，多被戮辱，妃主姬妾，略无全者。唯吴郡太守张嵊[④]，建义不捷[⑤]，为贼所害，辞色不挠[⑥]；及鄱阳王世子谢夫人，登屋诟怒，见射而毙。夫人，谢遵女也。何贤智操行若此之难？婢妾引决若此之易？悲夫！

注释

①苟惜：不顾尊严地珍惜。苟，卑贱，下贱。

②慝tè：奸邪，邪恶。

③泯躯：捐躯，献身。泯，消失。

④张嵊：曾领兵讨伐侯景，兵败被杀。

⑤不捷：没有取得胜利。捷，胜利。

⑥挠：屈服。

译文

生命不能不爱惜，但不能为了爱惜生命而丧失尊严。踏上邪恶凶险的道路，参与祸害他人的事情，满足贪念欲望而身体被伤害，为奸作恶被杀，在这些方面，正人君子应该珍爱自己的生命；履行忠诚孝道被杀害，践行仁义而获罪，牺牲自己而保全家族，为了国家而捐躯，这样的事情，君子是不会责备的。自从战乱以来，我见到很多有名的大臣与贤士，在危难时刻，苟且偷生，最后求生不得，白白遭受羞辱，令人愤懑不已。侯景之乱的时候，王侯将相，多被杀戮侮辱，嫔妃、公主、姬妾无一幸免。唯独吴郡太守张嵊，带兵反抗侯景，最终兵败被杀，言辞、脸色到死都没有屈服。鄱阳王世子的夫人谢氏，登上房顶怒斥反贼，被箭射中身亡。夫人谢氏，是谢遵的女儿。为什么那些贤明智慧的人坚守操行如此之难？一个奴婢妻妾舍生取义却如此容易？真是悲哀啊！

归心第十六

三世之事[①]，信而有征[②]，家世归心，勿轻慢也。其间妙旨，具诸经论，不复于此，少能赞述；但惧汝曹犹未牢固，略重劝诱尔。

注释

①三世：佛教中说的上世、今世、来世。

②征：得到印证。

译文

佛家关于上世、今生、来世的说法，是可信而且可以得到印证的，我们家世代皈依佛门，你们不要轻慢了佛祖。其间有很多精妙的意旨，都在佛家经典论著里，就不在此重复论述，作过多的赞美之辞了；只是担心你们向佛的心还不是很牢固，略作劝诱。

原夫四尘五荫[①]，剖析形有；六舟三驾[②]，运载群生[③]：万行归空，千门入善，辩才智惠，岂徒“七经”、百氏之博哉[④]？明非尧、舜、周、孔所及也。内外两教[⑤]，本为一体，渐积为异，深浅不同。内典初门[⑥]，设五种禁；外典仁义礼智信[⑦]，皆与之符。仁者，不杀之禁也；义者，不盗之禁也；礼者，不邪之禁也；智者，不酒之禁也；信者，不妄之禁也。至如畋狩军旅[⑧]，燕享刑罚，因民之性，不可卒除[⑨]，就为之节，使不淫滥尔[⑩]。归周、孔而背释宗[⑪]，何其迷也！

注释

①四尘：佛家用语，指色、香、味、触的总称。五荫：即五蕴，佛家用语，指色、受、想、行、识。

②六舟：佛家用语，即六度，佛教从“此岸”到“彼岸”的六种法门：布施、持戒、忍辱、精进、精虑（禅定）、智慧（般若）。三驾：佛教以羊车喻声闻乘、鹿车喻缘觉乘、牛车喻菩萨乘，称三驾。

③运载：这里指超度。

④七经：汉代以来所推崇的七本儒家经典的统称：《易》《诗》《书》《仪礼》《春秋》《公羊传》《论语》。百氏：诸子百家。

⑤内外两教：佛教和儒教。内教指佛教，外教指儒教。

⑥内典：佛教称佛经著作为内典。

⑦外典：佛教称佛经著作以外的著作为外典。

⑧畋狩：狩猎。

⑨卒：最终，彻底。

⑩淫滥：过度、过分。

⑪释宗：佛家教义。

译文

追溯佛教“四尘”“五荫”的道理，剖析世上万物形态；“六舟”“三驾”教导人们去修行，普度众生：佛家有万种修行方法引人遁入空门，千种法门让众人行善积德，善辩而富有智慧，岂止是包含了儒家“七经”、诸子百家的博大精深呢？洞悉明察事物的本源不是尧、舜、周公、孔子所能比得上的。佛教和儒教，本来同属一体，随着时间流逝渐渐有了分歧，境界深浅高低也有了区别。佛教入门，设定了五类戒律；儒家所提倡的仁、义、礼、智、信和佛家的五类戒律是一致的。仁，和不杀生的戒律一致；义，和不偷盗的戒律一致；礼，和不奸邪的戒律一致；智，和不醉酒的戒律一致；信，和不妄语的戒律一致。至于狩猎、战争、宴饮、享乐、刑罚，这些都是和人的本性有关，不可以轻易彻底根除，就设定恰当的限制，使其不要太过分。人们都崇拜周公、孔子等儒家学说，而背弃佛家教义，这是多么糊涂啊！

俗之谤者，大抵有五：其一，以世界外事及神化无方为迂诞也[①]。其二，以吉凶祸福或未报应为欺诳也。其三，以僧尼行业多不精纯为奸慝也[②]。其四，以糜费金宝减耗课役为损国也。其五，以纵有因缘如报善恶，安能辛苦今日之甲，利益后世之乙乎？为异人也。今并释之于下云。

注释

①迂诞：荒诞不可信。

②慝：同“匿”，藏匿。

译文

世间对佛教的诋毁，大概有五种情况：第一种，认为佛教宣扬的现实世界之外的事情以及神灵的不可捉摸是荒诞不可信的。第二种，认为现实中的吉凶祸福并未受到相应的报应，觉得佛教是在欺骗世人。第三种，因为和尚和尼姑中有较多不守戒律和道德的人，就认为佛门是藏污纳垢的地方。第四种，认为佛事浪费钱财，且不缴税、不服役，有损国家利益。第五种，认为即使因缘善恶终有报，但是怎么能够让今生的甲受苦受累，而让来世的乙享受益处呢？今生的甲和来生的乙是两个不同的人。现在我就将这些问题逐一解释如下。

释一曰：夫遥大之物，宁可度量？今人所知，莫若天地。天为积气，地为积块，日为阳精，月为阴精，星为万物之精，儒家所安也。星有坠落，乃为石矣；精若是石，不得有光，性又质重，何所系属？一星之径，大者百里，一宿首尾[①]，相去数万；百里之物，数万相连，阔狭从斜[2]，常不盈缩。又星与日月，形色同尔，但以大小为其等差；然而日月又当石也？石既牢密，乌兔焉容[3]？石在气中，岂能独运？日月星辰，若皆是气，气体轻浮，当与天合，往来环转，不得错违，其间迟疾，理宜一等；何故日月五星二十八宿[4]，各有度数，移动不均？宁当气坠，忽变为石？地既滓浊，法应沉厚，凿土得泉，乃浮水上；积水之下，复有何物？江河百谷[5]，从何处生？东流到海，何为不溢？归塘尾闾[6]，渫何所到[7]？沃焦之石[8]，何气所然？潮汐去还，谁所节度？天汉悬指[9]，那不散落？水性就下，何故上腾？天地初开，便有星宿；九州未划，列国未分，翦疆区野[10]，若为躔次[11]？封建已来[12]，谁所制割？国有增减，星无进退，灾祥祸福，就中不差；乾象之大，列星之伙，何为分野，止系中国[13]？昴为旄头[14]，匈奴之次；西胡、东越，雕题、交址[15]，独弃之乎？以此而求，迄无了者，岂得以人事寻常，抑必宇宙外也？

注释

①宿：星座，古代对某些星辰集合体的称谓。

②从斜：纵横排列。

③乌兔：古代人认为在太阳中有三足乌，月亮中有玉兔。

④五星：金、木、水、火、土五大行星。二十八

宿：我国古代天文学家将黄道平面的恒星分为二十八个星座，叫二十八宿。

⑤江河：长江、黄河。

⑥归塘：又叫“归墟”，古人认为在海底有一个没有底的深谷，叫“归墟”，盛装着海水。尾闾：海水外泄的地方。

⑦渫xiè：泄露。

⑧沃焦：传说大海底下之广大吸水石，广大如山，故又称沃焦山。下面受阿鼻地狱之火气烘烤，故此石经常焦热。

⑨天汉：天河，即银河。

⑩翦疆：划分疆域。

⑪躔chán次：日月星辰在运行轨道上的位次。

⑫封建：封土建国。

⑬中国：中原地区。

⑭昴mǎo：二十八宿之一。

⑮西胡：古代对西域地区少数民族的总称。东越：古代对江浙一带少数民族的总称。雕题：身上的各种文身，指南方少数民族。交址：地区名，大概相当于今天广东、广西、越南北部地区。

译文

解释第一个问题：遥远而广大的事物，哪是可以度量的呢？现在人们所熟悉的，没有什么可以比得上天与地了。天为云气聚集而成，地为土石堆积而成，太阳是阳气的精华，月亮是阴气的精华，星辰是万物的精华，这是儒家所相信的理论。星辰有时候坠落了，就变成了石头；精华如果是石头，就不会有光泽，况且石头质地沉重，如何能够悬挂在天空呢？一颗星辰的直径，大的达百里，一个星座从头到尾，相隔数万里；百里之大的物体，相隔数万里彼此连成一个整体，它们之间距离的宽窄、纵横排列的序列，一般不发生变化。而且星辰与日月相比，形状和颜色都差不多，只是根据大小不同来进行等级区分；那么太阳和月亮也都是石头吗？石头既然既牢固又严实，那三足乌和兔是如何能够待在里面的呢？石头在天空中，岂能够独自运行？如果日月星辰都是由气组成的，气体轻浮，应该是和天空融为一体的，来回运转，不会彼此交错，相互之间的快慢早晚，应该是一致的才对；为什么太阳、月亮、金、木、水、火、土五大行星以及二十八星宿各有各的维度空间，运行的速度快慢不一呢？难道说是气体在坠落的时候，忽然变成了石头？大地既然是细小尘埃堆积而成，按道理说应该是沉重而厚实，但是向深处挖掘却可以找到泉水，可以看出大地其实是漂浮在水面的；那么在水的下面，又是什么呢？长江、黄河等数百河流，发源于何处？全部东流注入大海，大海为什么没有溢出来呢？传说海水都流到了归塘和尾闾，那最终又流向了何处？如果说是被沃焦燃烧的岩石给烤干了，那又是什么气体让岩石燃烧的呢？潮起潮落，来来回回，又是谁在控制？银河悬挂在天空，为什么不散落到地上来？水的本性是往低处流的，又是什么原因让它升腾到了天上？天地形成的时候，就有了星宿的存在；当时九州还没有划分，国家还没有建立，是谁给不同的星宿划分了区域，并在不同的轨道上安排了运行的位次？自从分封建国以后，这些事又是由谁在主宰？国家有增有减，星辰的位置却没有改变，相对应的灾难祥瑞、吉凶祸福，照样发生，并没有发生什么偏差；天象如此广大，星辰如此繁多，为什么对星宿区域的划分，却只针对中原地区？被称为旄头的昴宿，对应的是匈奴地区；那西胡、东越、雕题、交趾这些少数民族聚居的地方，为什么就被舍弃了呢？像这样追问探究下去，是不可能有止境的，怎么能够以我们寻常所见的道理，去推论宇宙之外的事物呢？

凡人之信，唯耳与目；耳目之外，咸致疑焉。儒家说天，自有数义：或浑或盖[1]，乍宣乍安[2]。斗极所周[3]，管维所属[4]，若所亲见，不容不同；若所测量[5]，宁足依据？何故信凡人之臆说，迷大圣之妙旨，而欲必无恒沙世界[6]、微尘数劫也[7]？而邹衍亦有九州之谈[8]。山中人不信有鱼大如木，海上人不信有木大如鱼；汉武不信弦胶[9]，魏文不信火布[10]；胡人见锦，不信有虫食树吐丝所成；昔在江南，不信有千人毡帐，及来河北[11]，不信有二万斛船[12]：皆实验也。

注释

①浑：浑天说，古代一种宇宙学说，认为天是一个圆球，地球在这个圆球中运动。盖：盖天说，古代宇宙学说的一种，认为天是圆形的，如一把大伞盖在大地上，大地是方形的，如棋盘。

②宣：宣夜说，古代一种较为先进的宇宙学说，提出天是没有形质的，天体各有自己的运动规律，宇宙是无限的空间。安：安天说，对宣夜说的发展，认为天是不动的，是无边的，是永恒的，日月星辰各依轨道在天中运行，而球状的大地在天的中间转动，使我们觉得天是动的。

③斗极：北斗星和北极星。周：运转。

④管维：亦作“筦维”，斗枢，古人指天宇所据以运转的枢纽。

⑤测量：揣测、估量。

⑥恒沙：恒河的沙子，佛教用语，指事物繁多。

⑦微尘：佛教用语，形容事物极其渺小。

⑧邹衍：战国时期齐国人，曾著书论述“九州”之事。

⑨弦胶：又叫续弦胶，传说古代一种可以将断开的弓弦黏合到一起，完好如初的胶。

⑩火布：火浣布，用石棉丝纺织成的布，不仅不会

燃烧，而且可以在火中去掉污垢。

⑪河北：黄河以北。

⑫斛hú：古代计量单位，一斛为十斗。

译文

一般人所相信的事物，都是自己亲眼看到或是亲耳听到的，除此之外都会表示怀疑。儒家关于天的理论，有浑天说、盖天说，还有宣夜说、安天说。北极星和北斗星如何依靠斗枢运转，如果大家都亲眼见过，就不会有不同的意见；如果仅仅是依靠揣测、估量，那又如何可靠呢？何必相信一般人的主观臆想，而不相信佛教精妙的解说，认为没有如恒河沙子那样多的世界万物，不相信微小的尘埃也曾经历过无数的劫难呢？况且邹衍也曾经著书论述除了中原还有九州的问题。生活在山里的人不相信有鱼和大树一样大，生活在海上的人不相信有树长得和大鱼一样大；汉武帝不相信有续弦胶，魏文帝不相信有火浣布；西域的胡人见到锦缎，不相信那是由吃树叶的虫子吐的丝织成的；早些时候在江南的人不相信有可以住一千人的帐篷，等到了河北，那里的人不相信有可以装二万斛的大船：这些都是亲身所经历的。

世有祝师及诸幻术[①]，犹能履火蹈刃，种瓜移井，倏忽之间，十变五化。人力所为，尚能如此；何况神通感应，不可思量，千里宝幢[2]，百由旬座[3]，化成净土，踊出妙塔乎？

注释

①祝师：能够以符咒变物的巫师。

②宝幢：经幢，石料制作的建筑物，上刻佛教经文或佛像。

③由旬：古印度计量单位，一由旬的长度，在中国古代有不同的说法，有四十里、六十里、八十里诸说。

译文

世间有能够以符咒变物或者懂得幻术的巫师，尚且能够在火里行走，能够踩着刀刃前行，能够让刚种下的瓜果成熟，能够将深井移走，在刹那之间，千变万化。凡人能够做得到的，尚且如此，何况佛的神通广大，完全是不可想象的。能够变幻出高达千里的经幢、宽达几千里的宝座、庄严的极乐世界、涌出地面的座座宝塔。

释二曰：夫信谤之征，有如影响[1]；耳闻目见，其事已多，或乃精诚不深，业缘未感，时傥差阑[2]，终当获报耳。善恶之行，祸福所归。九流百氏，皆同此论，岂独释典为虚妄乎？项橐、颜回之短折[③]，伯夷、原宪之冻馁[④]，盗跖、庄跻之福寿[⑤]，齐景、桓魋之富强[⑥]，若引之先业，冀以后生，更为通耳。如以行善而偶钟祸报，为恶而傥值福征，便生怨尤，即为欺诡；则亦尧、舜之云虚，周、孔之不实也，又欲安所依信而立身乎？

注释

①影：影子。响：回声。

②差阑：稍微晚了些。

③项橐tuó：春秋时期鲁国的一位神童，虽然只有七岁，孔夫子依然把他当作老师一般请教，后世尊项橐为圣公。短折：短寿、夭折。

④原宪：孔子的弟子。

⑤盗跖：中国古代出名的大盗。庄跻：战国时期楚国将军，后为盗。

⑥齐景：齐景公，在位时贪图享乐。桓魋tuí：春秋时期宋国司马，曾经试图杀死孔子。

译文

解释第二个问题：被大家指责的因果报应之说，我却相信它就像影子跟随形体、回声紧随声音一样真实；听到的或者看到的，这样的事情已经很多了，有时候可能心不够诚，也或许是机缘未到，应验得稍微迟了些，但是最终会获得相应的报应的。行善还是行恶，决定了是获得善报还是恶报。九流百家的学说都赞同这个观点，难道唯独佛家是骗人的？项橐、颜回夭折早死，伯夷、原宪忍饥挨冻，盗跖、庄跻幸福长寿，齐景公、桓魋富贵强大，如果把这些看成是前身积下的祸福，应验在来世今生，就能够讲得通了。如果因为行善偶尔遭受了祸患，行恶却侥幸获得了好处，就满腹抱怨牢骚，就认为因果报应的说法是骗人的，那么尧、舜的主张也是虚妄的，周公、孔子的学说也是不真实的，又依靠什么信念来安身立命呢？

释三曰：开辟已来，不善人多而善人少，何由悉责其精洁乎[1]？见有名僧高行，弃而不说；若睹凡僧流俗，便生非毁。且学者之不勤，岂教者之为过？俗僧之学经律，何异士人之学《诗》《礼》？以《诗》《礼》之教，格朝廷之人[2]，略无全行者；以经律之禁，格出家之辈，而独责无犯哉？且阙行之臣[3]，犹求禄位；毁禁之侣，何惭供养乎？其于戒行，自当有犯。一披法服，已堕僧数，岁中所计，斋讲诵持，比诸白衣[4]，犹不啻山海也。

注释

①精洁：精粹纯洁。

②格：要求，规范。

③阙行：行为有所偏差。

④白衣：指俗家人。

译文

解释第三个问题：天地开辟以来，就是行恶的人多，而善良的人少，为何非得要求僧侣的队伍中一定是精粹纯洁的呢？看到得道高僧的高尚行为，舍弃不说；如果看到有凡庸僧人坏了戒律，就指责诽谤。况且求学者不勤奋，难道是教学者的错误吗？凡庸僧人学习佛家戒律，和士人学习《诗经》《礼记》有什么区别呢？以《诗经》《礼记》的要求，对照朝廷大臣的行为，几乎没有人完全无过错；以佛家戒律来对照出家人的行为，难道就要苛求完全没有过错？而且品德败坏的官员，依然谋求俸禄权位；犯了戒律的僧侣，享受供养又有什么值得惭愧的？立下戒律规范，有人有所触犯是在所难免的事情。一旦穿上法衣，就加入了僧侣的队伍，一年到头所做的事情，就是吃斋念经、宣讲佛法，和平常人在德行修养上相比，之间的差别就像高山与大海一样。

释四曰：内教多途，出家自是其一法耳。若能诚孝在心，仁惠为本，须达、流水[①]，不必剃落须发；岂令罄井田而起塔庙，穷编户以为僧尼也？皆由为政不能节之，遂使非法之寺，妨民稼穑，无业之僧，空国赋算，非大觉之本旨也。抑又论之：求道者，身计也；惜费者，国谋也。身计国谋，不可两遂。诚臣徇主而弃亲，孝子安家而忘国，各有行也。儒有不屈王侯高尚其事，隐有让王辞相避世山林；安可计其赋役，以为罪人？若能偕化黔首[②]，悉入道场，如妙乐之世，禳佉之国[③]，则有自然稻米，无尽宝藏，安求田蚕之利乎？

注释

①须达：梵语的音译，释迦牟尼的得力施主之一，为舍卫国给孤独长者的本名，是祇园精舍的施主。流水：佛教中的流水长者。

②黔首：指百姓。

③禳佉ráng qū：古印度神话中的国王，即转轮王。

译文

解释第四个问题：佛教修行的途径有很多，出家只是其中一种罢了。如果能做到心中不忘忠诚孝道，以仁惠为安身立命的根本，就像须达、流水两位长者一样，不需要剃发为僧；哪能把所有的良田都用来建寺庙、佛塔，让所有的百姓都做和尚或尼姑呢？都是因为执政者不知道有效节制，所以才出现了不守法的寺庙，妨碍百姓的种植生产，没有生计来源的僧侣，坐享国家的赋税供养，这并不是佛教的本义。或者换一种说法：信佛求道是出于自身的打算；节省财政用度是出于为国家的谋划。为私人打算和为国家谋划，两者不能同时达到。就像忠孝不能两全一样，忠诚的臣子为了献身君主只好放弃对父母的照顾，孝顺的子女为了照顾家庭只好放弃为国尽忠的想法，这是每个人有各自的行为标准。儒家对不屈身侍奉王侯权贵的人十分推崇，隐士中有人辞去王侯将相的高官厚禄而隐居山林；难道要向他们征收赋税、徭役，认为他们是逃避赋税和徭役而认定他们是罪人吗？如果能感化所有的百姓，让他们都皈依佛门，到达极乐世界、禳佉之国，那样就自然会有稻米生长出来，有无尽的宝藏可以享用，哪里还需要计较农桑的收益呢？

释五曰：形体虽死，精神犹存。人生在世，望于后身似不相属；及其殁后，则与前身似犹老少朝夕耳。世有魂神，示现梦想，或降童妾，或感妻孥，求索饮食，征须福佑，亦为不少矣。今人贫贱疾苦，莫不怨尤前世不修功业；以此而论，安可不为之作地乎？夫有子孙，自是天地间一苍生耳，何预身事？而乃爱护，遗其基址[①]，况于己之神爽，顿欲弃之哉？凡夫蒙蔽，不见未来，故言彼生与今非一体耳；若有天眼，鉴其念念随灭，生生不断，岂可不怖畏邪？又君子处世，贵能克己复礼，济时益物。治家者欲一家之庆，治国者欲一国之良，仆妾臣民，与身竟何亲也，而为勤苦修德乎？亦是尧、舜、周、孔虚失愉乐耳。一人修道，济度几许苍生？免脱几身罪累？幸熟思之！汝曹若观俗计，树立门户，不弃妻子，未能出家；但当兼修戒行，留心诵读，以为来世津梁[②]。人生难得，无虚过也。

注释

①基址：房屋的地基，这里代指家业。

②津：渡口。梁：桥梁。

译文

解释第五个问题：肉体虽然已经死亡，但是灵魂依然存在。有人活在这个世界上，觉得来世与今生没有关系；等到死后才发现，来世、今生就像老年与少年、晚上与早上的关系一样。世界上有死者的灵魂出现在活着的人的梦里面，有的托梦给僮仆、妻妾，有的托梦给妻子、儿女，向他们索要饮食，这也证明了来世需要今生的护佑，这种事也有不少。现在的人因为贫贱劳苦，没有人不抱怨前世没有修好功德；由此看来，今生怎能不为来世开辟一块安乐之地呢？人有子孙，也只不过是天地间一个普通的生命罢了，和自身有什么关系呢？但是依然会爱护有加，死后留给他们家业，何况对于自己的灵魂，难道要舍弃不顾吗？一些凡夫俗子愚昧无知，看不到来世，所以说来世与今生没有关系；如果他们有能够看破天机的慧眼，看到心念随生随灭，生死轮回不断，难道不会感到畏惧吗？而且正人君子为人处世，贵在能够约束自己，使自己的行为符合礼制要求，能够救济众生，对社会有所好处。治理家庭则希望家庭兴旺，治理国家则希望国家发达，仆人、妻妾、臣子、百姓，和自己又有什么关系呢，而要为他们辛苦操劳？这也是尧、舜、周公、孔子所提倡的为他人而舍弃自身享乐的精神。一个人修行求道，能够救济超脱多少苍生？能够为多少人洗脱罪孽？这个问题一定要深思熟虑。你们如果遵循世俗礼制，安家立业，不离妻子儿女，不能够出家为僧尼；但也要兼顾修行，遵循戒律，用心诵读佛经，为来世铺路搭桥。人生难得，不要白白虚度了。

儒家君子，尚离庖厨，见其生不忍其死，闻其声不食其肉。高柴、折像[①]，未知内教，皆能不杀，此乃仁者自然用心。含生之徒[2]，莫不爱命；去杀之事，必勉行之[3]。好杀之人，临死报验，子孙殃祸，其数甚多，不能悉录耳，且示数条于末。

注释

①高柴：孔子的弟子之一。折像：东汉人，字武伯。

②含生：一切有生命的生物。

③勉：尽力。

译文

儒家的正人君子，尚且要远离厨房，看见活生生的动物不忍心看到它们被杀死，听到动物被宰杀时的惨叫声就不忍心吃它们的肉。高柴、折像，他们并不信奉佛教，但是都可以做到不杀生，是具有仁爱之心的人天性使然。凡是有生命的生物，没有不爱惜自己的生命的；远离杀生的事情，一定要尽力做到。好杀生的人，临死之前会遭受报应，而且会祸及子孙，这样的例子很多，不能一一记录，仅仅列举几条在本文的末尾。

梁世有人，常以鸡卵白和沐[1]，云使发光，每沐辄二三十枚。临死，发中但闻啾啾数千鸡雏声。

注释

①鸡卵白：鸡蛋清。沐：洗头。古时候称洗头为“沐”，洗澡为“浴”。

译文

梁朝的时候有个人，常常用鸡蛋清洗头，说这样可以使头发富有光泽，每次洗头都要用掉二三十个鸡蛋。在他临死的时候，只从他头发中听到数千只小鸡啾啾的鸣叫声。

江陵刘氏，以卖鳝羹为业。后生一儿头是鳝，自颈以下，方为人耳。

译文

江陵有一个姓刘的人，以卖鳝鱼做的羹为职业。后来生了一个儿子，脑袋是鳝鱼，从脖子以下，才是人的形体。

王克为永嘉郡守，有人饷羊[①]，集宾欲宴。而羊绳解，来投一客，先跪两拜，便入衣中。此客竟不言之，固无救请。须臾，宰羊为羹，先行至客。

一脔入口[②]，便下皮内，周行遍体，痛楚号叫；方复说之。遂作羊鸣而死。

注释

①饷：赠送。

②脔：切成小块的肉。

译文

王克在永嘉做郡守的时候，有人赠送给他一只羊，他邀请了许多宾客想要设宴。但是那只羊挣脱了绳子，来到一位宾客面前，先是跪下拜了两拜，然后便藏到他的衣服中。这位客人竟然没有说起这件事，自然也没有替那只羊求情。过了不久，羊被宰杀并煮成了羊肉汤，首先送到了这位宾客的面前。这位宾客吃了一小块羊肉，便感觉这块肉渗入到皮下，在全身运行，于是痛苦哀嚎不止，才说起那只羊向自己求救的事情。于是就发出像羊一样的叫声，并死掉了。

梁孝元在江州时，有人为望蔡县令，经刘敬躬乱，县廨被焚[①]，寄寺而住。民将牛酒作礼，县令以牛系刹柱[②]，屏除形像[③]，铺设床坐，于堂上接宾。未杀之顷，牛解，径来至阶而拜，县令大笑，命左右宰之。饮啖醉饱[④]，便卧檐下。稍醒而觉体痒，爬搔隐疹，因尔成癞[⑤]，十许年死。

注释

①廨xiè：官吏办公处所的通称，即官署、官衙。

②刹柱：佛教用语，指寺前的幡竿。

③屏除：移走。形像：这里指庙里的佛像。

④啖：吃。

⑤癞：癞疮疤，一种恶性皮肤病。

译文

梁孝元帝在江州的时候，有个人做望蔡县令，刚好经历了刘敬躬骑兵叛乱的事情，官署都被焚毁了，只好借住在寺庙里。有百姓带来酒肉和牛作为礼物献给县令，县令将牛拴在寺前的幡竿上，移走庙里的佛像，摆设好坐具，在佛堂上接待宾客。牛在即将被杀的前一刻，挣脱了绳索，径直来到台阶前向县令跪拜，县令为此大笑不止，命令属下把牛给杀了。酒足饭饱之后，县令便在屋檐下睡觉。稍后醒来时发现身上发痒，忍不住挠抓之后就变成了很多小疙瘩，后来成了癞疮疤，十多年后就死去了。

杨思达为西阳郡守，值侯景乱，时复旱俭，饥民盗田中麦。思达遣一部曲守视，所得盗者，辄截手腕，凡戮十余人。部曲后生一男，自然无手。

译文

杨思达在做西阳太守的时候，正好遇到侯景叛乱，又刚好赶上旱灾，农作物歉收，有饥饿的百姓偷盗官田里的麦子。杨思达就派遣了一位部署去看守麦田，凡是抓到偷麦子的人，就砍断手腕，总共砍了十多个人。后来这位部署生了一个儿子，天生就没有手。

齐有一奉朝请[①]，家甚豪侈，非手杀牛，啖之不美。年三十许，病笃，大见牛来，举体如被刀刺，叫呼而终。

注释

①奉朝请：官名。

译文

齐朝有个奉朝请，家里非常豪华奢侈，不是自己亲手宰杀的牛，他吃起来就觉得不够鲜美。三十多岁的时候，病得非常严重，总看到有牛向自己冲过来，全身上下就像被刀刺一样疼痛难受，在哀嚎惨叫中死去了。

江陵高伟，随吾入齐，凡数年，向幽州淀中捕鱼。后病，每见群鱼啮之而死[①]。

注释

①啮niè：撕咬。

译文

江陵有个人叫高伟，和我一起来到齐国，连续好几年，他都喜欢到幽州的一个湖泊里捕鱼。后来生病，总是看到一大群鱼来咬自己，并因此而死了。

世有痴人，不识仁义，不知富贵并由天命。为子娶妇，恨其生资不足[①]，倚作舅姑之尊，蛇虺其性，毒口加诬，不识忌讳，骂辱妇之父母，却成教妇不孝己身，不顾他恨。但怜己之子女，不爱己之儿妇。如此之人，阴纪其过[②]，鬼夺其算[③]。慎不可与为邻，何况交结乎？避之哉！

注释

①生资：嫁妆。

②阴：阴司，传说中的阴曹地府。

③算：寿命。

译文

世上有些愚蠢的人，不知道应该怀有仁爱之心，不懂得富贵都是由上天决定的。为自己的儿子娶媳妇，抱怨嫁妆太少，倚仗自己公婆的尊贵身份，怀着蛇蝎心肠，对儿媳恶语相向，不知道忌讳，辱骂儿媳的父母，这反而促使儿媳不孝敬自己，也不顾及儿媳心中的怨恨。只知道怜惜疼爱自己的儿女，却不知道爱护自己的儿媳。这样的人，阴司会记住他们的罪过，鬼神会消减他们的阳寿。小心谨慎不可与他们做邻居，何谈交往成为朋友呢？一定要躲开这种人啊！

书证第十七

《诗》云："参差荇菜[①]。"《尔雅》云："荇，接余也[②]。"字或为"莕"。先儒解释皆云："水草，圆叶细茎，随水浅深。今是水悉有之，黄花似莼，江南俗亦呼为'猪莼'，或呼为'荇菜'。"刘芳具有注释[③]。而河北俗人多不识之，博士皆以参差者是苋菜[④]，呼"人苋"为"人荇"，亦可笑之甚。

注释

①参差：长短不齐的样子。荇菜：多年生水生草本植物，可食。

②接余：一种草本植物，即荇菜。

③刘芳：北魏人，曾撰写《毛诗笺音义证》。

④苋菜：一年生草本植物，可食。

译文

《诗经》里有诗句说："参差荇菜。"《尔雅》注释说："荇，就是接余。"这个字又写成"莕"。先前的儒家学者都解释说："荇菜是一种水草，叶子成圆形，茎很细，随着水的深浅沉浮。现在只要有水的地方就能够见到这种水草，开黄花，像莼菜，江南民间也称之为'猪莼'，也有的称之为'荇菜'。"刘芳所撰写的《毛诗笺音义证》

也有相同的注释。但是黄河以北的人大多不认识这种水草，博学的人都以为《诗经》中描写的参差不齐的东西是苋菜，把“人苋”称之为“人荇”，这也是十分可笑的事情。

《诗》云：“谁谓荼苦？”《尔雅》《毛诗传》并以荼，苦菜也。又《礼》云：“苦菜秀[①]。”案：《易统通卦验玄图》曰：“苦菜生于寒秋，更冬历春，得夏乃成。”今中原苦菜则如此也。一名“游冬”，叶似苦苣而细，摘断有白汁，花黄似菊。江南别有苦菜，叶似酸浆[②]，其花或紫或白，子大如珠，熟时或赤或黑，此菜可以释劳。案：郭璞注《尔雅》，此乃“蘵”[③]，黄蒢也。今河北谓之“龙葵”。梁世讲《礼》者，以此当苦菜；既无宿根[④]，至春方生耳，亦大误也。又高诱注《吕氏春秋》曰：“荣而不实曰英。”苦菜当言英，益知非龙葵也。

注释

①秀：开花。

②酸浆：草名，果实可供食用。又名红菇娘、挂金灯、戈力、灯笼草、洛神珠、泡泡草等。

③蘵zhī：草名，花小而白，中心黄。

④宿根：多年生植物，冬天茎叶枯萎而根不死，第

二年春天继续发芽。

译文

《诗经》说:“谁谓荼苦?”《尔雅》《毛诗传》都解释说,荼就是苦菜。另外《礼记》中说:“苦菜开花不结果。”据考证:《易统通卦验玄图》里说:“苦菜在深秋生长,经过冬天和春天,到了夏天才长成。”现在中原地区的苦菜就是这样的。这种苦菜又叫游冬,叶子像苦苣叶但是更细,摘断后有白汁流出,花呈黄色像菊花。江南有另外一种苦菜,叶子像酸浆,花呈紫色或白色,果实有珠子那么大,成熟后呈红色或黑色,这种苦菜有去除疲劳的功效。据考证,郭璞注解的《尔雅》说,这种苦菜叫蘵,就是黄蒢。现今黄河以北的人称之为龙葵。梁朝有个讲说《礼记》的人,把它当成是《诗经》中提到的苦菜。但是这种苦菜没有宿根,生长在春天,因此这是个很大的谬误。另外高诱注解的《吕氏春秋》说:“开花但是不结果叫英。”所以苦菜应当叫英,也可以知道不是龙葵。

《诗》云:“有杕之杜①。”江南本并“木”傍施“大”,《传》曰:“杕,独貌也。”徐仙民音徒计反。《说文》曰:“杕,树貌也。”在“木”部。《韵集》音“次第”之“第”,而河北本皆为“夷狄”之“狄”,读亦如字,此大误也。

注释

①杕dì：树木茂盛的样子。杜：杜梨，一种野生的梨。

译文

《诗经》里说："有杕之杜。""杕"字在江南流行的版本都是"木"字旁，右边加一个"大"字，《毛诗传》解释说："杕，是树孤独耸立的样子。"徐仙民给这个字注音为徒计反。《说文解字》里说："杕，是形容树的样子。"收集在"木"部里。《韵集》对这个字的注音和"次第"的"第"字相同，但是黄河以北流行的版本里将这个字都写作"夷狄"的"狄"字，读音也和"狄"字相同，这是很明显的错误。

《诗》云："駉駉牡马。"江南书皆作"牝牡"之"牡"[①]，河北本悉为"放牧"之"牧"。邺下博士见难云："《駉颂》既美僖公牧于坰野之事[②]，何限騲骘乎[③]？"余答曰："案：《毛传》云：'駉駉，良马腹干肥张也[④]。'其下又云：'诸侯六闲四种[⑤]：有良马，戎马[⑥]，田马[⑦]，驽马[⑧]。'若作放牧之意，通于牝牡，则不容限在良马独得'駉駉'之称。良马，天子以驾玉辂[⑨]，诸侯以充朝聘郊祀[⑩]，必无騲也。《周礼·圉人职》[⑪]：'良马，匹一人[⑫]。驽马，丽一人[⑬]。'圉人所养，亦非骒也；颂人举其强骏者言之[14]，于义为得也。《易》曰：'良马逐逐[15]。'《左传》云：'以其良马二。'亦精骏之称，非通语也。今以《诗传》良马，通于牧骒，恐失毛生之意[16]，且不见刘芳《义证》乎？"

注释

①牝牡：雌性鸟兽为"牝"，雄性鸟兽为"牡"。

②僖公：鲁僖公。坰野：荒野，广阔的原野。

③骒：母马。骘：公马。

④腹干：牲畜的躯干。

⑤闲：马厩。

⑥戎马：战马。戎，兵戎。

⑦田：田猎，打猎。

⑧驽：劣马，跑不快的马。

⑨玉辂：君王乘坐的车，用玉做装饰。

⑩朝聘：觐见君主。

⑪圉人：朝廷专管养马的人。

⑫匹一人：指一匹马由一个人单独饲养。

⑬丽一人：指两匹马由一个人饲养。丽，一对。

⑭颂人：指《駉颂》的作者。

⑮逐逐：快速奔跑的样子。

⑯毛生：《毛诗传》的作者，毛公。

译文

《诗经》说:“駉駉牡马。”江南流行的版本都写作“牝牡”的“牡”字，黄河以北地区流行的版本都写作“放牧”的“牧”字。邺下的读书人就反诘说;“既然《駉颂》这首诗赞美的是鲁僖公在广袤的荒野上放牧的事情，那为什么要区分是母马还是公马呢?”我回答说:“根据考证:《毛诗传》注解:‘駉駉，是指良马躯干肥壮的样子。’下面又解释说:‘诸侯有六个马厩，四种马:包括良马、战马、狩猎的马、劣马。’如果解释为放牧的话，那就是通指公马和母马，就不会仅仅限于良马得到‘駉駉’的赞美。所谓的良马，是天子用来驾车，诸侯用来觐见君主或是在郊外祭祀的时候用的，一定不会是母马。《周礼·圉人职》里又说:‘良马，是指一匹马由一个人专职饲养。劣马，是指两匹马由一个人饲养。’圉人所饲养的马，也不会是母马。《駉颂》的作者列举强壮俊美的马来进行赞美，在意义上也是能够讲得通的。《易经》里说:‘良马飞奔。’《左传》记载:‘赵旃用他的两匹良马……’这些地方所说的良马也是指强壮俊美的公马，并非通指公马和母马。现今的人以为《毛诗传》说的良马，是通指公马和母马，这恐怕违背了作者毛公的本意，难道没读过刘芳撰写的《毛诗笺音义证》吗?”

《月令》云[1]："荔挺出[2]。"郑玄注云："荔挺，马薤也。"《说文》云："荔，似蒲而小，根可为刷。"《广雅》云："马薤，荔也。"《通俗文》亦云马蔺。《易统通卦验玄图》云："荔挺不出，则国多火灾。"蔡邕《月令章句》云："荔似挺。"高诱注《吕氏春秋》云："荔草挺出也。"然则《月令注》荔挺为草名，误矣。河北平泽率生之。江东颇有此物，人或种于阶庭，但呼为"旱蒲"，故不识马薤。讲《礼》者乃以为马苋；马苋堪食，亦名豚耳，俗名马齿。江陵尝有一僧，面形上广下狭；刘缓幼子民誉，年始数岁，俊晤善体物[3]，见此僧云："面似马苋。"其伯父绍因呼为"荔挺法师"。绍亲讲《礼》名儒，尚误如此。

注释

①《月令》：《礼记》中的一篇。

②荔挺：根据上下文的逻辑，"荔"和"挺"应该分开解释。荔，荔草。挺，荔草的茎。

③俊晤：聪明异常。体物：描摹物体的外貌。

译文

《礼记·月令》说："荔挺出。"郑玄注解说："荔挺，就是马薤。"《说文解字》里说："荔，像蒲草但是要小些，根可以做刷子。”《广雅》里说：“马薤，就是荔草。”《通俗文》也说荔草又叫马蔺。《易统通卦验玄图》里说：“荔草的茎不长出来（不发芽），那么国家就会多火灾。”蔡邕在《月令章句》中说：“荔似挺。”高诱注解《吕氏春秋》说：“荔草的茎长出来了。”但是《月令注》将“荔挺”当成了草名（荔才是草名），这是错误的。黄河以北地区平坦的沼泽上都长这种植物。江东也有很多地方可以看到这种植物，有的人把它种植在庭院里，只知道称它为“旱蒲”，所以不知道它又叫马薤。讲说《礼记》的人以为荔草是马苋草；马苋草可以食用，又叫豚耳草，俗称马齿草。江陵曾经有一个僧人，他的脸长得上面宽，下面窄；刘缓的小儿子刘民誉，才只有几岁，非常聪明，擅长描摹事物的外形，见到这个僧人说：“他的脸像马苋草。”刘民誉的伯父刘绍因此就称这个僧人为“荔挺法师”。刘绍是讲解《礼记》出了名的儒家学者，也会犯这种错误。

《诗》云：“将其来施施。”《毛传》云：“施施，难进之意。”郑《笺》云：“施施，舒行貌也。”《韩诗》亦重为“施施”[①]。河北《毛诗》皆云“施施”。江南旧本，悉单为“施”，俗遂是之，恐为少误。

注释

①重：重叠。

译文

《诗经》说“将其来施施。”《毛诗传》注解说：“施施，就是前进困难的样子。”郑玄的《毛诗传笺》说：“施施，是缓慢前行的样子。”《韩诗》也重叠用了“施施”两个字。黄河以北地区流行的《毛诗传》都作“施施”。江南流行的旧版本，都只单用一个“施”字，大家于是觉得两种都是对的，恐怕还是不妥当。

《诗》云：“有渰萋萋，兴云祁祁。”《毛传》云：“渰，阴云貌。萋萋，云行貌。祁祁，徐貌也。”《笺》云：“古者，阴阳和，风雨时，其来祁祁然，不暴疾也。”案：渰已是阴云，何劳复云“兴云祁祁”耶？“云”当为“雨”，俗写误耳。班固《灵台诗》云：“三光宣精①，五行布序②，习习祥风，祁祁甘雨。”此其证也。

注释

①三光：日、月、星。宣精：发出光芒。

②五行：金、木、水、火、土。布序：按次序排列。

译文

《诗经》说："有渰萋萋，兴云祁祁。"《毛诗传》注解说："渰，就是阴云的样子。萋萋，就是云移动的样子。祁祁，就是舒缓的样子。"《毛诗传笺》说："在古时候，阴阳调和，风雨适时到来，来的时候舒缓温和，不是疾风骤雨。"根据考证："渰"已经是阴云的意思，为什么还要重复说"兴云祁祁"呢？"云"应该是"雨"，是书写失误。班固《灵台诗》中说："三光宣精，五行布序，习习祥风，祁祁甘雨。"这就是证据。

《礼》云："定犹豫，决嫌疑。"《离骚》曰："心犹豫而狐疑。"先儒未有释者。案：《尸子》曰："五尺犬为犹。"《说文》云："陇西谓犬子为犹[①]。"吾以为人将犬行[②]，犬好豫在人前，待人不得，又来迎候，如此往返，至于终日，斯乃"豫"之所以为未定也，故称"犹豫"。或以《尔雅》曰："犹如麂[③]，善登木。"犹，兽名也，既闻人声，乃豫缘木，如此上下，故称"犹豫"。狐之为兽，又多猜疑，故听河冰无流水声，然后敢渡。今俗云："狐疑，虎卜[④]。"则其义也。

注释

①犬子：幼犬。

②将：带领。

③麂jǐ：一种野生哺乳动物，像鹿。

④虎卜：传说老虎在捕食之前会画地占卜，后被人模仿，虎卜成为占卜的一种。

译文

《礼记》说："定犹豫，决嫌疑。"《离骚》说："心犹豫而狐疑。"先辈的学者没有解释这些。根据考证：《尸子》说："五尺长的犬叫犹。"《说文解字》说："陇西一带称幼犬为犹。"我觉得人带领狗在路上行走，狗喜欢先跑到人的前面，等人等不到，又跑回去迎候，这样反反复复，整天如此，这是为什么"豫"表示不确定的原因，所以称"犹豫"。有人认为《尔雅》说："犹长得像麂子，擅长爬树。"犹，是兽名，听到人的声响，就先爬到树上，如此上上下下，反反复复，所以称"犹豫"。狐狸是兽的一种，又生性多猜疑，据说狐狸在过冰冻的河流时，要听到冰下面没有流水声响，然后才敢过。今天俗语说："狐狸天性多疑，老虎可以占卜。"就是源于这个意思。

《左传》曰："齐侯痎，遂痁。"《说文》云："痎，二日一发之疟[①]。痁，有热疟也。"案：齐侯之病，本是间日一发，渐加重乎故，为诸侯忧也。今北方犹呼“痎疟”，音“皆”。而世间传本多以“痎”为“疥”，杜征南亦无解释[②]，徐仙民音“介”，俗儒就为通云：“病疥[③]，令人恶寒，变而成疟。”此臆说也。疥癣小疾，何足可论，宁有患疥转作疟乎？

注释

①疟nüè：一种传染性极强的急性病。

②杜征南：杜预，曾做征南将军，极爱读《左传》，曾经为《左传》作注。

③疥：一种皮肤病，又叫疥癣。

译文

《左传》说：“齐侯得了痎病，后来变成了痁病。”《说文解字》说：“痎，是两天发作一次的疟疾。痁，是伴有发热的疟疾。”根据考证：齐侯的病，本来是两天发作一次，后来逐渐加重了，让诸侯感到担忧。如今北方人依然有“痎疟”的说法，读作“皆”。而世间流传的版本多把“痎”当成“疥”，杜预也没有作出解释，徐仙民给其注音为“介”，一般的读书人就牵强地解释成：“齐侯得了疥癣，使人受寒，后来变成了疟疾。”这是完全主观臆测的说法。疥癣这样的小病，哪里值得一提，况且有得了疥癣后变成疟疾的吗？

《尚书》曰:"惟影响[①]。"《周礼》云:"土圭测影[②],影朝影夕[③]。"《孟子》曰:"图影失形[④]。"《庄子》云:"罔两问影[⑤]。"如此等字,皆当为"光景"之"景"。凡阴景者[⑥],因光而生,故即谓为"景"。《淮南子》呼为"景柱",《广雅》云:"晷柱挂景[⑦]。"并是也。至晋世葛洪《字苑》,傍始加"彡",音于景反。而世间辄改治《尚书》《周礼》《庄》《孟》从葛洪字,甚为失矣。

注释

①影响:影子、回声。

②土圭:测量日影、时间和土地的器具。

③影朝影夕:见《周礼·大司徒》:"日东则景夕,多风;日西则景朝,多阴。"

④图影:画图形。

⑤罔两:影子周围微弱的阴影。

⑥阴景:阴影。

⑦晷:日晷,古代通过测量日影变化而计时的器具。

译文

《尚书》说:"惟影响。"《周礼》说:"土圭测影,影朝影夕。"《孟子》说:"图影失形。"《庄子》说:"罔两问影。”像这些地方的“影”字，都应当是“光景”的“景”字。所有的阴影，都是因为有光才产生的，所以应该是“景”字。《淮南子》称“景柱”，《广雅》说：“晷柱挂景。”也都是这样。到了晋朝，葛洪撰写《字苑》，才加上了偏旁“彡”，读于景反。而世间的人就改掉了《尚书》《周礼》《庄子》《孟子》里的“景”字，换成了葛洪所说的“影”字，这是较严重的错误。

太公《六韬》[1]，有天陈、地陈、人陈、云鸟之陈[2]。《论语》曰：“卫灵公问陈于孔子。”《左传》：“为鱼丽之陈。”俗本多作“阜”傍“车乘”之“车”。案诸陈队，并作“陈、郑”之“陈”。夫行陈之义，取于陈列耳，此六书为假借也，《苍》《雅》及近世字书，皆无别字；唯王羲之《小学章》，独“阜”傍作“车”，纵复俗行，不宜追改《六韬》《论语》《左传》也。

注释

①太公：姜太公。《六韬》：中国古代兵书。

②陈：同“阵”，阵形。

译文

姜太公著的《六韬》中，有天陈、地陈、人陈、云鸟陈等等。《论语》说："卫灵公问陈于孔子。"《左传》说："为鱼丽之陈。"流行的版本多把"陈"写作"阜"字旁加上"车乘"的"车"字。考证各种对军队阵形的表述，都写作"陈、郑"的"陈"字。布列阵形的意思，是取"陈列"的意思。把"陈"字写成"阵"字，这是六书中的假借行为，《苍颉篇》《尔雅》以及近代的字书里，都是写作"陈"，没有别的字；只有王羲之撰写的《小学章》，依然写作"阜"字旁加"车"字，即使这种写法很流行，也不应该将《六韬》《论语》《左传》中的"陈"字改成"阵"字。

《诗》云："黄鸟于飞，集于灌木。"《传》云："灌木，丛木也。"此乃《尔雅》之文，故李巡注曰："木丛生曰灌。"《尔雅》末章又云："木族生为灌。"族亦丛聚也。所以江南《诗》古本皆为"丛聚"之"丛"，而古"丛"字似"冣"字[①]，近世儒生，因改为"冣"，解云："木之冣高长者。"案：众家《尔雅》及解《诗》无言此者，唯周续之《毛诗注》，音为徂会反，刘昌宗《诗注》，音为在公反，又祖会反：皆为穿凿，失《尔雅》训也。

注释

①冣："最"的异体字。

译文

《诗经》说："黄鸟于飞，集于灌木。"《毛诗传》注解说："灌木，就是丛生的树木。"这是《尔雅》里面的话，所以李巡注解说："树木丛生叫'灌'。"《尔雅》这一解释的末尾又说："树木族生叫'灌'。"族，也是丛聚的意思。所以江南流传的《诗经》的古老版本都写成"丛聚"的"丛"字，而古代"丛"字比较像"取"字，近代的读书人就改成了"取"字，还解释说："树木中长得最高大的。"据考证：众多版本的《尔雅》以及注解《诗经》的书中都没有这个说法，唯独周续之撰写的《毛诗注》，给这个字注音是徂会反，刘昌撰写的《诗注》，为这个字注的音是在公反，也作祖会反。这些说法都是牵强附会，违背了《尔雅》的注解。

"也"是语已及助句之辞，文籍备有之矣。河北经传，悉略此字，其间字有不可得无者，至如"伯也执殳"①，"于旅也语"，"回也屡空"②，"风，风也，教也"，及《诗传》云："不戢③，戢也；不傩④，傩也。""不多，多也。"如斯之类，傥削此文，颇成废阙。《诗》言："青青子衿。"《传》曰："青衿，青领也，学子之服。"按：古者，斜领下连于衿，故谓领为"衿"。孙炎、郭璞注《尔雅》，曹大家注《列女传》⑤，并云："衿，交领也。”邺下诗本，既无“也”字，群儒因谬说云：“青衿、青领，是衣两处之名，皆以青为饰。”用释“青青”二字，其失大矣！又有俗学，闻经传中时须“也”字，辄以意加之，每不得所，益成可笑。

注释

①殳：一种兵器。

②回：颜回。屡空：时常窘迫。

③戢：管制，约束。

④傩：难。

⑤曹大家：班昭，班固与班超的妹妹，嫁给曹世叔，多次应召入宫，为皇后及诸贵人教书，号“大家”。

译文

“也”是语气助词，很多文章中都用到这个字。黄河以北地区的经书传记，大都省略了这个字，但是有些地方是不能省略的，比如“伯也执殳”，“于旅也语”，“回也屡空”，“风，风也，教也”，及《毛诗传》中说的：“不戢，戢也；不傩，傩也。”“不多，多也。”诸如此类，如果把“也”字去掉，那文章就变得残缺不全了。《诗经》中说：“青青子衿。”《毛诗传》注解说：“青衿，指青色的衣领，是学子穿的衣服。”据考证：在古时候，衣领斜着向下和衿相连，所以称衣领为“衿”。孙炎、郭璞注解的《尔雅》，班昭注解的《列女传》，都说："衿，就是交领。"邺下流传的《毛诗传》，都没有"也"字，许多读书人因此错误地解释说："青衿、青领，是衣服的两个地方，都以青色的布作为装饰。"用来解释"青青"两个字，这是犯了很大的错误！还有一些平庸的读书人，听说经书、传记中经常出现"也"字，就随意到处用，结果都用得不是地方，可笑之极。

《易》有蜀才注①，江南学士，遂不知是何人。王俭《四部目录》，不言姓名，题云："王弼后人。"谢炅、夏侯该，并读数千卷书，皆疑是谯周②；而《李蜀书》一名《汉之书》，云："姓范名长生，自称蜀才。"南方以晋家渡江后，北间传记，皆名为"伪书"，不贵省读，故不见也。

注释

①蜀才：东晋范贤的自称。

②谯周：三周时期蜀国人。

译文

《易经》有署名为"蜀才"的注解本，江南的读书人，都不知道蜀才是什么人。王俭的《四部目录》中没有署名字，只是说："是王弼的后人。"谢炅、夏侯该都是读过上千卷书的大才子，他们都怀疑蜀才就是谯周；而《李蜀书》又叫《汉之书》，其中说到："姓范，名长生，自称蜀才。"南方自从晋朝南渡之后，把北方地区的经书、传记都称之为"伪书"，不屑去仔细研读，所以不知道蜀才是谁。

《礼·王制》云："裸股肱[①]。"郑注云："谓捋衣出其臂胫[②]。"今书皆作"擐甲"之"擐"。国子博士萧该云："'擐'当作'揎'，音'宣'，'擐'是穿着之名，非出臂之义。"案《字林》，萧读是，徐爰音"患"，非也。

注释

①股：大腿。肱：胳膊。

②捋衣：撩起衣服。胫：小腿。

译文

《礼记·王制》说："裸股肱"。郑玄注解说："是指撩起衣服，露出胳膊和腿。"现今流传的书都写作"擐甲"的"擐"字。国子博士萧该云说："'擐'字应当写作'揎'字，读作'宣'，'擐'是穿着的意思，不是露出手臂的意思。"考证《字林》，萧该的读音是正确的，徐爰说应该读"患"，是错的。

《汉书》："田肎贺上[1]。"江南本皆作"宵"字。沛国刘显，博览经籍，偏精班《汉》，梁代谓之"《汉》圣"。显子臻[2]，不坠家业。读班史，呼为"田肎"。梁元帝尝问之，答曰："此无义可求，但臣家旧本，以雌黄改'宵'为'肎'[3]。"元帝无以难之。吾至江北，见本为"肎"。

注释

①肎："肯"字的古体字。

②显子：了不起的儿子。

③雌黄：一种矿物质，古代常用来涂改错字。

译文

《汉书》中有："田肎贺上。"江南流传的版本都写作"宵"字。沛国的刘显，博览群书，特别精通班固写的《汉书》，梁朝时称他为"《汉》圣"。他的儿子刘臻也非常了不起，继承了家业。刘臻在读《汉书》的时候，读作"田肎"。梁元帝曾经问他为什么这么读，他回答说："这没有什么意义可以探求，只是我家旧版本的《汉书》，上面的'宵'字都被用雌黄改成了'肎'字。"梁元帝也没再诘难他。我到了江北的时候，才知道这个字本来就应该是"肎"。

《汉书·王莽赞》云："紫色蛙声，余分闰位。"盖谓非玄黄之色，不中律吕之音也。近有学士，名问甚高，遂云："王莽非直鸢髆虎视①，而复紫色蛙声。"亦为误矣。

注释

①鸢：鸟名。髆：胳膊。虎视：像老虎一样的眼睛。

译文

《汉书·王莽赞》说："紫色蛙声，余分闰位。"说的是紫色不是正色，玄黄色才是皇家正色，蛙声不符合正统音律（意思是说王莽篡位，不是真命天子）。近来有一位读书人，名声很高，却说："王莽不仅有像鸢一样高耸的双肩，老虎一样凶恶的眼睛，而且还有紫色的皮肤，青蛙一样的声音。"这也是错误的。

简"策"字,"竹"下施"朿",末代隶书,似"杞、宋"之"宋",亦有"竹"下遂为"夹"者;犹如"刺"字之傍应为"朿",今亦作"夹"。徐仙民《春秋》《礼音》，遂以"筴"为正字，以"策"为音，殊为颠倒。《史记》又作"悉"字，误而为"述"，作"妒"字，误而为“姤”，裴、徐、邹皆以“悉”字音“述”①，以“妒”字音“姤”。既尔，则亦可以“亥”为“豕”字音，以“帝”为“虎”字音乎？

注释

①裴、徐、邹：裴骃、徐野民、邹诞生，三人都曾为《史记》作注或正音。

译文

“简策”的“策”字，“竹”字头下面一个“朿”字，秦末的隶书中，“策”字有些像“杞、宋”的“宋”字，也有人写成“竹”字头下面一个“夹”字；就像“刺”字，左边应该是“朿”字，今天也有人写成“夹”字。徐仙民注解的《春秋》《礼音》，竟然以“筴”为本字，以“策”为读音，这完全是颠倒了。《史记》中写“悉”字，错写成了“述”字；写“妒”字，错写成了“姤”，裴骃、徐野民、邹诞生在为《史记》作注的时候，都用“述”字给“悉”字注音，用“姤”字给“妒”字注音。如果是这样，那么可以用“亥”字为“豕”字注音，用“帝”字为“虎”字注音吗？

张揖云：“虙，今伏羲氏也。”孟康《汉书·古文注》亦云：“虙，今‘伏’。”而皇甫谧云：“伏羲或谓之宓羲。”按诸经史纬候，遂无“宓羲”之号。“虙”字从“虍”，“宓”字从“宀”，下俱为“必”，末世传写，遂误以“虙”为“宓”，而《帝王世纪》因误更立名耳。何以验之？孔子弟子虙子贱为单父宰[①]，即虙羲之后，俗字亦为“宓”，或复加“山”。今兖州永昌郡城，旧单父地也，东门有子贱碑，汉世所立，乃曰：“济南伏生，即子贱之后。”是知“虙”之与“伏”，古来通字，误以为“宓”，较可知矣。

注释

①单父：地名。宰：长官。

译文

张揖说：“虙，就是现在说的伏羲氏。”孟康注的《汉书·古文注》也说：“虙，就是今天的‘伏’字。”但是皇甫谧却说：“伏羲也称作宓羲。”考证各种经书和典籍，都没有“宓羲”这种说法。“虙”属于“虍”部，“宓”字属于“宀”部，下面都是一个“必”字，秦末以来在传写的时候，错将“虙”写成了“宓”字，而皇甫谧写的《帝王世纪》也因此为伏羲氏另立了名号。有什么证据呢？孔子的弟子宓子贱曾经在单父做地方官，他是虙羲氏的后代，他的姓俗体字也写成“宓”，或者再加一个“山”字。今天兖州永昌城，就是当初的单父地区，东城门有块子贱碑，是汉代树立的，碑文说：“济南姓伏的人，是伏子贱的后人。”从这里可以知道“虙”和“伏”两个字自古以来就是通用的，“伏”被误写成了“宓”的原因，通过这个比较也就清楚了。

《太史公记》曰：“宁为鸡口，无为牛后。”此是删《战国策》耳。案：延笃《战国策音义》曰：“尸，鸡中之主。从，牛子。”然则，“口”当为“尸”，“后”当为“从”，俗写误也。

译文

《史记》中说：“宁为鸡口，无为牛后。”这是删减了《战国策》中的文字提炼得来的。据考证：延笃注的《战国策音义》说：“尸，是鸡中的主宰者。从，是小牛犊。”那么，《史记》中的“口”字应该是“尸”字，“后”字应该是“从”字，这是一般人在传写时写错了。

应劭《风俗通》云：“《太史公记》：‘高渐离变名易姓[①]，为人庸保[②]，匿作于宋子[③]，久之作苦，闻其家堂上有客击筑[④]，伎痒，不能无出言。’”案：伎痒者，怀其伎而腹痒也。是以潘岳《射雉赋》亦云：“徒心烦而伎痒。”今《史记》并作“徘徊”，或作“彷徨不能无出言”，是为俗传写误耳。

注释

①高渐离：人名，擅长击筑，曾击筑为荆轲送行。秦朝统一六国后，隐姓埋名，后因听见有人击筑，忍不住卖弄身手，暴露身份。

②庸保：仆人、杂役。

③宋子：地名。

④筑：古代一种打击乐器。

译文

应劭撰写的《风俗通》说："《史记》里说：'高渐离更名改姓，替人做杂役，藏匿在宋子地区，时间长了感到十分劳苦。有一天听到主人家厅堂之上有人击筑，技痒难耐，不能够保持安静。'"据考证：伎痒，就是指有人身怀某种技艺，但无法得到展示而心痒难耐。所以潘岳的《射雉赋》里也说："徒心烦而伎痒。"现在的《史记》写作"徘徊"，或者"彷徨不能无出言"，这是人们在传写时写错了。

太史公论英布曰："祸之兴自爱姬，生于妒媚，以至灭国。"又《汉书·外戚传》亦云："成结宠妾妒媚之诛[①]。"此二"媚"并当作"媢"，"媢"亦妒也，义见《礼记》《三苍》。且《五宗世家》亦云："常山宪王后妒娼。”王充《论衡》云：“妒夫娼妇生，则忿怒斗讼。”益知“娼”是“妒”之别名。原英布之诛为意贲赫耳[②]，不得言“媢”。

注释

①成结：造成。

②原：探究。贲赫：人名，曾是英布的属中大夫。英布爱妾因为生病就医，医馆就在贲赫家对面，贲赫出于巴结英布的意图，将英布的爱妾接到家里款待，英布却怀疑其与自己的爱妾私通，要将其下狱。贲赫逃到京城，揭发英布造反的事情。

译文

太史公司马迁在论写英布的时候说：“祸患因他的爱妾而兴起，根源却在于妒媢之心，以致国破家亡。”还有《汉书·外戚传》也说：“杀身之祸是因为宠妾的妒媢之心造成的。”这两个地方的“媢”都应该写作“娼”；“娼”就是嫉妒的意思。这个意义可查看《礼记》《三苍》。而且《五宗世家》也说：“常山宪王的王后妒娼之心很重。”王充著的《论衡》说：“丈夫善妒，那么妻子的嫉妒之心也就会很重，两人就会相互嫉恨而争吵不休。”这可以更清楚地知道“娼”就是“妒”的另外一种说法。探究英布被杀的原因是因为嫉妒贲赫，不能说是“媢”。

《史记·始皇本纪》:“二十八年，丞相隗林、丞相王绾等，议于海上[①]。”诸本皆作“山林”之“林”。开皇二年五月[②]，长安民掘得秦时铁称权[③]，旁有铜涂镌铭二所[④]。其一所曰:“廿六年，皇帝尽并兼天下诸侯，黔首大安，立号为皇帝，乃诏丞相状、绾，法度量则不壹、嫌疑者，皆明壹之[⑤]。”凡四十字。其一所曰:“元年，制诏丞相斯、去疾，法度量，尽始皇帝为之，皆有刻辞焉。今袭号而刻辞不称始皇帝，其于久远也，如后嗣为之者，不称成功盛德，刻此诏□左，使毋疑。”凡五十八字，一字磨灭，见有五十七字，了了分明[⑥]。其书兼为古隶。余被敕写读之[⑦]，与内史令李德林对[⑧]，见此称权，今在官库；其“丞相状”字,乃为状貌之“状”,“爿”旁作“犬”；则知俗作“隗林”，非也，当为“隗状”耳。

注释

①海上：指东海之滨。

②开皇：隋文帝年号。

③称权：秤砣。

④涂：镀。镌：雕刻。

⑤壹：统一。

⑥了了：清楚，明白。

⑦敕：皇帝的诏令，这里有委任、命令的意思。读dòu：古文本没有标点，语句中的停顿叫“读”。这里作动词，指标明停顿的地方。

⑧内史：官名。

译文

《史记·秦始皇本纪》说：“二十八年，丞相隗林、丞相王绾等，议于海上。”所有的版本都将“隗林”的“林”写成“山林”的“林”。开皇二年五月，长安有百姓挖到了一个秦朝的铁秤砣，旁边有两个地方镀了铜，并刻上了字。其中一个地方说：“廿六年，皇帝尽并兼天下诸侯，黔首大安，立号为皇帝，乃诏丞相状、绾，法度量则不壹、嫌疑者，皆明壹之。”总共四十个字。另一个地方刻着：“元年，制诏丞相斯、去疾，法度量，尽始皇帝为之，皆有刻辞焉。今袭号而刻辞不称始皇帝，其于久远也，如后嗣为之者，不称成功盛德，刻此诏□左，使毋疑。”总共五十八个字，其中一个字被磨损看不清了，能够看到的有五十七个字，都可以清楚辨明。这些字都是用古隶书写的。我被委任誊写这些字，并给文字断句，与内史李德林核对的时候，亲眼看到了这个秤砣，如今放在官库里。上面“丞相状”三个字中的“状”字，写的是“状貌”的“状”，“爿”旁加一个“犬”字；那么就可以知道流传的版本写的“隗林”是错的，应该是“隗状”。

《汉书》云："中外禔福。"字当从"示"。禔，安也，音"匙匕"之"匙"，义见《苍》《雅》《方言》。河北学士皆云如此。而江南书本，多误从"手"，属文者对耦，并为"提挈"之意，恐为误也。

译文

《汉书》说："中外禔福。""禔"字应该是属于"示"部。禔，是安宁的意思，读音为"匙匕"的"匙"，词义可以参见《苍颉篇》《尔雅》《方言》。黄河以北地区的读书人都是这么认为的。但是江南地区流传的版本，多错写成属于"手"部的字，写文章的人为了对偶，都解释成"提挈"的意思，这恐怕是错的。

或问："《汉书注》：'为元后父名禁[①]，故禁中为省中。'何故以'省'代'禁'？"答曰："案:《周礼·宫正》：'掌王宫之戒令纠禁[②]。'郑注云：'纠，犹割也，察也。'李登云：'省，察也。'张揖云：'省，今省詧也。'然则小井、所领二反，并得训'察'。其处既常有禁卫省察，故以'省'代'禁'。詧，古'察'字也。"

注释

①元后：汉元帝的皇后，其父叫翁禁。

②纠：纠察，督查。

译文

有人问："《汉书注》记载：'因为元后的父亲叫翁禁，为了避讳，所以将'禁中'改为了'省中'。为什么要用'省'字代替'禁'字呢？"回答说："据考证：《周礼·宫正》说：'掌王宫之戒令纠禁。'郑玄注解说：'纠，就是割、察的意思。'李登说：'省，就是察的意思。'张揖说：'省，就是今天所说的省詧的意思。'如此小井反和所领反两种读音，都应该解释为'察'。王宫时时需要有禁卫军守卫纠察，所以用'省'字代替'禁'字。詧，就是古代的'察'字。"

《汉·明帝纪》："为四姓小侯立学[①]。"按：桓帝加元服，又赐四姓及梁、邓小侯帛，是知皆外戚也。明帝时，外戚有樊氏、郭氏、阴氏、马氏为四姓。谓之小侯者，或以年小获封，故须立学耳。或以侍祠猥朝[②]，侯非列侯[③]，故曰小侯，《礼》云："庶方小侯[④]。"则其义也。

注释

①四姓：四个姓氏较显赫的家族。小侯：一种级别较低的侯位。

②侍祠：侍祠侯，一种级别较低的侯位。猥朝：猥朝侯，一种级别较低的侯位。

③列侯：级别较高的侯位，上等侯。

④庶方：边远地方。

译文

《汉书·明帝纪》记载："为四姓小侯立学。"据考证：汉桓帝行冠礼的时候，又赐给四姓以及梁小侯、邓小侯布帛，如此可以知道这些人都是外戚。汉明帝的时候，外戚有樊氏、郭氏、阴氏、马氏四大姓氏。之所以叫小侯，有的是年纪很小就受封，所以需要为之立学。有的是侍祠或者猥朝，并非级别较高的列侯，所以称之为小侯。《礼记》中说："边远地区的小侯国。"说的就是这个意思。

《后汉书》云："鹳雀衔三鳝鱼。"多假借为"鳣鲔"之"鳣"；俗之学士，因谓之为"鳣鱼"。案：魏武《四时食制》："鳣鱼大如五斗奁[①]，长一丈。"郭璞注《尔雅》："鳣长二三丈。"安有鹳雀能胜一者，况三乎？

鳣又纯灰色，无文章也[②]。鳝鱼长者不过三尺，大者不过三指，黄地黑文；故都讲云[③]：“蛇鳝，卿大夫服之象也。”《续汉书》及《搜神记》亦说此事，皆作“鳝”字。孙卿云：“鱼鳖鳅鳣。”及《韩非》《说苑》皆曰：“鳣似蛇，蚕似蠋。”并作“鳣”字。假“鳣”为“鳝”，其来久矣。

注释

①奁lián：匣子。

②文章：繁杂的花纹。

③故都：古代学舍中协助讲经的助教。

译文

《后汉书》说：“鹳雀衔三鳝鱼。”“鳝”字多被假借为“鳣鲔”的“鳣”字；很多读书人因此以为《后汉书》说的就是“鳣鱼”。据考证：魏武帝著的《四时食制》说：“鳣鱼有可以装五斗粮食的匣子那么大，有一丈长。”郭璞注解的《尔雅》说：“鳣鱼长二三丈。”哪里有鹳雀能够衔这么大一条鳝鱼，更何况三条呢？鳣鱼是纯灰色，身上没有花纹。而鳝鱼最长的不过三尺长，最宽的也没有三指宽，黄色底纹，上面有黑色的花纹；故都在讲解经书时也说：“卿大夫官服上的图案就是仿照了蛇鳝。”《续汉书》和《搜神记》也说到了同样的事情，都写作“鳝”字。荀子说：“鱼鳖鳅鳣。”《韩非子》《说苑》上也都说：

“鳣鱼像蛇，蚕像蠋。”都写作“鳣”。用“鳣”假借“鳝”的用法，是由来已久的事情。

《后汉书》：“酷吏樊晔为天水郡守，凉州为之歌曰：‘宁见乳虎穴，不入冀府寺。’”而江南书本“穴”皆误作“六”。学士因循，迷而不寤[①]。夫虎豹穴居，事之较者[②]；所以班超云：“不探虎穴，安得虎子？”宁当论其六七耶？

注释

①寤：清醒。

②较：明了，明显。

译文

《后汉书》记载：“酷吏樊晔在当天水郡守的时候，凉州人为他编了一首歌谣说：‘宁见乳虎穴，不入冀府寺。’”而江南流行的版本将“穴”字都错写成了“六”字。读书人沿袭了这个错误，并且始终没有觉察。虎豹在洞穴中居住，这是非常明显的事情；所以班超才说：“不探虎穴，安得虎子？”难道还要去计算是六个还是七个吗？

《后汉书·杨由传》云："风吹削肺。"此是削札牍之柹耳[①]。古者，书误则削之，故《左传》云"削而投之"是也。或即谓"札"为"削"，王褒《童约》曰："书削代牍。"苏竟书云："昔以摩研编削之才。"皆其证也。《诗》云："伐木浒浒。"《毛传》云："浒浒，柹貌也。"史家假借为"肝肺"字，俗本因是悉作"脯腊"之"脯"，或为"反哺"之"哺"。学士因解云："削哺，是屏障之名。"既无证据，亦为妄矣！此是风角占候耳[②]。《风角书》曰："庶人风者[③]，拂地扬尘转削。"若是屏障，何由可转也？

注释

①札牍：札和牍都是古时候用来书写的小木片。柹：小木屑。

②风角：古代一种占卜的方法。占候：根据天象变化，预测天气与灾害。

③庶人风：恶风。

译文

《后汉书·杨由传》说："风吹削肺。""肺"在这里指的是削下来的小木屑。在古代，字写错了的时候就用刀削掉，所以《左传》说"削而投之"，就是这个道理。

有的人说“札”就是“削”，王褒的《童约》说：“书削代牍。”苏竟写道：“昔以摩研编削之才。”这些就是证据。《诗经》里说：“伐木浒浒。”《毛诗传》注解说：“浒浒，就是砍下的小木屑散落的样子。”史家将“柹”字假借为“肝肺”的“肺”字，世上就有很多版本都写成了“脯腊”的“脯”字，或者“反哺”的“哺”字。有的读书人解释说：“削哺，是屏风的名字。”这既无依据，也很虚妄。原文说的是利用风角的方法占卜吉凶。《风角书》说：“恶风吹过的地名，扬起灰尘，吹动木屑。”如果是屏风，风怎么可以吹动呢？

《三辅决录》云：“前队大夫范仲公，盐豉蒜果共一筒。”“果”当作“魏颗”之“颗”①。北土通呼物一块，改为一颗，“蒜颗”是俗间常语耳。故陈思王《鹞雀赋》曰：“头如果蒜，目似擘椒。”又《道经》云：“合口诵经声璅璅，眼中泪出珠子碟。”其字虽异，其音与义颇同。江南但呼为“蒜符”，不知谓为“颗”。学士相承，读为“裹结”之“裹”，言盐与蒜共一苞裹，内筒中耳。《正史削繁音义》又音“蒜颗”为苦戈反，皆失也。

注释

①魏颗：人名，春秋时期晋国大臣。

译文

《三辅决录》说："前队大夫范仲公，盐豉蒜果共一筒。""果"应该写作"魏颗"的"颗"。北方人喜欢把一块的东西叫作"一颗"，像"蒜颗"是民间常用的说法。所以曹植在《鹞雀赋》中说："头如果蒜，目似擘椒。"还有《道经》也说："合口诵经声璅璅，眼中泪出珠子碟。""果""颗""碟"三个字字形虽然各不相同，但是意思和读音却大致相同。江南地区都叫作"蒜符"，不知道"蒜颗"的说法。读书人前后沿袭，将"果"读为"裹结"的"裹"，解释成盐和蒜放在一个包裹里，然后放在筒中。《正史削繁音义》给"果"的注音为苦戈反，这都是错误的。

有人访吾曰："《魏志》蒋济上书云'弊攰之民'，是何字也？"余应之曰："意为'攰'即是'皴倦'之'皴'耳。张揖、吕忱并云：'支'傍作'刀剑'之'刀'，亦是'剞'字。'不知蒋氏自造'支'傍作'筋力'之'力'，或借'剞'字，终当音九伪反。"

译文

有人询问我说："《魏志》记载蒋济上书说'弊攰之民'，'攰'字是个什么字？"我回答说："我觉得'攰'

就是‘皺倦’的‘皺’字。张揖、吕忱都说：‘支’字旁加上‘刀剑’的‘刀’字，也是‘刴’字。不知道是蒋济自己创造了‘支’字旁加‘筋力’的‘力’字，还是假借了‘刴’字，反正这个字最终读音应该为九伪反。”

《晋中兴书》：“太山羊曼[1]，常颓纵任侠，饮酒诞节[2]，兖州号为‘䐶伯’。”此字皆无音训。梁孝元帝常谓吾曰：“由来不识。唯张简宪见教，呼为‘嚃羹’之‘嚃’。自尔便遵承之，亦不知所出。”简宪是湘州刺史张缵谥也，江南号为硕学。案：法盛世代殊近，当是耆老相传[3]；俗间又有“䐶䐶”语，盖无所不施，无所不容之意也。顾野王《玉篇》误为“黑”傍“沓”。顾虽博物，犹出简宪、孝元之下，而二人皆云“重”边。吾所见数本，并无作“黑”者。“重沓”是多饶积厚之意，从“黑”更无义旨。

注释

①太山：即泰山。

②诞节：放荡无节制。

③耆老：年纪大的长者。

译文

《晋中兴书》记载：“泰山人羊曼，平时为人颓废放任，经常无节制地饮酒，兖州人称他为‘黯伯’。”“黯”字既没有注音，又没有解释。梁孝元帝曾经对我说：“从来不认识这个字。只有张简宪告诉我说，读‘嚜羹’的‘嚜’。从此之后就按照这个读音读，但是还是不知道它的出处。”简宪是湘州刺史张缵的谥号，江南人称他为大学者。据考证：《晋中兴书》的作者法盛距离当时的年代很近，很多事情应该是听当时年纪大的长者说的；民间有“黯黯”的说法，大概意思是没有什么可以施与，也没有什么东西可以容纳。顾野王撰写的《玉篇》误将这个字写成“黑”字旁加一个“沓”字。顾野王虽然博闻强识，但是还是比不上张简宪、孝元帝，而张简宪、孝元帝两个人都说这个字应该是“重”字旁。我见过很多版本，从来没有写成“黑”字旁的。“重沓”是充裕富饶、储蓄富足的意思，如果是“黑”字旁，就没什么意义了。

《古乐府》歌词，先述三子，次及三妇，妇是对舅姑之称[①]。其末章云：“丈人且安坐，调弦未遽央[②]。”古者，子妇供事舅姑，旦夕在侧，与儿女无异，故有此言。“丈人”亦长老之目，今世俗犹呼其祖考为先亡丈人。又疑“丈”当作“大”，北间风俗，妇呼舅为“大人公”。“丈”之与“大”，易为误耳。近代文士，颇作《三妇诗》，乃为匹嫡并耦己之群妻之意[③]，又加郑、卫之辞[4]，大雅君子，何其谬乎？

注释

①舅姑：公婆。

②遽jù：急，仓促。

③匹嫡：缔结婚姻。

④郑、卫之辞：淫艳之词，靡靡之音。

译文

《古乐府》歌词中，先叙述三个儿子，后写到三个儿媳，“妇”是儿媳相对于公婆的称谓。在歌词的最后说：“丈人且安坐，调弦未遽央。”在古时候，儿媳侍奉公婆，早晚都在身边，与子女没有区别，所以才有这种说法。“丈人”也是对老年人的称呼，现在民间还有人称自己过世的祖父为“先亡丈人”。也有可能是“丈”应该写作“大”，北方民间风俗，儿媳称呼公公为“大人公”。而且“丈”字和“大”字很容易相互混淆。近代的文人，很多人作过《三妇诗》，诗中的“妇”都是指自己的众多妻妾，又在诗中运用了很多淫艳的词汇，那些高雅的君子，怎么犯这样的错误呢？

《古乐府》歌百里奚词曰[1]：“百里奚，五羊皮。忆别时，烹伏雌[2]，吹扊扅[3]；今日富贵忘我为！”“吹”当作“炊煮”之“炊”。案：蔡邕《月令章句》说：“键，关牡也[4]，所以止扉[5]，或谓之剡移。”然则当时贫困，并以门牡木作薪炊耳。《声类》作“扊”，又或作“扂”。

注释

①百里奚：春秋时期的著名宰相，曾是秦穆公夫人的陪嫁之臣，后秦穆公听说他很有才能，就用五张羊皮将其赎回。

②伏雌：母鸡。

③扊扅yǎn yí：门闩。

④关牡：门闩。

⑤止扉：闩门。

译文

《古乐府》中歌唱百里奚的歌词说：“百里奚，五羊皮。忆别时，烹伏雌，吹扊扅；今日富贵忘我为！”“吹”字应该是“炊煮”的“炊”字。据考证：蔡邕《月令章句》说：“键，就是门闩，是用来闩门用的，也有人把它叫作剡移。”这就是说百里奚当时家境贫困，以至于将门闩拿来当柴火烧了做饭。《声类》把这个字写作“扊”，又写作“扂”。

《通俗文》，世间题云“河南服虔字子慎造”。虔既是汉人，其叙乃引苏林、张揖；苏、张皆是魏人。且郑玄以前，全不解反语[①]，通俗反音，甚会近俗。阮孝绪又云“李虔所造”。河北此书，家藏一本，遂无作李虔者。《晋中经簿》及《七志》，并无其目，竟不得知谁制。然其文义允惬，实是高才。殷仲堪《常用字训》，亦引服虔《俗说》，今复无此书，未知即是《通俗文》，为当有异？近代或更有服虔乎？不能明也。

注释

①反语：反切，古代的一种注音方法。

译文

世间都说《通俗文》是“河南服虔字子慎造”。服虔是汉朝人，《通俗文》的序却引用了苏林、张揖的话，而苏林、张揖都是三国时期魏国人。而且在郑玄以前，都不懂得反切的注音方法，但是《通俗文》中的反切注音很接近近代的注音方法。阮孝绪又说：“《通俗文》是李虔写的。”北方地区传抄的这本书，我家里就收藏有一本，但是根本没有注明是李虔所作。《晋中经簿》和《七志》中，都没有关于《通俗文》的书录，竟然无法知道它的作者是谁。但是它用词准确、语法精妙，作者确实是一个才华奇高的人。殷仲堪的《常用字训》，也引用了服虔的《俗说》，现在已经找不到这本书了，不知道是不是就是《通俗文》，还是另外一本书？或者另外有一个叫服虔的人？无法弄清楚了。

或问："《山海经》，夏禹及益所记，而有长沙、零陵、桂阳、诸暨，如此郡县不少，以为何也？"答曰："史之阙文，为日久矣；加复秦人灭学，董卓焚书，典籍错乱，非止于此。譬犹《本草》神农所述，而有豫章、朱崖、赵国、常山、奉高、真定、临淄、冯翊等郡县名，出诸药物；《尔雅》周公所作，而云'张仲孝友'；仲尼修《春秋》，而《经》书孔丘卒；《世本》左丘明所书，而有燕王喜、汉高祖；《汲冢琐语》，乃载秦望碑；《苍颉篇》李斯所造，而云'汉兼天下，海内并厕，豨黥韩覆，畔讨灭残'；《列仙传》刘向所造，而《赞》云'七十四人出佛经'；《列女传》亦向所造，其子歆又作《颂》，终于赵悼后，而传有更始韩夫人、明德马后及梁夫人嫕：皆由后人所羼[①]，非本文也。"

注释

①羼chàn：本来是指羊群混杂，后来指掺杂，混杂。

译文

有人问我："《山海经》本来是生活在夏朝的禹和伯益著述的，但是里面却出现长沙、零陵、桂阳、诸暨等郡县地名，这是什么原因？"我回答说："历史上流传的很多书都会出现错误残缺，这是长久以来就有的事情；加上秦朝焚书坑儒，董卓焚烧典籍，造成典籍中的内容错乱，远远不止这些。比如《本草》本来是神农写的，但是里面却有记载豫章、朱崖、赵国、常山、奉高、真定、临淄、冯翊等郡县的名字以及所盛产的药物；《尔雅》是生活在周朝的周公所写，但是却提及生活在百年之后张仲孝敬父母、友爱兄弟的事情；孔子编纂了《春秋》，但是《春秋》经文却记载有孔子去世的事情；《世本》是生活于春秋时期的左丘明所著，但是却记载了战国的燕王喜和汉高祖的事情；《汲冢琐语》是战国时期的书，却记载了秦始皇东游时所立的碑；《苍颉篇》是秦朝李斯所作，但是却说'汉朝兼并天下，统一四海，陈豨受刑，韩信覆亡，镇压叛乱，消灭残余'；《列仙传》是刘向所写，但是《赞》里却说'七十四人出佛经'（当时佛教还未传入中国）；《列女传》也是刘向所写，他的儿子刘歆又为这本书写了《颂》的部分，这本书最终写到战国时期的赵悼后，但是流传的注本却有记载汉朝的韩夫人、马皇后以及东汉的梁夫人嫕的事情：这些都是后人掺杂进去的内容，并非本文。"

或问曰："《东宫旧事》何以呼'鸱尾'为'祠尾'？"答曰："张敞者，吴人，不甚稽古，随宜记注，逐乡俗讹谬，造作书字耳。吴人呼'祠祀'为'鸱祀'，故以'祠'代'鸱'字；呼'绀'为'禁'，故以'纟'傍作'禁'代'绀'字；呼'盏'为竹简反，故以'木'傍作'展'代'盏'字；呼'镬'字为'霍'字，故以'金'傍作'霍'代'镬'字；又'金'傍作'患'为'镮'字，'木'傍作'鬼'为'魁'字，'火'傍作'庶'为'炙'字，'既'下作'毛'为'髻'字；金花则'金'傍作'华'，窗扇则'木'傍作'扇'：诸如此类，专辄不少。"

译文

有人问我："《东宫旧事》为什么称'鸱尾'为'祠尾'？"我回答说："《东宫旧事》的作者张敞是吴地人，不注重考察史实，随意记载历史，轻信民间讹传，伪造文字罢了。吴地人称'祠祀'为'鸱祀'，所以他就用'祠'字代替'鸱'字；把'绀'字读为'禁'，他就以'纟'旁加一个'禁'字代替'绀'字；把'盏'读为竹简反，他就以'木'字旁加'展'字代替'盏'字；把'镬'字读为'霍'，他就以'金'字旁加'霍'字代替'镬'字；还以'金'字旁加'患'字代替'镮'字，以'木'

字旁加‘鬼’代替‘魁’字，‘火’字旁加‘庶’代替‘炙’字，‘既’字下面加‘毛’字代替‘髻’字；在‘金’字旁加‘华’字表示金花，在‘木’字旁加‘扇’字表示窗扇：诸如此类，都是主观臆造的文字。”

又问：“《东宫旧事》‘六色罽缞’，是何等物？当作何音？”答曰：“案：《说文》云：‘莙，牛藻也，读若“威”。’《音隐》：‘坞瑰反。’即陆机所谓‘聚藻，叶如蓬’者也。又郭璞注《三苍》亦云：‘蕴，藻之类也，细叶蓬茸生。’然今水中有此物，一节长数寸，细茸如丝，圆绕可爱，长者二三十节，犹呼为‘莙’。又寸断五色丝，横着线股间绳之，以象莙草，用以饰物，即名为‘莙’；于时当绁六色罽，作此莙以饰绲带，张敞因造‘纟’旁‘畏’耳，宜作‘隈’。”

译文

又有人问我：“《东宫旧事》中说‘六色罽缞’，说的是什么东西？该怎么读？”我回答说：“据考证：《说文解字》解释：‘莙，就是牛藻，读音像“威”。’《音隐》的注音为‘坞瑰反’。就是陆机所说的‘聚藻，叶子像蓬草’一样的植物。郭璞注解的《三苍》也说：‘蕴，是藻类的一种，叶子细长，茸毛丛生。’现今水中也常见这种藻类，一节长数寸，细细的茸毛就像发丝，随着流水回环，十分招人喜爱，长的有二三十节，就叫作‘莙’。也有将五彩丝线剪成寸许长的小段，夹杂在线中间编成绳子，看起来像莙草，用作装饰品，也被称为‘莙’；当时应该是编节六色丝线，做成这种用作装饰品的丝带，因此张敞就造了‘纟’旁加‘畏’字，本来应该写作‘隈’。”

柏人城东北有一孤山，古书无载者。唯阚骃《十三州志》以为舜纳于大麓，即谓此山，其上今犹有尧祠焉；世俗或呼为宣务山，或呼为虚无山，莫知所出。赵郡士族有李穆叔、季节兄弟、李普济，亦为学问，并不能定乡邑此山。余尝为赵州佐，共太原王邵读柏人城西门内碑。碑是汉桓帝时柏人县民为县令徐整所立，铭曰："山有巏嵍，王乔所仙①。"方知此巏嵍山也。"巏"字遂无所出。"嵍"字依诸字书，即"旄丘"之"旄"也；"旄"字，《字林》一音亡付反，今依附俗名，当音"权务"耳。入邺，为魏收说之，收大嘉叹。值其为《赵州庄严寺碑铭》，因云"权务之精"，即用此也。

注释

①王乔：传说中的仙人，王子乔。

译文

柏人城东北角有一座孤零零的山，自古以来的书籍上都没有关于这座山的记载。唯独阚骃的《十三州志》认为尧纳舜于大麓，指的就是这个地方。山上至今还有尧的祠堂；民间有人称它为宣务山，也有人称它为虚无山，没有人知道这些称呼的由来。赵郡的士族有李穆叔、季节兄弟、李普济，都是非常有学问的人，但是并不知道自己家乡这座山的由来。我曾经任职赵州佐，和太原人王邵一起看到过柏人城西门有一块碑。碑是汉桓帝时候柏人县的乡民为县令徐整立的，碑文说："有一座巏嵍山，是王子乔成仙的地方。"这才知道这座山叫巏嵍山。"巏"字查不到出处，"嵍"根据各种字书记载，就是"旄丘"的"旄"字；"旄"字，《字林》的注音是亡付反，现在按照民间的方言，应该读作"权务"。我到了邺城，和魏收说起这件事，魏收大加称赞。等到他写《赵州庄严寺碑铭》的时候，写到"权务之精"，就是用的这个典故。

或问："一夜何故五更？更何所训？"答曰："汉、魏以来，谓为甲夜、乙夜、丙夜、丁夜、戊夜，又云鼓，一鼓、二鼓、三鼓、四鼓、五鼓，亦云一更、二更、三更、四更、五更，皆以'五'为节。《西都赋》亦云：'卫以严更之署。’所以尔者，假令正月建寅[1]，斗柄夕则指寅[2]，晓则指午矣；自寅至午，凡历五辰。冬夏之月，虽复长短参差，然辰间辽阔，盈不过六，缩不至四，进退常在五者之间。更，历也，经也，故曰五更尔。”

注释

①建寅：古代以北斗星斗柄的转动计算月份。当斗柄指向十二辰中的寅，即为正月。

②斗柄：北斗星斗柄。

译文

有人问我：“一夜为什么要分为五更？‘更’怎么解释？”我回答说：“汉、魏以来，将一夜分为甲夜、乙夜、丙夜、丁夜、戊夜，又称为鼓，分为一鼓、二鼓、三鼓、四鼓、五鼓，也分为一更、二更、三更、四更、五更。都是以‘五’为节数。《西都赋》也说：‘卫以严更之署。’之所以这样，是因为如果正月建寅，北斗星斗柄傍晚指向寅星，早上则指向午星。从寅时到午时，总共经历五个时辰。冬夏的月份，虽然长短各不相同，但是之间的长短差别，最长的不超过六个时辰，最短的不少于四个时辰，长短都在五个时辰左右。更，就是经历、经过的意思，所以叫五更。”

《尔雅》云："术[①]，山蓟也。"郭璞注云："今术似蓟而生山中。"案：术叶其体似蓟，近世文士，遂读"蓟"为"筋肉"之"筋"，以耦"地骨"用之[②]，恐失其义。

注释

①术：草名。

②耦：同"偶"，匹敌。地骨：枸杞。

译文

《尔雅》说："术，就是山蓟。"郭璞注解说："术长得像蓟草，生长在山中。"据考证：术的叶子像蓟草，近代的读书人于是就把"蓟"读作"筋肉"的"筋"字，用来和"地骨"对偶，这恐怕不是它本身的意义。

或问："俗名'傀儡子'为'郭秃'[①]，有故实乎？"答曰："《风俗通》云：'诸郭皆讳秃。'当是前代人有姓郭而病秃者，滑稽戏调，故后人为其象，呼为郭秃，犹'文康'象庾亮耳[②]。"

注释

①傀儡子：木偶戏。

②文康：舞乐名，跳舞的人打扮成晋代庾亮的样子，庾亮谥号文康，故名。

译文

有人问我："民间称'傀儡子'叫'郭秃'，有什么由来吗？"我回答说："《风俗通》说：'姓郭的都忌讳"秃"字。'应该是前代有姓郭的人犯了秃头的病，样子滑稽可笑，所以后人就将木偶做成了他的样子，称为'郭秃'，就像跳《文康》舞的人打扮成庾亮的样子一样。"

或问曰："何故名治狱参军为长流乎？"答曰："《帝王世纪》云：'帝少昊崩[①]，其神降于长流之山，于祀主秋。'案：《周礼·秋官》，司寇主刑罚、长流之职，汉、魏捕贼掾耳[②]。晋、宋以来，始为参军，上属司寇，故取秋帝所居为嘉名焉。"

注释

①帝少昊：传说中中国古代东夷的首领。

②掾yuàn：处于辅助地位的官职的总称。

译文

有人问我说："为什么称治狱参军为长流呢？"我回答说："《帝王世纪》说：'帝少昊死了之后，他的灵魂驻留在长流山上，主持秋天的祭祀活动。'据考证：《周礼·秋官》记载，司寇主持刑罚、长流的事务，也就是汉、魏朝捕贼掾的职务。晋朝、刘宋以来，才设参军的职位，归属司寇统领，所以用帝少昊所处的地名来作为它的美称。"

客有难主人曰："今之经典，子皆谓非，《说文》所言，于皆云是，然则许慎胜孔子乎？"主人拊掌大笑，应之曰："今之经典，皆孔子手迹耶？"客曰："今之《说文》，皆许慎手迹乎？"答曰："许慎检以六文，贯以部分[①]，使不得误，误则觉之。孔子存其义而不论其文也。先儒尚得改文从意，何况书写流传耶？必如《左传》'止戈'为'武'，'反正'为'乏'，'皿虫'为'蛊'，'亥'有'二首六身'之类，后人自不得辄改也，安敢以《说文》校其是非哉？且余亦不专以《说文》为是也，其有援引经传，与今乖者，未之敢从。又相如《封禅书》曰：'导一茎六穗于庖，牺双觡共抵之兽。'此'导'训'择'，光武诏云'非徒有豫养导择之劳'是也。而《说文》云：'导是禾名。'

引《封禅书》为证;无妨自当有禾名导,非相如所用也。'禾一茎六穗于庖',岂成文乎?纵使相如天才鄙拙,强为此语;则下句当云'麟双觡共抵之兽',不得云'牺'也。吾尝笑许纯儒,不达文章之体,如此之流,不足凭信。大抵服其为书,隐括有条例[②],剖析穷根源,郑玄注书,往往引以为证;若不信其说,则冥冥不知一点一画,有何意焉?"

注释

①贯以部分:这里指按部首归类不同的字。贯,贯穿,贯通。

②隐括:本是矫正乐器的器具,引申为标准。

译文

有客人为难我说:"现今流行的经典,你都说有错误,《说文解字》的主张,你说都是正确的,难道许慎要胜过孔子吗?"我抚掌大笑,回答说:"今天流行的经典,都是孔子的手迹吗?"客人反问:"难道今天流传的《说文解字》都是许慎的手迹吗?"我回答说:"许慎依据六书来解释文字字义,按照不同的偏旁部首来进行分类,基本能够做到文字的解释没有错误,即使有错误,也可以发现。孔子校订经书,保全了文章的意思,而不考证文字。先辈学者为了顺从文章的意思,尚且需要改动文字,何况经过了无数次的抄写流传呢?

除非像《左传》一样，明确说明了字体的结构，比如‘止戈’为‘武’字，‘反正’为‘乏’字，‘皿虫’为‘蛊’字，‘亥’有‘二首六身’等，那后人自然无法改动了，哪里敢用《说文解字》来判断这些说法的对错呢？况且我也没有一味觉得《说文解字》就没有错误，里面一些地方引用了经文典籍，与现在流行的版本有出入，我也不敢轻易相信。比如司马相如写的《封禅书》说：‘导一茎六穗于庖，牺双觡共抵之兽。’这里的‘导’是‘择’的意思，光武帝的诏书说‘非徒有豫养导择之劳’，就是这个意思。但是《说文解字》说‘导’是禾的名字。还引用了《封禅书》中的内容作为证据；或许真的有禾的名字叫导，但是司马相如肯定不是说的禾名。‘禾一茎六穗于庖’，怎么说得通呢？即使是司马相如天生文采拙劣，勉强写了这么一句话，那么下一句也应该说‘麟双觡共抵之兽’，不能说‘牺’。我曾经嘲笑许慎是个书呆子，只懂文字拆解，不懂文章体例结构，像这一类的例子，就不足以为凭。但是大体上我还是赞成《说文解字》这本书，解说规范，条理清楚，详细分析字体，探求字的本义，郑玄在注书的时候，常常引用《说文解字》作为论证；如果不懂《说文解字》，不明白文字的结构意思，就算饱读诗书，又有什么意义？”

世间小学者[①]，不通古今，必依小篆，是正书记；

凡《尔雅》《三苍》《说文》，岂能悉得苍颉本指哉？亦是随代损益，互有同异。西晋已往字书，何可全非？但令体例成就，不为专辄耳。考校是非，特须消息[2]。至如“仲尼居”，三字之中，两字非体，《三苍》“尼”旁益“丘”，《说文》“尸”下施“几”：如此之类，何由可从？古无二字，又多假借，以“中”为“仲”，以“说”为“悦”，以“召”为“邵”，以“閒”为“闲”：如此之徒，亦不劳改。自有讹谬，过成鄙俗，“乱”旁为“舌”，“揖”下无“耳”，“鼋”“鼍”从“龟”，“奮”“奪”从“雚”[3]，“席”中加“带”，“恶”上安“西”，“鼓”外设“皮”，“鑿”头生“毁”，“离”则配“禹”，“壑”乃施“豁”，“巫”混“经”旁，“皋”分“泽”片，“獵”化为“獦”，“宠”变成“寵”，“业”左益“片”，“靈”底着“器”，“率”字自有“律”音，强改为别；“单”字自有“善”音，辄析成异：如此之类，不可不治。吾昔初看《说文》，蚩薄世字，从正则惧人不识，随俗则意嫌其非，略是不得下笔也。所见渐广，更知通变，救前之执，将欲半焉。若文章著述，犹择微相影响者行之[4]，官曹文书，世间尺牍[5]，幸不违俗也。

注释

①小学者：指拆解文字的学者。

②消息：斟酌。

③奮、奪：奋、夺的繁体字。

④微相影响：略微近似。

⑤尺牍：信札。

译文

世间拆解文字的学者，不懂得文字从古到今的演变，必然依据小篆来校正现在的字；但是《尔雅》《三苍》《说文解字》哪能够每个字都遵从苍颉造字的本意呢？都是有所损益，彼此之间互有异同。西晋以前的字书，怎么能够全部否定呢？只要依据其体例成就，不要主观臆造就可以了。考校文字的对错，尤其需要仔细斟酌。比如“仲尼居”三个字中，有两个字不是正体字。《三苍》中的“尼”旁有一个“丘”字，《说文解字》则是在“尸”下面加一个“几”字。像这样的，就不能盲目依从。在古时候，是不会有一个字有两个形体的情况的，而且有很多假借的情况，比如把“中”假借成“仲”，把“说”假借成“悦”，把“召”假借成“邵”，把“閒”假借成“闲”，像这样的情况，也不需要去更正。自然也有谬误的地方，这些流传下来就形成了不好的习惯。比如“乱”字旁加上“舌”字，“揖”字下面去掉了“耳”字，把“鼋”“鼍”归属到“龟”部，把“奮”“奪”归属到“雚”部，“席”字中加一个“带”字，“恶”字上加一个“西”字，“鼓”字右侧换成“皮”字，“鑿”字上加“毁”字，“离”字替换成“禹”字，

“壑”字改成“豁”旁，“巫”字和“经”字的偏旁部首被混淆，“皋”字写成“泽”字的半边，“獵”字写成“獦”，“宠”字写成“寵”，“业”字左边加“片”字，“靈”字底部改成“器”字，“率”字本来有时候也读作“律”，非得改为别的字；“单”本来有时候也读作“善”，总是被解说成别的读音，像这种情况，就不能不纠正。我起初看《说文解字》的时候，非常厌恶同行的俗字，写正体字又担心别人不认识，写俗字又从心里十分讨厌，不用这些字简直无法下笔。后来随着阅历丰富，慢慢知道变通，纠正以前过于较真的用字习惯，而是取两者之间。如果是写文章，就用稍微正式的正体字，如果是写公文，或是书信，就用大家熟悉的俗字。

案：“弥亘”字从“二间舟”，《诗》云“亘之秬秠”是也。今之隶书，转“舟”为“日”；而何法盛《中兴书》乃以“舟”在“二”间为舟“航”字，谬也。《春秋说》以“人十四心”为“德”，《诗说》以“二在天下”为“酉”，《汉书》以“货泉”为“白水真人”①，《新论》以“金昆”为“银”，《国志》以“天上有口”为“吴”，《晋书》以“黄头小人”为“恭”，《宋书》以“召刀”为“邵”，《参同契》以“人负告”为“造”：如此之例，盖数术谬语，假借依附，杂以戏笑耳。如犹转"贡"字为"项"，以"叱"为"匕"，安可用此定文字音读乎？潘、陆诸子《离合诗》《赋》《栻卜》《破字经》，及鲍昭《谜字》，皆取会流俗，不足以形声论之也。

注释

①货泉：汉代一种钱币。白水真人：汉代钱币"货泉"的别称。

译文

据考证："弥亘"的"亘"字，是在"二"字中间加一个"舟"字，《诗经》里说"亘之秬秠"就是这个字。现在流传的隶书，将"舟"字改为"日"字，而何法盛的《中兴书》认为"舟"字在"二"字中间应该是"航"字，这是错误的。《春秋说》中以"人十四心"组成"德"字，《诗说》以"二"字上面加"天"为"酉"字，《汉书》中将"货泉"称为"白水真人"，《新论》中以"金昆"代指"银"字，《三国志》以"天上有口"代指"吴"字，《晋书》以"黄头小人"代指"恭"字，《宋书》以"召刀"代指"邵"字，《参同契》以"人上一告"代指"造"字：像这样的例子，大概都是术数流传的错误说法，通过假借来附会自己的意思，用来游戏取乐罢了。就像把"贡"字当作"项"字，把"叱"字当作"匕"字，怎么可以用这些作为依据来确定字的正确读音呢？潘岳、陆机等人写的《离合诗》《赋》《栻卜》《破字经》，以及鲍照写的《谜字》，都是附会流俗的作品，不足以用作正音解字的依据。

河间邢芳语吾云："《贾谊传》云：'日中必熭[①]。'注：'熭，暴也。'曾见人解云：'此是暴疾之意，正言日中不须臾，卒然便昃耳。'此释为当乎？"吾谓邢曰："此语本出太公《六韬》，案字书，古者'暴晒'字与'暴疾'字相似，唯下少异，后人专辄加傍'日'耳。言日中时，必须曝晒，不尔者，失其时也。晋灼已有详释[②]。"芳笑服而退。

注释

①熭：曝晒。

②晋灼：晋朝人，曾做尚书郎。

译文

河间人邢芳对我说："《贾谊传》中说：'日中必熭。'注解说：'熭，就是暴的意思。'曾经听人解释说：'这是迅猛的意思，是说太阳到了正中午，立马就会西斜了。'这种解释恰当吗？"我对邢芳说："这句话原本出自姜太公的《六韬》，考证字书，古时候'暴晒'的'暴'字和'暴疾'的'暴'字非常相似，只是下面略有不同，后人自作主张给‘暴晒’的‘暴’字加了‘日’字旁。这句话说的是，太阳正午的时候，必须曝晒东西，不然就错过了时机。晋灼已经做过详细解释。”邢芳笑了笑，离开了。

音辞第十八

夫九州之人，言语不同，生民已来，固常然矣。自《春秋》标齐言之传，《离骚》目楚词之经，此盖其较明之初也。后有扬雄著《方言》，其言大备。然皆考名物之同异，不显声读之是非也。逮郑玄注“六经”，高诱解《吕览》《淮南》，许慎造《说文》，刘熹制《释名》，始有譬况假借以证音字耳[①]。而古语与今殊别，其间轻重清浊，犹未可晓；加以内言外言、急言徐言、读若之类[②]，益使人疑。孙叔言创《尔雅音义》，是汉末人独知反语。至于魏世，此事大行。高贵乡公不解反语[③]，以为怪异。自兹厥后，音韵锋出，各有土风，递相非笑，指马之谕[④]，未知孰是。共以帝王都邑，参校方俗，考覈古今，为之折衷。搉而量之，独金陵与洛下耳。南方水土和柔，其音清举而切诣[⑤]，失在浮浅，其辞多鄙俗。北方山川深厚，其音沉浊而𫓧钝，得其质直，其辞多古语。然冠冕君子，南方为优；闾里小人，北方为愈。易服而与之谈，南方士庶，数言可辩；隔垣而听其语，北方朝野[⑥]，终日难分。而南染吴、越，北杂夷虏，皆有深弊，不可具论。其谬失轻微者，则南人以“钱”为“涎”，以“石”为“射”，以“贱”为“羡”，以“是”为“舐”；北人以“庶”为“戍”，以“如”为“儒”，以“紫”

为“姊”，以“洽”为“狎”。如此之例，两失甚多。至邺已来，唯见崔子约、崔瞻叔侄，李祖仁、李蔚兄弟，颇事言词，少为切正。李季节著《音韵决疑》，时有错失；阳休之造《切韵》，殊为疏野。吾家儿女，虽在孩稚，便渐督正之；一言讹替，以为己罪矣。云为品物，未考书记者，不敢辄名，汝曹所知也。

注释

①譬况：古代一种注音的方法。

②内言、外言、急言、徐言、读若：均为古代注音用语。

③高贵乡公：曹髦，魏文帝曹丕的孙子，即位前为高贵乡公。

④指马：战国时期公孙龙提出“白马非马”等哲学命题。这里代指彼此争辩是非。

⑤清举：清脆，悠扬。切诣：短促，迅疾。

⑥朝野：朝廷和荒野，这里指读书人和普通百姓。

译文

全国各地的人，说话各不相同，自从有人以来就是这样的，一向如此。自从《春秋》让齐地方言流传了下来，《楚辞》被看作是楚地方言写成的诗歌，从此古人开始明白各地方言彼此不同。后来扬雄著述了《方言》，论述非常详备，但是都只考证了各地方言对事物名称的不同称谓，没有说明各个字读法的不同。等到郑玄注解“六经”，高诱注解《吕氏春秋》《淮南子》，许慎撰写《说文解字》，刘熙编撰《释名》，才开始有譬况、假借等方法来解释分析字音和字形。但是古代的语言和今天的语言区别非常大，其中读音的轻重清浊，尚且不知道；加上内言、外言、急言、徐言、读若等众多不同的注音方法，更加使人疑惑。孙叔言创作了《尔雅音义》，从此汉末人才开始知道反切的注音方法。到了魏朝，反切注音的方法就很流行了。曹髦不懂反切，被世人认为是很怪异的事情。从此之后，音韵类的书籍层出不穷，这些书各自记录不同地区的方言，彼此嘲笑是非，争辩不休，不知道谁对谁错。最终以帝王所在都城的语音为基础，参考各个地方方言，考核古今差异，来综合判断这些争执是非。经过反复考证，金陵地区的语言基本可以代表南方人的说话习惯，而洛下地区则可以作为北方方言的代表。南方地区水土柔和，所以南方人讲话声音清脆悠扬，发音短促迅疾，缺陷在于发音过于浅浮，用词多鄙陋粗俗。北方山川雄壮，所以北方人说话低沉浑厚，纯正质朴，用词保留了较多的古语。但是就读书人的言谈水平来看，南方优于北方；就平民百姓的说话水平来看，北方胜过南方。如果让读书人和普通百姓彼此交换衣服，然后在一起交谈，南方人只要听他们说几句话就可以识破各自的身份；隔着墙听别人交谈，如果是北方的读书人和普通百姓，听他们说上一天，也无法分辨清楚各自的身份。

南方方言受到吴越地区语言的影响，北方方言掺杂了少数民族的语言，都有很大的弊端，无法具体论述。发音过于轻微的情况，比如南方人把“钱”读作“涎”，把“石”读作“射”，把“贱”读作“羡”，把“是”读作“舐”；北方人把“庶”读作“戍”，把“如”读作“儒”，把“紫”读作“姊”，把“洽”读作“狎”。像这种情况，南方和北方的方言中都有很多。我到邺城以来，只遇到崔子约、崔瞻叔侄，李祖仁、李蔚兄弟对字义读音有所研究，偶尔在一起讨论。李季节著述的《音韵决疑》，常出现错误；阳休之撰写的《切韵》，过于简单草率。我们家的子女，虽然年纪很小，但是要时刻注意纠正他们的发音；只要有一句话发音不准，我都会觉得是我的过失。所有物品的名称，只要是书籍中没有记录，无法考证的，我都不敢轻率称呼，这你们是知道的。

古今言语，时俗不同；著述之人，楚、夏各异。《苍颉训诂》，反“稗”为“逋卖”，反“娃”为“於乖”；《战国策》音“刎”为“免”，《穆天子传》音“谏”为“间”；《说文》音“戛”为“棘”，读“皿”为“猛”；《字林》音“看”为“口甘反”，音“伸”为“辛”；《韵集》以“成”“仍”“宏”“登”合成两韵，“为”“奇”“益”“石”分作四章；李登《声类》以“系”音“羿”，刘昌宗《周官音》读“乘”若“承”；此例甚广，必须考校。前世反语，又多不切，徐仙民《毛诗音》反“骤”为“在遘”，《左传音》切“椽”为“徒缘”，不可依信，亦为众矣。今之学士，语亦不正；古独何人，必应随其讹僻乎？《通俗文》曰：“入室求曰‘搜’。”反为“兄侯”。然则“兄”当音“所荣反”。今北俗通行此音，亦古语之不可用者。玙璠，鲁人宝玉，当音“余烦”，江南皆音“藩屏”之“藩”。“岐山”当音为“奇”，江南皆呼为“神祇”之“祇”。江陵陷没，此音被于关中，不知二者何所承案。以吾浅学，未之前闻也。

译文

古代和现在的语言，因为时代和习俗的不同而存在差别；著述典籍的人，南楚和北夏也有不同。《苍颉训诂》，给“稗”字的注音是“逋卖反”，给“娃”字的注音为“於乖反”；《战国策》给“刎”注音为“免”，《穆天子传》给“谏”注音为“间”，《说文解字》给“戛”注音为“棘”，给“皿”注音为“猛”；《字林》给“看”注音为“口甘反”，给“伸”注音为“辛”；《韵集》把“成”“仍”“宏”“登”合成为两个韵，把“为”“奇”“益”“石”分到四个韵部；李登著述《声类》，给“羿”注音为“系”，刘昌宗撰写的《周官音》将“乘”读作“承”；这类例子很多，必须要考证校正。前代的反切注音，又有很多不合适之处，徐仙民《毛诗音》将“骤”读为“在遘反”，《左传音》给“椽”注音为“徒缘切”，这样的例子很多，不可以轻易依从相信。现在的读书人，发音也不纯正；古人是什么人，现在一定要遵循他们的错误吗？《通俗文》说："进到房子里找东西叫'搜'。"给"搜"字的注音为"兄侯反"。那么"兄"字的读音就应该为"所荣反"。现在北方地区流行的这个读音，也是古语中不能采用的。玙璠，是产于鲁地的宝玉，应该读作"余烦"，江南人都读作"藩屏"的"藩"。"岐山"的"岐"应该读为"奇"，但是江南地区的人都读作"神祇"的"祇"字。江陵陷落以后，这两种读音被带到关中地区，并流行起来，无法考证这两种读音的由来。因为我才疏学浅，在之前还没听说过。

北人之音，多以"举""莒"为"矩"；唯李季节云："齐桓公与管仲于台上谋伐莒，东郭牙望见桓公口开而不闭，故知所言者莒也。然则'莒''矩'必不同呼。"此为知音矣①。

注释

①知音：懂得音韵。

译文

北方人发音，喜欢把"举""莒"读为"矩"，唯独李季节说："齐桓公和管仲在台上商议讨伐莒国的事情，东郭牙从远处看见齐桓公的口型张开而不是闭合，所以知道他们商议的是莒国的事情。如此看来，‘莒’‘矩’的读音必定有开口、合口的区别。”可见他是懂得音韵的人。

夫物体自有精粗，精粗谓之好恶①；人心有所去取，去取谓之好恶②。此音见于葛洪、徐邈。而河北学士读《尚书》云好生恶杀③。是为一论物体，一就人情，殊不通矣。

注释

①好恶 hǎo è：好坏。

②好恶 hào wù：喜好、讨厌。

③好hào生恶wù杀：爱惜生灵，讨厌杀戮。

译文

事物自身有精良、粗鄙的区别，精良、粗鄙是指事物本身的“好恶 hǎo è”；人的心理会有喜欢、厌恶的情绪，这种喜欢、厌恶的情绪就是“好恶 hào wù”。这种读音见于葛洪、徐邈。但是黄河以北的读书人读《尚书》，把“好 hào 生恶 wù 杀”读成“好 hǎo 生恶 è 杀”。这一个说的是事物本身，一个说的是人的情绪，混为一谈，实在是说不通。

甫者，男子之美称，古书多假借为“父”字；北人遂无一人呼为“甫”者，亦所未喻[1]。唯管仲、范增之号[2]，须依字读耳。

注释

①喻：明白，清楚。

②管仲：号仲父。范增：号亚父。

译文

“甫”是对男子的美称，古时候多假借为“父”字；北方地区的人却从来没有将假借为“父”字的“甫”字读作“甫”，是因为他们不知道两者之间的关系。唯独管仲、范增的号，应该按照“父”本字而读。

案：诸字书，焉者鸟名，或云语词，皆音“于愆反”。自葛洪《要用字苑》分“焉”字音训：若训“何”训“安”，当音“于愆反”，“于焉逍遥”“于焉嘉客”“焉用佞”“焉得仁”之类是也；若送句及助词，当音“矣愆反”“故称龙焉”“故称血焉”“有民人焉”“有社稷焉”“托始焉尔”“晋、郑焉依”之类是也。江南至今行此分别，昭然易晓；而河北混同一音，虽依古读，不可行于今也。

译文

据考证：各种字书都将“焉”解释为鸟名，或者是语气助词，都注音为“于愆反”。从葛洪撰写的《要用字苑》才开始对“焉”字的读音有所区分：如果是“何”“安”的意思时，应当读作“于愆反”，“于焉逍遥”“于焉嘉客”“焉用佞”“焉得仁”等，这一类就是；如果做结构助词或是语气助词时，就应该读作“矣愆反”，“故称龙焉”“故称血焉”“有民人焉”“有社稷焉”“托始焉尔”“晋、郑焉依”等，这一类就是。江南地区一直分得很清楚，明了易懂；但是黄河以北地区则混为一谈，虽然依据的是古语的读法，但是在今天也是行不通的。

邪者，未定之词[①]。《左传》曰："不知天之弃鲁邪？抑鲁君有罪于鬼神邪？"《庄子》云："天邪地邪？"《汉书》云："是邪非邪？"之类是也。而北人即呼为也，亦为误矣。难者曰："《系辞》云：'乾坤，易之门户邪？'此又为未定辞乎？"答曰："何为不尔！上先标问，下方列德以折之耳[②]。"

注释

①未定之词：疑问词。

②折：解答清楚。

译文

“邪”是表疑问的语气词。《左传》说：“不知天之弃鲁邪？抑鲁君有罪于鬼神邪？”《庄子》说：“天邪地邪？”《汉书》说：“是邪非邪？”这些句子中的“邪”字就是疑问语气词。但是北方人读作“也”，是错误的。有人诘难我说：“《系辞》云：‘乾坤，易之门户邪？’这也是疑问语气词吗？”我回答说：“为什么不是！先列出疑问，下面再举例解释清楚。”

江南学士读《左传》，口相传述，自为凡例，军自败曰“败”，打破人军曰“败”。诸记传未见“补败反”，徐仙民读《左传》，唯一处有此音，又不言自败、败人之别，此为穿凿耳。

译文

江南的读书人读《左传》，依靠的是口口相授，独自有一套读音体系，军队自己被打败说“败”，打败了别人的军队也说“败”。所有的注记、传本都没有见到“补败反”的注音，徐仙民读《左传》，有一个地方注音为“补败反”，但是又没有说明是自己打了败仗，还是打败了别人的军队，这是穿凿附会。

古人云：“膏粱难整[①]。”以其为骄奢自足，不能克励也。吾见王侯外戚，语多不正，亦由内染贱保傅[②]，外无良师友故耳。梁世有一侯，尝对元帝饮谑，自陈“痴钝”，乃成“飔段”，元帝答之云：“飔异凉风，段非干木。”谓“郢州”为“永州”，元帝启报简文，简文云：“庚辰吴入[③]，遂成司隶[④]。”如此之类，举口皆然。元帝手教诸子侍读[⑤]，以此为诫。

注释

①膏粱：富贵人家及其子嗣。

②保傅：官职名，负责教导贵族子弟。

③庚辰吴入：春秋时期吴国攻入楚国首都郢。

④司隶：官职名，这里指东汉司隶校尉鲍永。

⑤侍读：官职名，负责陪帝王读书。

译文

古人说：“贵族子弟难以有端正的品行。”是因为他们生活骄奢，不知道自我勉励上进。我见过很多王侯贵族、皇亲国戚，他们发音多不纯正，也是因为他们在内受到那些言行低贱的保傅的熏染，在外又没有良师益友帮助的缘故。梁朝的时候有一个侯爷，曾经和梁元帝饮酒说笑，自称为“痴钝”，但是说成了“飔段”，梁元帝回答说：“你说的这个‘飔’不是凉风，‘段’也不是干木。”这个人还将“郢州”说成了“永州”。梁元帝将这件事告诉了简文帝，简文帝说：“当年吴军攻入的地方（楚国都城郢），一下就成了东汉的司隶（鲍永）。”像这样读音不准确的例子数不胜数。梁元帝在亲自给皇子或侍读讲学的时候，就用这些例子来告诫他们。

河北切“攻”字为“古琮”，与“工”“公”“功”三字不同，殊为僻也。比世有人名暹，自称为“纤”；名琨，自称为“衮”；名洸，自称为“汪”；名勬，自称为“獡”。非唯音韵舛错，亦使其儿孙避讳纷纭矣。

译文

黄河以北的人将“攻”字注音为“古琮切”，与“工”“公”“功”三个字不同，这是错误的。有人名“暹”，却自称为“纤”；名“琨”，却自称为“衮”；名“洸”，却自称为“汪”；名“勬”，却自称为“獡”。这不仅仅是音韵方面的错误，也让他们子孙的避讳变得错综繁杂。

杂艺第十九

真草书迹，微须留意。江南谚云："尺牍书疏，千里面目也。"承晋、宋余俗，相与事之，故无顿狼狈者。吾幼承门业，加性爱重，所见法书亦多，而玩习功夫颇至，遂不能佳者，良由无分故也。然而此艺不须过精。夫巧者劳而智者忧，常为人所役使，更觉为累；韦仲将遗戒，深有以也。

译文

楷书、草书等书法，需要稍加留意。江南有谚语说："一封短信，就相当于让千里之外的人看到自己的面目一样。"继承了晋朝、刘宋的风气，现在的人都爱好书法，所以很少有人在这方面显得很窘迫。我从小继承了家族的学业，加上本身喜爱书法，所见过的书法名帖也多，而且在临摹玩味方面也颇下了些功夫，但是最终还是不能达到较高水平，这大概是天分不够好的缘故。但是书法也不需要过于精深。所谓巧者多劳，智者多忧，如果因为擅长书法而常常被人役使，便会觉得擅长书法反而是一种负累。魏代书法家韦仲将留下遗训，不让子孙学习书法，是有道理的。

王逸少风流才士[①]，萧散名人，举世惟知其书，翻以能自蔽也。萧子云每叹曰："吾著《齐书》，勒成一典，文章弘义，自谓可观；唯以笔迹得名，亦异事也。"王褒地胄清华[②]，才学优敏，后虽入关，亦被礼遇。犹以书工，崎岖碑碣之间，辛苦笔砚之役，尝悔恨曰："假使吾不知书，可不至今日邪？"以此观之，慎勿以书自命。虽然，厮猥之人[③]，以能书拔擢者多矣。故道不同不相为谋也。

注释

①王逸少：王羲之。

②地胄清华：门第高贵、显达。

③厮猥：地位低贱的人。

译文

王羲之是著名的风流才子，潇洒而不受羁绊的名人，但是世人都只知道他的书法，反而掩盖了他其他方面的才华。萧子云每每感叹说："我著述了《齐书》，自成制度，文章大义，我自己觉得还是值得一看的；但最终却是因为我的书法精妙而得名，也真是怪事啊。"王褒出身名门，身世高贵，才思敏捷，后来虽然到了北周，但是依然受到礼遇。王褒尤其擅长书法，常常被别人请去书写碑碣，辛辛苦苦替别人写字，曾经悔恨地说：“如果我不擅长书法，也不至于成现在这个样子吧？”由此可见，不要以擅长书法而自命不凡。不过，也有很多地位低贱的人，因为擅长书法而受到提拔。这就是所谓的道不同不相为谋的道理。

梁氏秘阁散逸以来①，吾见二王真草多矣，家中尝得十卷；方知陶隐居、阮交州、萧祭酒诸书②，莫不得羲之之体，故是书之渊源。萧晚节所变，乃右军年少时法也。

注释

①秘阁：这里指皇家藏书的地方。

②陶隐居、阮交州、萧祭酒：陶弘景、阮研、萧子云。

译文

梁朝皇室收藏的书籍散失以来，我见过很多王羲之、王献之的楷书、草书真迹，家里曾经收藏了十卷；看过之后我才知道原来陶弘景、阮研、萧子云等人的书法，都是学习了王羲之的字体，所以说王羲之的字是书法的渊源。萧子云晚年的时候字体有所变化，是临摹了王献之年轻时候的字。

晋、宋以来，多能书者。故其时俗，递相染尚，所有部帙，楷正可观，不无俗字，非为大损。至梁天监之间，斯风未变；大同之末，讹替滋生。萧子云改易字体，邵陵王颇行伪字；朝野翕然，以为楷式，画虎不成，多所伤败。至为一字，唯见数点，或妄斟酌，逐便转移。尔后坟籍，略不可看。北朝丧乱之余，书迹鄙陋，加以专辄造字，猥拙甚于江南。乃以“百”“念”为“忧”，“言”“反”为“变”，“不”“用”为“罢”，“追”“来”为“归”，“更”“生”为“苏”，“先”“人”为“老”，如此非一，遍满经传。唯有姚元标工于楷隶，留心小学，后生师之者众。洎于齐末，秘书缮写，贤于往日多矣。

译文

晋朝、刘宋以来，擅长书法的人很多。这源于当时的社会风气，彼此影响而成，所有的书籍文章，书写整齐美观，即使偶尔有几个俗字夹杂在里面，也不伤大雅。到了梁朝天监年间，这个风气还没有改变；大同末年，异体字、俗字大量出现。萧子云改变了长期习惯的字体，邵陵王经常用不规范的字，朝野上下，奉为楷模，争相模仿，结果画虎不成反类犬，写出的字多丑陋不可观。以至于一个字只有几个点，有人妄加改动，随心改变文字结构。从此以后的文章书籍，很少有值得一看的书法。北朝战乱之后，书法多丑陋不堪，加上擅自创造文字，其错乱现象比江南更甚。以至于以“百”“念”组合为“忧”字，以“言”“反”组合为“变”字，以“不”“用”组合为“罢”字，以“追”“来”组合为“归”字，以“更”“生”组合为“苏”字，以“先”“人”组合为“老”字，这不是个别现象，而是遍布所有的经书文集。唯有姚元标擅长写楷书、隶书，用心钻研文字训诂，后来有很多人都向他学习。到了齐朝末年，文章典籍的抄写，比前面要好很多。

江南闾里间有《画书赋》，乃陶隐居弟子杜道士所为；其人未甚识字，轻为轨则，托名贵师，世俗传信，后生颇为所误也。

译文

江南地区民间流传一本《画书赋》，是陶弘景的弟子杜道士所撰写的；这个人本身不怎么认识字，轻易规定书写法则，假托名师，世间以讹传讹，有很多年轻的读书人被误导了。

画绘之工，亦为妙矣；自古名士，多或能之。

吾家尝有梁元帝手画蝉雀白团扇及马图，亦难及也。武烈太子偏能写真[①]，坐上宾客，随宜点染，即成数人，以问童孺，皆知姓名矣。萧贲、刘孝先、刘灵，并文学已外，复佳此法。玩阅古今，特可宝爱。若官未通显，每被公私使令，亦为猥役。吴县顾士端出身湘东王国侍郎，后为镇南府刑狱参军，有子曰庭，西朝中书舍人，父子并有琴书之艺，尤妙丹青，常被元帝所使，每怀羞恨。彭城刘岳，橐之子也，仕为骠骑府管记、平氏县令，才学快士，而画绝伦。后随武陵王入蜀，下牢之败[②]，遂为陆护军画支江寺壁，与诸工巧杂处。向使三贤都不晓画，直运素业，岂见此耻乎？

注释

①武烈太子：梁元帝的长子萧方等。

②下牢：下牢关。

译文

擅长绘画，也是非常美妙的事情；自古以来很多名士，多擅长画画。我们家曾经珍藏有梁元帝亲手画的有蝉雀图的白团扇以及马图，其水平也是一般人不能企及的。武烈太子擅长人物写真，座上的宾客，他随意点染几笔，就可以画成肖像，把这些肖像给小孩子辨认，都能够准确说出画的是谁。萧贲、刘孝先、刘灵等人，除了擅长文学以外，也都擅长画画。赏玩古今名画，确实是非常美妙的事情。但是如果官位还未通达显贵，就会因擅长绘画而常被公家或是私人差遣，也是一件比较低贱的差役。吴县的顾士端曾经是湘东王国侍郎，后来担任镇南府刑狱参军，他有个儿子叫顾庭，担任梁元帝的中书舍人，父子俩都精通弹琴绘画，尤其擅长绘画，常常被梁元帝差使，心中感到羞愧悔恨。彭城的刘岳，是刘橐的儿子，任职骠骑府管记、平氏县令，文采出众，为人耿直，绘画技艺高妙绝伦。后跟随武陵王进入四川，下牢关战败后，就为陆护军在支江寺的墙壁上画画，和众多杂役工匠住在一起。如果这三位贤才都不懂得画画，怎么会遭受这般耻辱呢？

弧矢之利，以威天下，先王所以观德择贤，亦济身之急务也。江南谓世之常射，以为兵射，冠冕儒生，多不习此；别有博射，弱弓长箭，施于准的，揖让升降，以行礼焉。防御寇难，了无所益。乱离之后，此术遂亡。河北文士，率晓兵射，非直葛洪一箭，已解追兵，三九宴集，常縻荣赐。虽然要轻禽，截狡兽，不愿汝辈为之。

译文

弓箭之利，可以威慑天下，先王常用骑射技能来选拔人才，也是防身的重要技能。江南地区称常见的射箭为“兵射”，士大夫和读书人多不习此道；另外有一种游戏叫“博射”，用的弓的力量较弱，箭比较长，设有箭靶，在竞技之前，彼此作揖行礼。这种射箭技能对防御敌寇，一点儿用处都没有。战乱之后，“博射”就没有了。黄河以北的读书人都通晓“兵射”，不只是像葛洪那样，可以一箭射死追兵，在三公九卿的宴会上，也常常因为擅长射箭而受到赏赐。但是射猎飞禽走兽这种事情，我还是不希望你们去做。

卜筮者，圣人之业也；但近世无复佳师，多不能中。古者，卜以决疑，今人生疑于卜，何者？守道信谋，欲行一事，卜得恶卦，反令忧忧[①]，此之谓乎！且十中六七，以为上手，粗知大意，又不委曲[②]。凡射奇偶，自然半收，何足赖也。世传云：“解阴阳者，为鬼所嫉，坎壈贫穷，多不称泰。”吾观近古以来，尤精妙者，唯京房、管辂、郭璞耳，皆无官位，多或罹灾，此言令人益信。傥值世网严密，强负此名，便有诖误[③]，亦祸源也。及星文风气，率不劳为之。吾尝学《六壬式》，亦值世间好匠，聚得《龙首》《金匮》《玉軨变》《玉历》十许种书，讨求无验，寻亦悔罢。凡阴阳之术，与天地俱生，亦吉凶德刑，不可不信；但去圣既远，世传术书，皆出流俗，言辞鄙浅，验少妄多。至如反支不行[④]，竟以遇害；归忌寄宿[⑤]，不免凶终：拘而多忌，亦无益也。

注释

①怵怵：惊惧不安的样子。

②委曲：知道详尽。

③诖误：误导，连累。

④反支：反支日，占卜术认为反支日不宜外出。

⑤归忌：归忌日，占卜术认为归忌日不宜在家。

译文

占卜，曾经是圣人提倡的事情；但是近代以来没有很好的巫师，占卜多不能应验。在古时候，占卜是用来解决疑惑的，现在的人却因为占卜而产生疑惑，这是为什么？有人遵守道德，坚信自己的谋划，想要做一件事之前去占卜，却占得不好的卦签，心里反而因此而惊惧不安，说的就是这种情况！况且占卜十次，应验六七次，就以为是占卜高手，其实他们只是粗略懂得占卜大意，并不精通。猜测奇偶正负，本来就有一半的概率，这样的结果怎么能够值得信赖呢？世间传说："占卜的人，遭受鬼神的嫉恨，道路多坎坷，人生多贫穷，大部分都过得不够太平。"我观察近代以来，特别精通占卜的只有京房、管辂、郭璞三个人，他们都没有官位，多遭受了不测之灾，这种说法就更加让人相信了。如果遇到法制严密的社会，勉强冠以占卜的名声，就会遭到连累，这也是会招致灾祸的。至于观测天象、推算天气，都不希望你们去学习。我曾经学习《六壬式》，刚好遇到世间占卜高手，收集到了《龙首》《金匮》《玉軨变》《玉历》等十多本占卜的书，经过一番探究，发现书中所说的都没有应验，没多久就后悔而放弃了。阴阳占卜之术，与天地共生，所昭示的吉凶得失，不能不信；但是现在离圣人的时代已经很久远了，现在流传的占卜的书，多是世间俗人所写，言辞鄙陋浅薄，应验的少，虚妄的多。以至于有人在不宜外出的日子里待在家里，但仍然免不了被杀；在不宜待在家的日子里外出，还是免不了遭遇祸患：如果过分拘泥于阴阳占卜的说法，忌讳太多，也没什么好处。

算术亦是六艺要事；自古儒士论天道，定律历者，皆学通之。然可以兼明，不可以专业。江南此学殊少，唯范阳祖暅精之①，位至南康太守。河北多晓此术。

注释

①祖暅：祖冲之之子，精通天文数理。

译文

算术也是六艺中很重要的一项，自古以来儒家学者能够谈论天文，推定律历，也都精通算术。但是可以在学习其他学问的同时学习算术，而不要专门学习它。江南很少有人学习算术，只有范阳的祖暅非常精通，官至南康太守。黄河以北很多人通晓算术。

医方之事，取妙极难，不劝汝曹以自命也。微解药性，小小和合，居家得以救急，亦为胜事，皇甫谧、殷仲堪则其人也。

译文

学医开方的事情，要想达到精妙是十分艰难的事情，我不鼓励你们以懂得医术自居。能够认识平常的药材，可以配简单的药方，日常生活中可以用来救急，也是非常了不起的事情，皇甫谧、殷仲就能够做到这样。

《礼》曰："君子无故不彻琴瑟[①]。"古来名士，多所爱好。洎于梁初，衣冠子孙，不知琴者，号有所阙；大同以末，斯风顿尽。然而此乐愔愔雅致[②]，有深味哉！今世曲解，虽变于古，犹足以畅神情也。唯不可令有称誉，见役勋贵，处之下坐，以取残杯冷炙之辱。戴安道犹遭之[③]，况尔曹乎！

注释

①彻：撤掉，放弃。

②愔愔：和乐安详的样子。

③戴安道：晋朝人，擅长弹琴，武陵王曾召他去弹琴，他不去，并当着使者的面摔坏了琴，表示不做侯门伶人。

译文

《礼记》说："正人君子无缘无故不会抛弃琴瑟。"自古以来的名士，都喜欢弹琴。自梁朝初年以来，士大夫家族的子弟，如果不会弹琴，就会被认为是有缺陷；大同末年以来，这种风气消失殆尽了。但是弹琴确实是和乐安详的事情，其中深有意味。现在的乐曲，虽然和古曲有区别，但是也足以让人精神愉悦畅快。只是不要因为会弹琴而出名，这样容易被达官贵族所驱使，坐在最下首的位置，吃一点儿残羹冷炙，遭受伶人一样的屈辱。戴安道尚且不能幸免，何况是你们呢！

《家语》曰："君子不博，为其兼行恶道故也。"《论语》云："不有博弈者乎？为之，犹贤乎已。"然则圣人不用博弈为教；但以学者不可常精，有时疲倦，则傥为之，犹胜饱食昏睡，兀然端坐耳。至如吴太子以为无益，命韦昭论之；王肃、葛洪、陶侃之徒，不许目观手执，此并勤笃之志也。能尔为佳。古为大博则六箸，小博则二茕[①]，今无晓者。比世所行，一茕十二棋，数术浅短，不足可玩。围棋有手谈、坐隐之目，颇为雅戏；但令人耽愦，废丧实多，不可常也。

注释

①茕：骰子。

译文

《孔子家语》中说："君子不参与博戏，是因为博戏容易让人走上不正之道。"《论语》中说："不是有下棋博弈吗？做，总比什么都不做要好。"但是圣人并不以博弈等来教导子弟；只是觉得求学不可能长时间勤奋不懈，有时候疲倦了，如果玩点博戏，比吃饱了昏昏欲睡或是傻坐着要好。至于吴太子觉得博戏完全无益，让韦昭写文章讨论博戏的坏处；王肃、葛洪、陶侃等人，不许子弟们围观、参与博戏，这都表明了勤奋专一的志向。如果能够多少会一点博戏，也是好的。古时候大的博戏用六根算筹，小的博戏则用两个骰子，现在没人通晓了。如今所流行的博戏，用一个骰子和十二个棋子，技巧简单乏味，不值得深玩。围棋有"手谈""坐隐"的别称，是十分高雅的游戏；但是容易耽误正事，玩物丧志的人很多，不可以经常玩。

投壶之礼①，近世愈精。古者，实以小豆，为其矢之跃也。今则唯欲其骁②，益多益喜，乃有倚竿、带剑、狼壶、豹尾、龙首之名③。其尤妙者，有莲花骁。汝南周璝，弘正之子，会稽贺徽，贺革之子，并能一箭四十余骁。贺又尝为小障，置壶其外，隔障投之，无所失也。至邺以来，亦见广宁、兰陵诸王，有此校具，举国遂无投得一骁者。弹棋亦近世雅戏，消愁释愦，时可为之。

注释

①投壶：古时候一种娱乐游戏，即将箭矢投向壶口，投进多的算赢。

②骁：投壶时，箭矢从壶中弹跳出来，用手接住之后再投，如此反复，称为“骁”。

③倚竿、带剑、狼壶、豹尾、龙首：都是投壶的不同招数。

译文

投壶的游戏，在近代是越来越精妙。古时候，在壶中装满小豆，为的是防止箭矢从壶中弹跳出来。但是现在却唯恐它不弹跳出来，弹跳的次数越多越高兴，于是有了倚竿、带剑、狼壶、豹尾、龙首等各种招数。其中特别精妙的是莲花骁。汝南的周璝，是周弘正的儿子，会稽的贺徽，是贺革的儿子，都能一支箭连续投四十余骁。贺徽曾经设置了一个小屏风，将壶放在屏风的另一面，隔着屏风投掷，每次都能投中。我到了邺城以后，看见广宁王、兰陵王也有投壶的道具，但是全国上下没有一人可以投一骁。弹棋也是近代兴起的一种高雅的游戏，消愁解闷，可以偶尔玩一下。

终制第二十

死者，人之常分，不可免也。吾年十九，值梁家丧乱，其间与白刃为伍者①，亦常数辈；幸承余福，得至于今。古人云："五十不为夭。"吾已六十余，故心坦然，不以残年为念。先有风气之疾，常疑奄然，聊书素怀，以为汝诫。

注释

①白刃：锋利的兵刃。

译文

死是人之常情，每个人都无法避免。我十九岁的时候，正好遇上梁朝灭亡，在此期间出入刀光剑影之中，也有好几次；幸亏祖上庇佑，得以活到今天。古人说："人能够活到五十岁就不算是夭折。"我已经六十多岁了，所以心里很坦然，并不计较还能再活多少年。我以前患有风湿病，常常疑虑会突然死去，因此记下我平时的一些想法，作为对你们的嘱告。

先君先夫人皆未还建邺旧山，旅葬江陵东郭。承圣末，已启求扬都，欲营迁厝。蒙诏赐银百两，已于扬州小郊北地烧砖，便值本朝沦没，流离如此，数十年间，绝于还望。今虽混一，家道罄穷，何由办此奉营资费？且扬都污毁，无复孑遗，还被下湿，未为得计。自咎自责，贯心刻髓。计吾兄弟，不当仕进；但以门衰，骨肉单弱，五服之内，傍无一人，播越他乡，无复资荫；使汝等沉沦厮役，以为先世之耻；故腼冒人间，不敢坠失。兼以北方政教严切，全无隐退者故也。

译文

我的亡父、亡母都没有葬到建邺的祖坟中，客死他乡，所以就葬在了江陵的东郊。承圣末年，我已经启奏朝廷，要求回扬州准备迁葬。蒙圣上恩赐，赐银百两，我已在扬州北面近郊烧砖，便赶上梁朝灭亡，于是开始了颠沛流离的生活，数十年过去了，对再回扬州的事情已经绝望了。如今虽然天下统一，但是家境困窘，哪里有门路筹措这笔资费？况且扬州在战乱中被毁坏了，什么都没有保存下来，把父母的灵柩迁葬到低洼潮湿的地方，也不是办法。我时常为此感到自责愧疚，此情刻骨铭心。本来我们兄弟是不应该进入仕途的，但是家道衰落，人口单薄，至亲之内，没有可以依傍之人，流落到他乡，无法再受到先祖功勋的荫蔽。如果让你们沦落到为人做杂役的地步，那就是祖先的耻辱，所以我才厚着脸皮在人间周旋，不敢有所闪失，加上北朝政绩严格，不让人轻易隐退。

今年老疾侵，傥然奄忽，岂求备礼乎？一日放臂，沐浴而已，不劳复魄，殓以常衣。先夫人弃背之时，属世荒馑，家涂空迫，兄弟幼弱，棺器率薄，藏内无砖。吾当松棺二寸，衣帽已外，一不得自随，床上唯施七星板[①]；至如蜡弩牙、玉豚、锡人之属，并须停省，粮罂明器，故不得营，碑志旒旐，弥在言外。载以鳖甲车，衬土而下，平地无坟；若惧拜扫不知兆域，当筑一堵低墙于左右前后，随为私记耳。灵筵勿设枕几，朔望祥禫，唯下白粥清水干枣，不得有酒肉饼果之祭。亲友来餟酹者，一皆拒之。汝曹若违吾心，有加先妣，则陷父不孝，在汝安乎？其内典功德，随力所至，勿刳竭生资，使冻馁也。四时祭祀，周、孔所教，欲人勿死其亲，不忘孝道也。求诸内典，则无益焉。杀生为之，翻增罪累。若报罔极之德，霜露之悲，有时斋供，及七月半盂兰盆，望于汝也。

注释

①七星板：古时候停尸床上或是棺材内放置的木板，上凿七孔。

译文

如今我年老多病，如果忽然死去了，难道还要求丧事一定要礼节完备吗？一旦有一天我忽然亡故，将我的身体洗干净就可以了，不要举行复魂的仪式，用我平日里穿的衣服装殓。亡母去世的时候，当时正在闹饥荒，家境窘迫，兄弟年幼孤弱，只是用了很薄的棺材，坟墓内也没有用砖。所以埋葬我的时候，也只用二寸厚的松木棺材，棺材内除了衣帽，别的一概不要放，停尸床上只放七星板。至于像蜡弩牙、玉豚、锡人之类的陪葬品，一概节省不要，粮罂之类的明器不要置办，碑志铭旌更不用说了。用一般的灵车将我运到埋葬的地点，依附着土埋下就行了，坟墓与地面平齐；如果你们担心祭拜时无法确定坟墓四周界限，就可以前后左右各砌一面矮墙，或者随你们自己如何标记都行。灵床上不要设置枕几，初一、十五等祭拜的日子，放些白粥、清水、干枣就可以了，不要有酒肉、饼果之类的祭品。如果有亲友来祭拜，一律回绝。你们如果违背了我的心意，使我的葬礼超过了我的亡母，则是陷你们的父亲于不孝，你们能够安心吗？至于念经布施这些积累功德的事情，你们量力而行，不要费尽了家财，让你们陷入忍冻挨饿的地步。四季祭祀，周公、孔子的教导是让人不要忘了死去的亲人，不要忘记了谨守孝道。如果按照佛教的观点来看，这些是完全没有什么好处的。如果杀生置办祭品，反而会增加死者的罪孽。如果你们想报答为父含辛茹苦的养育之恩，按时斋供，我则希望你们在七月十五盂兰盆会的时候，来祭拜我。

孔子之葬亲也，云："古者，墓而不坟。丘东西南北之人也[①]，不可以弗识也。"于是封之崇四尺。然则君子应世行道，亦有不守坟墓之时，况为事际所逼也！吾今羁旅，身若浮云，竟未知何乡是吾葬地；唯当气绝便埋之耳。汝曹宜以传业扬名为务，不可顾恋朽壤[②]，以取堙没也。

注释

①丘：孔子名丘。东西南北之人：指四处漂泊、居无定所的人。

②朽壤：腐朽的土壤，这里指坟墓。

译文

孔子在埋葬亲人的时候说："在古时候，建墓但是不堆坟。但是我是一个四处奔波的人，不可以不给亲人的坟墓做个标志。"于是他在墓的四周筑起了四尺高的坟。可见心存大志的人适应时势，践行自己的主张，也有不为亲人守坟的时候，何况是受世事所逼迫呢？

我今天流落他乡，就如浮云一样，都不知道什么地方会是我的葬身之地；只需要在我死亡后随地埋葬就可以了。你们要以继承家业、弘扬名声为第一要务，不可顾念我的葬身之地，而耽误了自己的前程。

图书在版编目（CIP）数据

颜氏家训译注 / 刘开举译注．—2 版．—上海：
上海三联书店，2018.9
ISBN 978-7-5426-6306-1
Ⅰ．①颜… Ⅱ．①刘… Ⅲ．①家族道德－中国－南北朝时代②《颜氏家训》－译文③《颜氏家训》－注释 Ⅳ．①B823.1

中国版本图书馆 CIP 数据核字（2018）第 126554 号

颜氏家训译注

译　　注 / 刘开举
责任编辑 / 程　力
特约编辑 / 苑浩泰
装帧设计 / Metis 灵动视线
监　　制 / 姚　军
出版发行 / 上海三联书店
（200030）中国上海市漕溪北路 331 号 A 座 6 楼
邮购电话 / 021-22895540
印　　刷 / 三河市中晟雅豪印务有限公司
版　　次 / 2018 年 9 月第 2 版
印　　次 / 2021 年 7 月第 3 次印刷
开　　本 / 640×960　1/16
字　　数 / 152 千字
印　　张 / 23.5

ISBN 978-7-5426-6306-1/B·575
定　价：28.80元